JN026346

ヒトは何処からきて何処へ行くのか

死生観の歴史から学ぶ

木崎馨山
KIZAKI KEISEN

幻冬舎MC

奇岩遊仙境

金堂華王殿

三尊石庭園

参道

大悲閣拝殿

ヒトは何処からきて何処へ行くのか

死生観の歴史から学ぶ

はじめに

白山《はくさん》信仰が一体いつから始まったか分からない。

加賀地方において縄文時代後期や晩期の祭祀が行なわれたと考えられる遺跡からは白山を眺められることが多い。それは白山に神が住み、水の恵みや植物や動物など縄文人が生きていくために必要な様々の命をいただく山として白山が崇拝されてきたからであろう。

その後、奈良時代前後に朝鮮半島から、白は太陽の色または清浄な色であるという考えが伝わったことは確かである。白は神の色でもあり、また黄泉国《よみのくに》の死の色としても意識された。従って古代の白山は冥土であり、また再生する「ウマレキヨマル山」として信仰されて人々の心に根付いたのだろう。事実、『古事記』や『出雲風土記』にある黄泉の神々の名前を白山の峰の名前に冠した。そして山はあの世であり、死者の魂が帰る場所だと考える古代の「山中他界信仰」につながっていく。

石川県小松市那谷町《なたまち》にある那谷寺《なたでら》は、白山信仰寺院で江戸時代より密教寺院となった。奈良時代の初め養老元年（七一七年）に、越の大徳《だいとこ》と呼ばれている泰澄《たいちょう》が石窟寺《いわやでら》として開いてから千三百年余りにわたって白山と同じようにウマレキヨマル聖地の役割を果たしてきたのは、生まれ変われる胎内くぐりがあるからである。

「ウマレキヨマル聖地」がなぜ石窟《いわや》を一巡する行為と結びついたのだろうか。そこで胎内くぐりの歴史を調べることにしたが、調べていくうちに、人は生きることと死後の世界をどのように考えてきたのだろうかという思いを巡らせるようになり、とうとう縄文人の生死《しょうじ》観を調べるに至った。それを知るにつれて彼らの生死《せいし》をいっそのこと「死の世界から再び生まれる死生観《ししょうかん》」とした方が正しいのではないかと思うようになった。

では、そもそも人はいつ頃から死後の世界を意識し始めたのだろうか。また神によって支配された世界の中で生かされ、そして死ぬのだと思うようになったのだろうか。少なくとも死者に花を手向けたネアンデルタール人はそれを考えていただろう。

私自身も那谷寺が運営する自生園《じしょうえん》（石川県小松市）という介護老人施設で、利用者の方が亡くなると、その枕もとでお経を読んで死後の安楽世界への旅立ちを祈ってきた。単に僧侶としてだけでなく、ひとりの人間として生死のことをずっと考えざるを得なかった。寺に生まれ、気が付けば八十路、もうすぐお迎えが来てもおかしくない年になった。

そこで仏教学ばかりでなく、神道・民俗学・考古学・社会学・歴史学・心理学・宇宙物理学などの諸学の知見をも読み漁りながら従来の「生死学」を鵜呑みにするのではなく、自分自身で考察したいと思うようになった。

思い起こすと、かつて「バイオサナトロジー（生死）学会」に入会させていただいたご縁から臨死体験の話まで知るようになった。

人は生きている限り罪を犯すもの。だから身を浄《きよ》めるか人生を出直す気分になれるとしたらウマレキヨマル擬死体験をしてみるのもよいではないか。修験山伏は峻厳な山に分け入って汗を流し、滝に打たれて身を浄める。天台宗の千日回峰行も人身の限界まで山中を踏破し、眠りを削って行に励む。しかし庶民はどうであろうか。母親の産道のような細い洞穴を這いずり抜けて過去に犯した罪の清算を願ったのも、全て擬死体験だといえるのではないか。人は死者をいたわることや追慕のための墓所を意識し始めた頃から仏陀やイエス、孔子、アリストテレスの四大聖人の時代など今日までの時間は、現生人類のヒトが地球上に現れた後の約30万年といわれる長い歴史の中では、ほんのわずかな時間でしかない。

ましてやニュートンが万有引力を、マルクスの唯物論《ゆいぶつろん》やアインシュタインが相対性理論を説いてからの時間が人類史上に占めるのはほんの刹那だといえる。さらに現代の量子論や最新の宇宙物理学理論は成果をあげているといえども、解明されたのは膨大な真理のごく一部だという。

それゆえ、古代人の直感がまるっきり間違いであるとも証明できていない。古代人の墳墓を調べるにつれて、その写真や絵を見ると埋葬に立ち会った人々のほほえましく温かな気持ちが伝わってくるようになった。

古代ユダヤではヤーヴェという唯一神が万物を創造したが死後の世界の記録は少ない。予言書に書かれたのは、「人は死後眠りにつくが時の終わりに甦り、善人は永遠の命を受け悪人は常に恥と苦しみを受ける」というものであった。後に成立した旧約聖書のはじめの書であり、モーゼが記したとされる『創世記』にはアダムとイブは罪を犯したがゆえにエデンの園を追放されたとあり、死は罰であり罪の贖《あがな》いであった。命は神が与え、死の時も神の定めによった。また新約聖書は、神の子イエスが十字架の上で死んで後に復活したことによって、イエスに従う者は罪を赦され天国に入れるが、そうでない者は地獄に落ちるという贖罪《しょくざい》の教義であった。

七世紀初頭にアラビアで興ったイスラム教は、唯一神アッラーの最後の預言者であるムハンマドが神からの啓示を受けて創始された。啓典コーランと預言者ムハンマドの言行録であるハーディスに基づいて信仰が営まれている。神への誓いを守ることは当然である。しかしスンナ派とシーア派の対立は今も続いている。これら三つの宗教に共通するのは、信仰は神との契約でそれに従えば守られ天国に入るが、破れば地獄に落ちるという厳しい教えである。それらは皆厳しい環境で成立したことが教理に影響を及ぼしているのだろう。

一方、仏教を開いた仏陀（ゴータマ・シッダッタ）が生まれたのは北インドの森林地帯にあるルンビニの花園で、乾燥地帯に生まれた宗教とは対照的である。仏教は古代バラモン教を背景とした教えでもあるが、仏陀の教えは「人はどう生きるか」が主題であり、死後の世界については仏陀はほとんど語っていない。ある時弟子のひとりが「人は死ぬとどうなるか」と問うたところ仏陀は「燃えさかっている薪を取り出せば火はどうなる」と答えたという。この説話は、仏陀の考えをよく表している。仏陀の教えは、煩悩から解脱すれば死を問題としなかっただけで、種子から芽生え再び大地に帰る自然界の摂理から離れるものではなかったであろう。

さて我が国はどうであろうか。古代より自然と密接に関わってきた日本人は、自然の現象から神を感じそれが宗教に結びついた。人は自然から生まれてその魂が何処に向かうかは、生命が輪廻しながら子孫を残す生命現象から離れるものではなかった。日本は太陽・大地・岩・木・草までも神やどるとした、八百万《やおよろず》の神々が住まう多神教の国であり、浄土教や法華《ほっけ》宗は一神教のように見えるがそうとも言えない。

私自身はというと死後どうなるか確信を持てず、しばしば迷い僧である。それゆえこの本を書く中でヒトの歴史を辿ってみようと試みた。ただ単に宗教とは何かを語るのではなく、ヒトは何処からきて何処に行くのか、そして何者なのかを考えてみた。皆さんはどう考えるであろうか。まだまだ僧侶として中途半端な私であるから間違いもあるでしょう。寛大なお心で読んで下されば深甚に存じます。

令和五年四月吉日

木崎　馨山

＊本書は研究書スタイルではなく、事実を基に物語風に書きました。

参考文献は著書名・著者・発行所・発行年を本文中に記し、本書の最後に一覧で掲載してあります。引用部分は「　」で示し、長文は文意を拙文中に記しました。

那谷寺について

那谷寺はかつて石窟寺《いわやでら》ともいわれ、弥生時代の祭祀の跡とも考えられ、宝郷《たからごう》に住む人々の信仰の対象と思われる。

越の大徳泰澄が養老元年（７１７）に開山。白山と千手観音を祀り、ウマレキヨマル聖地とした。

平安時代には岩山や洞窟を千手観音の補陀洛《ふだらく》観音浄土として見たてて信仰された。

正暦二年（９９１）に花山法皇が藤原惟茂《これしげ》とともに参拝し、那谷寺と改名されたと伝えられる。

久安三年（１１４７）には、白山本宮（白山寺）の傘下となり天台宗の修験寺となる。

鎌倉時代に日本六十六ヶ国の巡礼の札所となる。

延元元年（１３３６）に、加賀守護富樫《とがし》高家と共に北朝に味方し、南朝軍に対峙して焼かれる。

文安三年（１４４６）、京都・真言宗岩倉寺の修験宗となる。

天文十一年（１５４２）、一向一揆・浄土真宗側の証如により那谷寺安堵される。

天正十年（１５８０）、柴田勝家による一向一揆鎮圧軍により、本殿など消滅。

加賀三代藩主前田利常により、寛永十七年（１６４０）、伽藍復興し高野山真言宗となる。

明治維新では常賢が勤皇僧の住職であり、小松宮彰仁親王により神仏分離を免れる。

廃藩置県の施策により寺領を失い、明治・大正時代は寺が疲弊する。

昭和四年（１９２９）、庫裡庭園が国名勝指定となる。

昭和十六年（１９４１）から大悲閣本殿をはじめ、次々合計7棟が国の重要文化財となる。

昭和三十三年（１９５８）に大悲閣本殿・拝殿の修理完成。

昭和三十九年（１９６４）、他の四棟の重要文化財の修理・名勝指定園の復旧が完工。

昭和四十七年（１９７２）より境内整備・昭和五十六年（１９８１）、作庭家中根金作氏により琉美園庭完成。

平成二年（１９９０）、金堂華王殿完成。

現在、国重要文化財建造物7棟・国指定登録有形文化財1棟・国名勝指定2ヶ所・石の日本文化遺産として登録されている。

奥の細道・松尾芭蕉と那谷寺

山中温泉に行くほど、白根《しらね》が嶽《だけ》をあとにみなして歩む。左の山際に観音堂あり。花山の法皇三十三所の巡礼とげさせ給いて後、大慈大悲の像を安置し給いて、那谷《なた》と名付け給うとや、那智・谷汲《たにぐみ》の二字を分ち侍りしとぞ。奇石さまざまに、古松植えならべて、萱葺《かやぶき》の小堂、岩の上に造りかけて、殊勝の土地なり。

石山の石より白し秋の風

目次

古代の人類と来世

古代人の進化と死生観

中央アフリカのチャドは乾燥した草原地帯にある。今は、気候変動のために今世紀で最も暑くなって人の住めそうなところは少ない。2002年チャドのジュラブ砂漠で700万年前の頭蓋骨が見つかった（日経サイエンス2013年8月号の記事より）。続いて霊長類と見られる脚・腕・頭骨と歯の破片が見つかった。

霊長類のヒト科に属するのは、ヒト・ゴリラ・チンパンジー・ボノボ（霊長目ヒト科チンパンジー属）とオランウータンである。遺伝子の進化分析研究によると、初めにオランウータンが進化の系統から分化、続いてゴリラが分化した。ヒトとチンパンジーとボノボが分化したのは、今から約五百万年前から七百万年前頃と考えられている。従ってヒトとチンパンジーは極めて近いヒト科の仲間だといえるだろう。遺伝子分析での差はわずか1・2パーセントに過ぎない。

エチオピアのゲラダヒヒのフィールド研究で有名な、日本を代表するモンキーの研究者である河合雅雄は、チンパンジーは他のサルの仲間とは少し違っていると話す。すなわち仲間のチンパンジーを殺すことがあるという。しかもその遺体をなぶることもあるという。一方チンパンジーと同種でコンゴに生息するボノボは外見上は違わないが性格は全く違って感情が豊かで共感力が高く、平和を好むという。遺伝子的には同じであるのに一体この差は何なのかを研究すれば、戦争続きのヒトの歴史を変えられるかもしれないと思う。人類を生んだ創造主はあまりにも無慈悲ではないか。それとも元々の計画にはなかったのだろうか。しかし歴史は変えられない。

さて1974年にエチオピアで発見された、二足歩行する有名なアファル猿人の女性化石人骨は、通称ルーシーと呼ばれる。彼女は約318万年前頃に生きた猿人で、身長110㎝、体重27㎏前後と推定されている。注目されるのは木から落ちて亡くなったのではないかという点だ。どうやら樹上生活をしていたのではないかということである。他の獣に食われないかとビクビクしながら暮らしていたのかもしれないが、他の霊長類の仲間は今も樹上生活をしているものが多いので興味深い。それにしても美しい骨格を持つ彼女は人類史に興味を持つ現代人にも人気者である。

そして今から約240万年前から約140万年前にアフリカ大陸の大きな裂け目がある大地溝帯のタンザニアで発見されたホモハビルスは、猿人と原人の中間的存在だと考えられている。脳の容量は我々の約半分ほどで、石を砕いただけの簡単な石器を使用していたとされる。二足歩行によって手が自由自在に使えるようになった彼らは小動物の肉を食べた。体にエネルギーが蓄えられて活発に体を動かすことができるようになったからだといわれているが、はっきりとしたことは分からない。

やがて約180万年前頃になり気候が寒冷化すると、アフリカを出た原人ホモエレクトスが、インドやインドネシアのジャワ島や中国や西アジアのシリアやイラク辺りまで進出した。その化石が見つかり、ジャワ原人や北京原人と呼ばれ、後に世界各地で確認された。彼らは我々よりやや小柄だが、がっしりした体格で体毛がびっしりと生え、脳の容量は我々の約75パーセントにまで増え、ハンドアックスという手の平の形に加工した打製石器を使用したり、火を使って狩猟採集生活を営むようになったと考えられている。彼らは、地球温暖化によって今から約10万年前から約12万年前頃に滅んだといわれる。我々の祖先や他のホモ族との交流があったのではないかと現在考えられている。

またドイツのネアンデル渓谷で化石人骨が発見されたネアンデルタール人は、約40万年前から約4万年前までヨーロッパから西アジアなどのユーラシア大陸各地に生きた

シリアでのネアンデルタール人の埋葬
死者の周囲には花をいっぱい添える

が、一体どこからやってきたのか今のところよく分かっていない。

イスラエルの歴史学者ユヴァル・ノア・ハラリは彼らの脳の容量は我々よりやや大きいと述べている。火起こしの道具で知られている彼らは様々な技術を持ち、高い精神文化を持っていたと考えられる。例えば言語能力も持っていて、笛で音を楽しみ、機織りをして暖かい服を作ったり、薬草を使用していた。中でも私が驚いたのは彼らの墓である。イラクの洞窟で発見されたもので遺体は横向きに屈葬されて周りは花粉に被われていた。これは縄文人の墓と同じではないかと不思議に感じた。

もしかすると彼らは死んだ後に花園に再生する、またはこの世に胎児として生まれ変わるのを願ったのかもしれない。それにしても彼らは他界を考える夢想を持っていたと思う。また最近の研究では、彼らは少人数の家族で狩猟採集生活をしながら移動生活をしており、骨の出土状況からみてあまり争いを好まなかったのではないかと考えられている。

彼らは約４万年ほど前に気候変動や我々の祖先との争いに敗れて滅亡したといわれてきたが、最近になり約５万４千年前のヒトの祖先の歯の化石と石器がフランス南部の洞窟で見つかっていることから、二つのホモ族が長い間共存していたと考えられるようになった。またシベリアのアルタイ山脈でヒトの遺伝子を持つネアンデルタール人の化石が発見されたことにより、彼らと我々の祖先との間に混血が行なわれていたことが確認された。

さらにヨーロッパ人ばかりではなく中国人やパプアニューギニア人もネアンデルタール人の遺伝子を持っていることが判明した。それゆえに、我々の祖先はヒマラヤ山地などの高地での適応力や免疫力を得たとされる。従って、ヒトはネアンデルタール人など他のホモ属と混血する中で、適応力を高めて世界各地に散らばって現在まで繁栄したとされる。なお現在我々ヒトの間で差別の原因となっている肌の色や人種の違いは、気候の変化によって分かれただけである。各々同じホモサピエンスに属し優劣はない。

一方、今から約30万年前にアフリカの大地溝帯に現れたホモサピエンスは新人と呼ばれ、我々ヒトの直接の祖先である。フランス南部のアルタミラではクロマニョン人が生きた跡である洞窟に、見事な馬・鹿・羊や野牛などのダイナミックな姿が色鮮やかに描かれている壁画が発見され、人々を驚かした。そこでは狩りの成功や豊穣な生活を祈る何らかの祭祀が行われていたことは想像に難くない。祀りを執り行うシャーマンの祈りの声が神の声のように洞窟内に響いていたことだろう。そこでは彼らは原始的な宗教を持っていたと考えられる。またスペイン北部にあるアルタミラの洞窟でも同じ壁画が見つかった。従って彼らは高い表象力、すなわちイメージを操作して考える力を発達させ、様々な道具を使う高い技術を持っていただけでなく、言葉や芸術・音楽・宗教などヒトにしか見られない文化を持つようになって独自の進化を遂げたといえる。

新生人類の時代

約1万2900年前から約1300年間にわたって続いた、ヤンガードリアス氷期という亜氷期がある（ひとつの氷期の中に見られる低温期）。当時ユーラシアや北アメリカ大地は厳しい寒さだった。それ以前も現在より気温が低かったが、厳しい寒さに耐えられるように動物は大型化していった。大型化により、内臓を守るための皮膚が厚く、体毛で被われた動物が出現した。

例えばマンモス・オオツノジカ・オオナマケモノの類である。シベリアと北海道は平原で繋がっていたから、マンモスも北海道で発見されている。

その時代のユーラシア北方の人類は大型動物を狩っていたので、集団で狩りをすることにより、マンモスまで追い込んだりして捕食していたようである。

しかし多くの動物がいた南の大陸地方では、常にサーベルタイガーなどの大型猛獣等に逆に捕食される危険もあり、ここでも集団行動は必至であり、いつもびくびくしながら暮らさなければならなかった。

そこで、人類はとても賢い方策を考えるようになった。草原地帯には多くの草食動物がいた。それで森で暮らすより、ヒツジ・イノシシ・ヤギ・馬など、うまく飼いならす術《すべ》を知った。

草原で動物を飼いならし、丘の上の見晴らしの良い所に小屋を建て定住することにもなって、多少心の余裕を感ずるようになったのかもしれない。

一方ナトーブ人たちは、野生の麦の穂を落とした所から芽が生えることを多分偶然に知って、野山で採取するより種を植えて取る方が、かなりましなことを覚えた。時が経ち育てる量により格差が生じる。天水農業だから天候不順などにより飢える人は、食料を確保した人にお恵みを頂戴しなければ生きてゆけない。やがて飢えた哀れな人は、豊かな人の使用人となる。

これも数代経てば、農業に明け暮れする農奴的な人たちと、手を汚さず人々を差配する人とに分化されるようになる。

歴史学者ハラリによれば、毎日同じことを繰り返していれば、ネアンデルタール人より脳が退化したかもしれないという。それから時代が変わり、エジプト・メソポタミア・インダス・黄河長江文明の時代が到来するが、その宗教観には触れない。

ギリシャや釈迦の教えにある世界観・生死観や、古代日本人の自然観や死生観とあまりにかけ離れていて、私の対象とはならない。

オーストラリアのアボリジニやネイティブアメリカン・インディオの壁画も存在するが、それから宗教の存在は確認されても死生観は伝わらない。

日本人はどこから来たか

日本人ははっきり言って寄り合い世帯の混血人類である。旧石器時代と縄文時代を見てみると、旧石器時代にもし日本に人類がいたとしても、絶滅したであろうと私は考える。2000年に発覚したアマチュア研究者による「旧石器時代の石器捏造事件」から、旧石器時代の研究は冷え切ったままだ。

加えて滅多に地球上で起こらない大噴火は、日本列島付近で起こる。地質調査で明らかなのは日本列島は噴火でできたという事実だ。

阿蘇カルデラ噴火の調査では、噴火は27万年前からあって、9万年前に大噴火、1万4千年前にも起こっていた。

アソとは縄文アイヌ語で「火を噴く山」という意味から、恐らく1万4千年前であろう。噴火は北海道と沖縄を除き、日本全土に広がったが、因みに大阪地点での大噴火では50㎝の火山灰が積もる計算になるそうである。火山灰は青森まで堆積していた。だから旧石器時代に人々がいたとしても、本州では絶滅したであろう。

火山の多い日本では、薩摩半島から50㎞南の大隅海峡にある海底火山に鬼界《きかい》カルデラが眠っている。カルデラは火山が噴火するときにできる大きな凹みのことである。約7300年前、ここでカルデラ噴火が起こった。一万年間で世界最大の噴火があった。この噴火では恐らく近畿地方までの人類が絶滅したであろうという。

数年前に、「台湾の湊川《みなとがわ》人が縄文時代に日本へ渡ったという説を検証するため、カヌーを作って台湾から石垣島までカヌーで渡り、日本人の源流を探る」というNHKの番組を見たが、私から見れば滑稽な話である。

日本古代言語については、南方ポリネシア言語（名詞）が多少は伝わっているが、古代の動詞が多く伝わっていれば、その地は古代動詞の元の地の人類の影響を多大に受けている。古代縄文語が多いと言われるアイヌ語は、日本本州と少しも変わらない。

湊川人の人骨（18200年前）が沖縄で発見されたからといって湊川人が原日本人とは言えない。

しかし日本列島に元々人が住んでいたことはあり得ない。ヤンガードリアス氷期に、海の水が凍って、地球上の海水の容積が減り、その間100m（80m〜120m以内）海面が下がっている。シベリアにいた民族が徒歩で、暖かい気候を求めて南下したのだろう。

蝦夷人・アイヌ・ブリアート・サハリンアイヌ・オロチョン・原日本人は混血種である。なお朝鮮半島を通過して小舟で、今より短い距離を移動（海面は今より低い）した連中もいただろう。何故ならば当時半島にはほとんど人が住んでなかったので、簡単に通過できたからである。

再び、シベリア地方での民族移動を考えてみる。

私には不思議に思うことがある。

それはアイヌ神の依《よ》り代《しろ》「イナウ」の原型である、「キツネの頭骨を棒の先に飾る因習」が、ユーラシア大陸の端から東の端まで伝わっていることである。

サーミ人やフィン人のトナカイの放牧民とアイヌ圏の人たちが同じ行動をしていることから、情報が伝播しユーラシア大陸に広く伝わっている事実がある。

私はアイヌ圏はもちろん、アラスカ・カナダ・アメリカのネイティブの地も訪問したが、今の書を著すのに役立っている。

50年前に、私は第二次大戦時にソ連に抑留された日本人6万人の内、現地で寒さや栄養失調で亡くなった人々の墓地参拝の供養に加わった。もちろん私は読経供養する係で、僧侶は一人だが、現地死亡者家族と戦友・随員も含め総勢１４０人の団体であった。ソ連の通訳は常に私たちの傍らに居てくれありがたかった。彼は万葉集を学び、普通の日本人より日本をよく知っていた。

新潟でソ連のナホトカ号に乗船、大風大波の中を一昼夜揺られてウラジオストクで下船した。思い出としては私は鈍感で船酔いせず、食堂で皿を押さえながら食事をするのは、私と20名あまりの日本人とソ連の船員だけだったという記憶がある。

シベリア鉄道の旅であり、これも一昼夜乗っていても外は同じ森林だから、まるで列車が止まっているように錯覚した。後に地球温暖化対策のプロジェクトの一つに参加した知見から、地球温暖化の最も顕著なのはグリーンランド・シベリア・北極と知ることになる。

地球環境の未来

余分な横道にそれたが知ってほしいことがある。4年前にシベリアで38度の気温を記録した。現在ツンドラ地帯・シベリア森林地帯ではヤンガードリアス氷期での永久凍土が融け、大きな池が多く出現。ツンドラ地帯では大きな穴が空いている。凍土の下のメタンガスが溶け、中には爆発するのもあり、マンモスの骨が次々現れるのが事実だ。

シベリア奥地には天然ガスが多く存在し、そのガスが温暖化の一因となっている。ロシアは現在そのガスを財源として、ウクライナへの戦争を仕掛けている訳である。従って自由圏がいかに制裁しようとも、ガスを買う国がある以上戦費には事欠かない。

批判を覚悟していえば、メタンガスは自然に空気中にそのまま発散されるよりエネルギーとして利用・開発研究すれば温暖化防止に役立つが、今は逆に放置されているため地球温暖化は加速するだろう。

後述するが、私たちは団体で地球温暖化に対応するため小松東ロータリークラブでアマゾン保護活動を実施し、その様子は読売新聞全国版に記載されたが、今はそれも不可能である。

近年、ＳＤＧｓについて毎日のように世界中で発信されているが、若者の未来及び生きとし生けるものの未来の命を大切にするなら、宗教界が最も優先して取り組むべきことがある。例えば、真言宗の宗祖・空海の「方便を究竟《くぎょう》とすべし」がそのうちの一つだ。究竟とは物事の最後に行きつくところ、利他行である。個人の幸せ・他人の幸せを祈り人類も含めた全ての生命を護り、未来に明るい展望が開けるように導く。人々が地球の緑の命をも護っていくように実行することである。と、正直に述べることができる。

毎年、地球環境が悪化し、国連機関では温暖化に対し持続可能な目標を掲げているが、毎年その目標は達成されていない。

「世のなかは地獄の上の花見かな」

一茶の句は正に、我々自身のことを示している。ＥＶに乗っただけで地球環境が変わるわけはない。

日本人の先祖はブリアート人か

シベリア森林地帯に広大な墓地があったが、何百何千あるか分からない。墓地では10㎝四方のコンクリートの上に、番号札が記されているのみで、誰の墓か分からない。

抑留者たちが強制労働させられ、極寒の中でも次々死亡する人を土に埋めなければならない。当時代ではシベリアは永久凍土で、ツルハシで掘って、氷った死体を埋め合掌するだけであった。よく引導作法を施さなければ成仏しないというが、第二次世界大戦で死亡した人は何千万人で、ほとんど葬式などしていない。沖縄を三度訪れた時も、全人口の4分のIが死亡したことを知り、参拝せずにはいられなかった。

このような非業（災難で不運な死）の死に至った人も等しく成仏しなければ、仏の世界も成立しないのではないかと……。戦地で草むすかばね、水つくかばねは今も多くある。この人たちこそ成仏しなければならないと私は信ずるようになった。

草原に座って泣いて合掌する遺族や戦友の姿に私も、もらい泣きしてしまった。墓地を廻る間に、バイカル湖の辺りにあるイルクーック市で一泊休憩となった。そこで共産国でのロシア正教会を一人で訪ねてみた。教会がどのような状態になっているか興味があったからである。教会の扉が開いていたのでそっと入ったが、中ではお婆さんが祈りを捧げていて、少しは安心したのを覚えている。帰り道に、きっと同行した日本人だと思い込んだ人が歩いていた。

声をかけたらロシア語が返ってきて驚いたが、街を歩けば日本人のような人は少しではあるがいることに気付いた。抑留されていた人に聞くと、ソ連兵の中に、日本人みたいな人がいて、ロシア語で話すので、当時スパイだと思い警戒したそうである。日本人に似た人はブリアート人であって、ロシア人がシベリアに来る以前から地元に住んでいた人である。しかもシベリア地区では縄文土器や黒曜石（蝦夷産）の槍《やり》が発見されている。

ブリアート人は日本人と同じ血液型（Ｇｍａｂ３Ｓｔ遺伝子）を持っていて、モンゴル人の一部やキルギス人ともよく似ている。日本人と血が繋がっているという伝説があり、たいへんな親日国である。おそらく民族間の争い等により、高原の僻地へ追いやられたのは東部チベット人である。

熊本県玉名市の蓮華院誕生寺・川原英照師の国際支援団体ＡＲＴＩＣの支援で、貧困・親のない子25名のチャイルドスポンサーシップの事業とさらに、カラコルム・チョンタラ学校の支援をしている。インドのダラム・サラを訪れた時、チベタンはあまりに日本人に似ていて驚いた。

このような国々の人種の血液型遺伝学・Ｇｍａｂ３Ｓｔについては、大阪医科大学教授松本秀雄著『日本人は何処から来たか　血液型遺伝子から解く』（日本放送出版協会１９９２）で調べた。

氷河期、浅くなった海の雪原を通って渡ったのが原日本人・後代のアイヌであり、ブリアート人と同じGmab3St遺伝子を持っているという。

ついでにその他の人種が日本へ渡っていないか調べると、紀元0年代前後での、日本の人口は増加が50万人と計算してみる。少し海面が低かったことを想定すれば、長江から流れ出た土砂で、水深は浅く中洲ができて、春秋戦国であぶれた人たちが7~8%渡来したと考えると、福州・広州・台湾等からの苗族《みやお》亡命者は3万人となる。これを理解したのは血液型による分析の結果を知ったからである。

朝鮮半島からの渡来人は、奈良時代までの人口は当時の郡《こおり》と郷《ごう》と里《り》の合計とそれ以外の人口を加えて約400万人とすれば、10%で40万人前後となる。

ただし、朝鮮半島は北方・中国から大きな集団の侵入があり、遺伝子の上では分かりにくいため、それで渡来日本人の個々の出身地の解明は不可能である。

高句麗・百済《くだら》・新羅《しらぎ》それぞれの比率を調べるのは不可能であった。『骨考古学と蝦夷・隼人』（瀧川渉編・同成社2012）でも松本氏と同意見であった。

第二次大戦後に、日本が左傾化していく時、歴史学者喜田貞吉氏が唱えた弥生民族の流入説や、考古学者江上波夫氏の騎馬民族征服王朝論には、全く根拠がなく、現在は否定されている。

北方系モンゴロイドは狩猟民族であって、生活は狩りで成り立っている。大型獣を集団で追い込んで、落とし穴で捕まえるが、黒曜石で作った鋭利な槍《やり》で刺して仕留めた。動物を仕留める時、最後の悲鳴を聞いて、その人々はどんな思いをしただろうか。対象動物はマンモス・オオツノジカ・オオナマケモノだ。私たち現代人は、肉はスーパーのトレイに入っている。ラッピングしたものを品物として買い、命をもらったとは思わない。

しかし古代の研究者によると、当時の人々は、生きとし生けるものには魂《たま》・精霊が宿るとの思いによって、神よりの賜物《たまわりもの》として大切にした。例えばアイヌの熊のイヨマンテの儀式、ロシアイヌイットがアザラシを仕留めたら、喉《のど》をナイフで切り裂き魂を天に帰す祈りなどだ。

雪原で倒れた大型動物の体から血が流れて、大地を染める。だから赤色は不浄となり、遺体が腐ると黒くなるから黒不浄で、それが北方から日本へ伝えられたのだと思う。

原日本人の信仰を知ろうとすると、ネイティブアメリカンのリーダー・デニスバンクスから聞いた話だが、ネイティブアメリカンの酋長たちが丘の上から眺めていた光景がある。草原には白人の家族を乗せた幌馬車が横一列に並んでいて、前に座る父親には横に槍を立ててある。丘の上の保安官が銃を空に向けて撃つと、一斉に西に向かって走り出す。良い土地を見つけて槍を地に刺すと早い方から、その位置から700m四方が自分の土地になるそうである。

ネイティブアメリカンは嘆いた。「いつから神の所有である大地が、人の所有に帰したのか」と……。彼らはトウモロコシを植える時も神の土地だから大地を深く耕さない。

ついでに言えば、トーテンポールのポールの上にはコンドルがいるが、コンドルは民族の魂をあらわす。これと同じく、古代の朝鮮白丁《ぺくちょん》族のポールやアイヌのイナウも昔は頭に鳥が乗っていた。案外、神社の鳥居も起源は同じかも知れない。

アイヌと蝦夷文化

私は大学生活が終わった時、東京で大学を卒業した関君とその友人5人で北海道へ旅をした。その景色の雄大さに感動したが、阿寒湖のアイヌコタンには民芸品の店が数多くあり、純粋なアイヌ民族が多く暮らしていた。

若い女性の目鼻立ちは白人のように美しく、ほのかな恋心をいだいたのも覚えている。村長さんのアイヌ文化の話を聞いていると、自然観を語れば哲学者のようであり、顔立ちはまるでソクラテスのように感じた。

きっとここへまた来ることになると思った。自生園の職員慰安旅行で再び訪れた。知りたいことはアイヌの自然観であった。その人の話を私一人残り長々と続いた。

家を造るとき、なるべく二股の木を選び、一方を切るとか、山菜を採るとき半分ほど残すとか、全てに魂があるといった。古神道の磐根木根立草はよくものいうとか、天台宗の一切衆生・草木国土悉皆成仏と同じと聞いた。帰りに自分の家にあった小さなイナウまで頂戴して、今も仏壇に収まっている。

ブリアート・アイヌ・縄文人の自然観や所有欲の少なさに感心しながら、後にはある本の一節を思い起こした。それは世界のベストセラーとなった『137億年の物語 宇宙が始まってから今日までの全歴史』（クリストファー・ロイド著 文藝春秋2012）だった。

著者のクリストファー・ロイド氏は、ケンブリッジ大学出身、サンデータイムスの科学・工学担当で、教育出版社に転職、今流行りの子どもを学校にやらず、夫婦で5歳・7歳の女の子を11歳まで家庭内教育をして、子どものための歴史・科学教科書を作ったが、出版社の勧めで出版し、恐らく近年で一番売れた著書だろう。

その127ページから拾ってみよう。

「ほしいものが何でも手に入る世界があるとしよう。食料は新鮮で、バラエティに富んでいる。全ての仕事があるが、1日に3～4時間働けばそれで終わりだ。好きなだけ寝て、好きなだけ休む。友達や家族と一緒に料理したり話をしたり、ダンスをしたり、ただ楽しく過ごしていればいいのだ。

それに家計や住宅ローンや借金のことで悩まなくていい。試験も資格もキャリアもないし、失業することもなく、法律や警察の世話になることもない。そもそも、そんなものは存在しないのだ。ほしいものがあれば、近くにいる友人や隣人が見つけてくれる。もし彼らが持っていたら貸してくれるはずだ。

この世界では、病気になる恐れもほとんどない。今日私たちを悩ませている病気の大半は、まだ生まれてないからだ。食物や天然資源が豊富にあるので、戦争や争いも滅多に起こらない」

狩猟採集民の暮らしをこのように表現しているが、蝦夷地では可能であろう。しかし川のない乾燥地帯では無理であろう。北海道や本州ではそのような生活を送ることが、広範囲の地域で可能だったと考えられる。

私たちの先祖、ブリアート人はどうであったろうか。気になるところである。

『シャーマニズム』上巻（ミルチア・エリアーデ著　筑摩書房2004）しか資料はな

かった。

日本人は明治初期までは、さほど民俗学に興味がなかったのではないだろうか。ドイツで生まれオランダの陸軍外科少佐になり27歳の時に長崎に来て「鳴滝塾」を開いたシーボルト、東洋学研究者ニコライ・ネフスキー、昭和初期ではイギリスの聖公会宣教師でアイヌの救済に尽力したジョン・バチェラー、近年では哲学者・梅原猛以外は、民俗学は外国人の研究対象だった。

エリアーデの研究対象は残念ながら18世紀で、古代のブリアートではない。しかし少しは参考になる文を拾ってみた。

「ブリアート人にはシャーマンが存在する。一連のエクスタシー体験によって選ばれていて、預言的な幻想状態になることもある。霊魂を運び、白シャーマンと黒シャーマンがいて、師匠は弟子に入巫《にゅうふ》儀礼をするが、古代からの伝説かどうかは分からない。白シャーマンは白色の毛皮を着、黒シャーマンは黒毛皮を着て、白黒に分けられているが、上なる神と下なる神の差別なく、天上神は人間のことは関与しないそうであった。何しろ古い時代のことは不明である」

古代史における民俗学が参考になるが、宗教民俗学の著者は少ない。アイヌや縄文のことになると、南方の島々での研究では柳田国男がいる。そのことは『日本の神々』

てみよう。

（谷川健一著 岩波新書1999）で確認した。そのうち古代に繋がる部分だけを要約し

「ノロ（婆さんが多い）の小屋籠りの秘儀を語っている。ノロたちは柳田国男も含めて、外部者には決して明らかにすることはない。神は意志を持ち万人格をそなえたものではない。カゼの言葉があり、日本海ではタマカゼといい、タマは死霊のことで、千の風になって吹き渡る存在で、タバカゼともいって、亡魂の住み家から吹く風のことをいう」

島根県出雲の各神社では、毎年10月に「神在祭《かみありさい》（御忌祭《おいみさい》ともいわれる）」が開催される。ちょうどこの時期出雲地方では偏西風により海が荒れ、地元ではその様子を「お忌み荒れ」と呼んでいる。後述するが越の国や出雲は、あの世の根の国に近い。

沖縄にはウタキという場所がある。遠い昔は葬所ともいわれ、ノロが介在する。「マタの杜《もり》」といわれる巨木が繋がっていて拝所でもある。

祭場と墓所は関連性があり、鳥居・本殿はなく、案外これが神道の始まりではないか。そう考えれば、アイヌ・縄文人の墓は住居に近い所にある理由になる。死者と現人《うつせみ》は常に一体であった。

アイヌの他界観もこれに近かったと思う。アイヌ文明については、かつて中曽根康弘

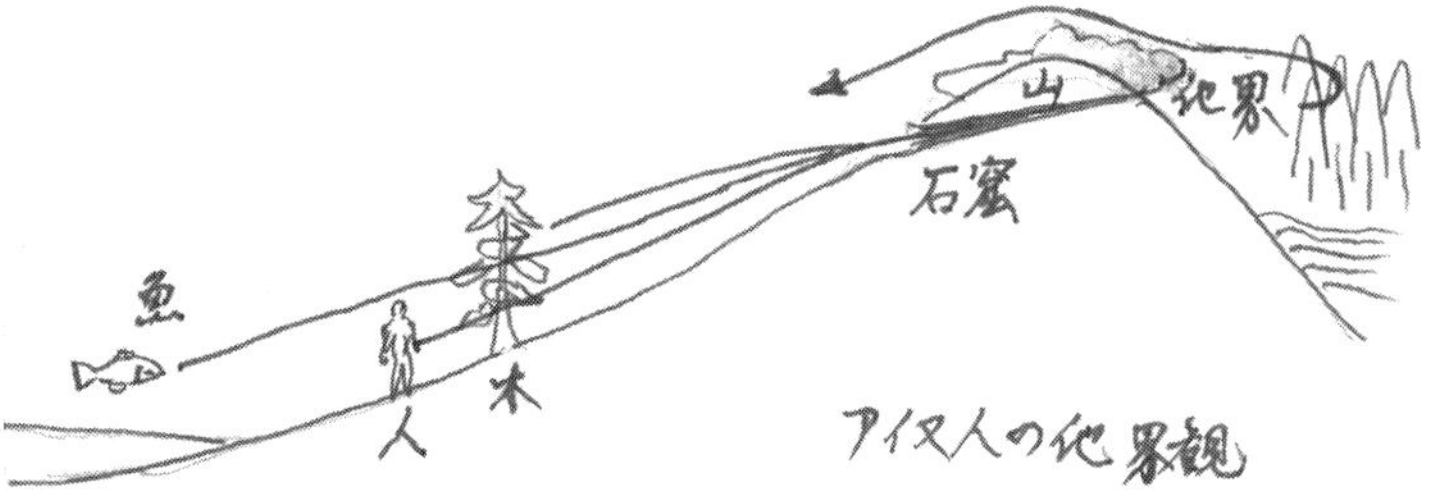

首相が、「日本は単一民族国家」といって、外国の識者から非難を浴びたが、それが日本人の一般認識であったことは否めない。それと前後して、考古学や文化人類学のアイヌ研究はかなり進んで、既に失われようとするアイヌ文明の研究が盛んになってきた。

アイヌの研究において宗教民俗学の立場から発言されているのは、私が尊敬する梅原猛先生しかいない。梅原先生はアイヌの長老との対談で次のように述べている。

「死の世界から実際に戻ってきた人はいない。しかし昔の古老の話によると、死んでしまったら、体が浮いているようで、やがて山道を進んで行く。山の頂上近くに洞窟があって、その中に入っていくと、だんだん細くなる。

這って進むと、やがて遠くに光が見えてきて、ようやく出口に辿りつくと、川が流れ橋が架っていて、そこを渡ると右側に山があり、道はうねうねと続いている。しばらく歩くと林があって、家の屋根が見えてくる。煙が立ち昇っていた。煙が出ているということは、そこに人が住んでいるということだ」としている。

実際にそこへ行った人はいないが、しかしあの世では祖父母や父母たちが、次に地上に降りるのは誰か、皆の話し合いで決めるそうである。そんなあの世は常に古里に近い所であるという。多分、縄文人も同じ考えであったとすると、胎児の誕生は、死の世界から甦ることであり、生死観というより死生観といった方が間違いではないと考察する。

縄文時代の信仰

縄文時代の文明と生活

旧石器時代においてさっぱり分からないのは、前述の如く火山活動による絶滅の影響が大きい。新石器時代についても私の調査の対象にならないが、シベリア地域のブリアート人地域では草創期縄文時代の石斧《せきふ》と同じものが発見されている。

世界史では四大文明を中心に語られ、インカやアステカ文明の遺跡が発掘されているが、コルテスのような無知な征服者を送り込んだスペインの犯罪ともいえる収奪の罪は大きい。全てを奪い、資料を失ったので、まるっきし歴史が分からない。

侵略されない日本列島には、多くの文化遺産が残されているが、西欧人は都市文明の発達がなければ文明でないという人が多い。

その中でアメリカの経済学者サミュエル・ハンチントン氏は、「自然を征服して指導者君主の元に、農業社会を支配した都市国家だけが文明ではない」と述べる。
むしろ広大な土地利用により、文明は闘争的であって、弱者を支配することによって、発展している。日本のような四季の恵みや、自然の成り行きにうまく適合しながら、歴史を紡いできた文明。格差社会でなく共生社会を築いた縄文時代も文明の一つであるという。

縄文文明は北より始まり、出土品は意外と北海道と青森に多い。15000年前の縄文草創期には作られ、粘土で器を作って700℃~900℃に熱せば土器になることを発見した。その頃の土器は無文式で、食料の煮炊きに使用された。世界最古の土器使用者は縄文人であった。

土器使用により、食料の種類や質量はともに豊かになり、生活にも余裕が生じた。また、弓矢を使用することにより狩猟範囲も広まっていった。

竪穴式住居は北海道標津《しべつ》町では、創世期にかなり多くの竪穴式住居の集落が存在した。寒期であるために穴は深く半地下式が多い。本州では地面より50㎝から1mまでで、生活が安定すれば定住して集落が形成されていった。

15000年前から、四季折々の多種な食料に恵まれていて、縄文前期からの貝塚での調査によると、その種は400に及ぶという。海の幸・平野の幸・山の幸、これほど多くの恵みを得られたのは、極東の列島は暖流である黒潮により温暖で、四季により変化する多様な森に覆われた自然があり、現代でも国土の68%が森林であることが理由である。このような国は世界でも珍しく、多種な植物が国土を被っている。

私は北アメリカ大陸西部を、北西から南東にかけてわたっているロッキー山脈の山々を数多く登山した経験がある。シカ・オオカミ・ベア・ムースは山中に多く、野生動物を大切にしているのが分かり、彼らは人を襲おうとしない。これは良いことだが、樹木は10種類・高山草花は10種類ほどと多くはなく、これだけ覚えれば、大体事足りる。改めて日本の森の豊かさを感じることになった。

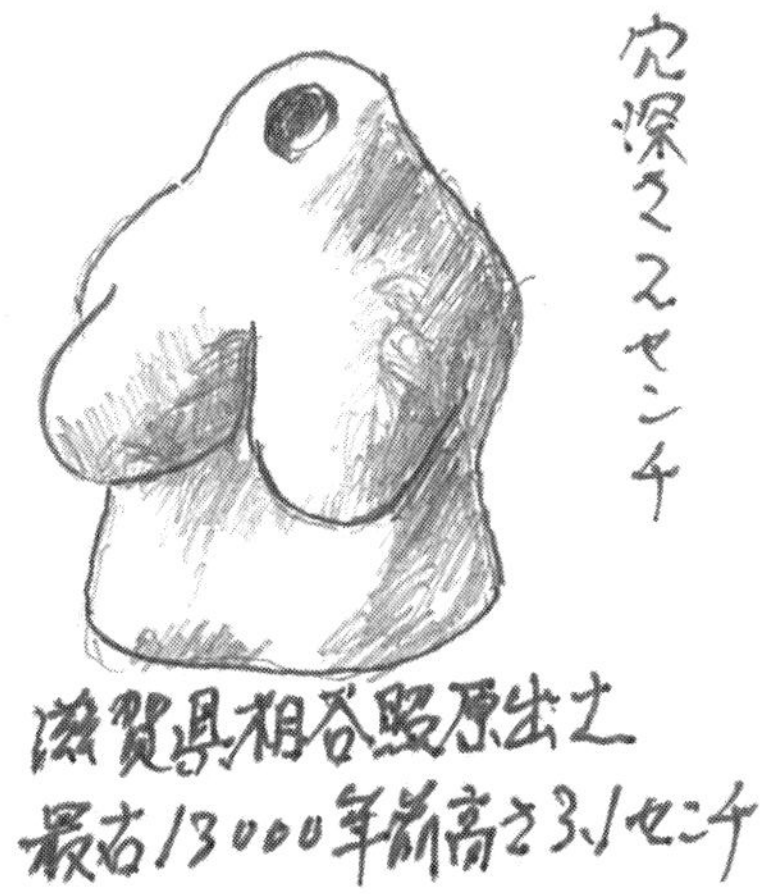

こんな緑に囲まれて暮らせば、自然の摂理に順応さえできれば、やがて感ずることができる。それは全ては輪廻しながら、我々を生かし続けて下さる偉大な存在があるに違いないと考えるだろう。偉大な存在を「カムイ」と呼んだかどうかは明らかではない。

日本最古の土偶は縄文草創期の遺跡から発見された。それは滋賀県相谷照原出土の約１３０

０００年前の土偶で、頭がなく、首の位置には深さ２㎝の穴が空いている高さ３・１㎝の小さなもので、やはり女性像で立派なおっぱいを持っている。

大正時代は地母神といわれ、水野正好氏（奈良大学名誉教授）は、「豊穣と生殖の神」としている。私もその説に従うが、初期の土偶は顔がないものが多く、人間の姿を表現することはやはりタブーであったと思われている。

しかし、首の付け根の穴の説明は完全になされていない。『縄文人の祈りと願い』（瀬口眞司、永野仁、岡田憲一、狭川真一著 ナカニシヤ出版２０１３）によると、縄文中期の５０００年前にはこのタブーが消えるとしているが、その縄文中期での土偶装飾付土器では、頭部が画かれているものの、下半身が別々に描かれている。

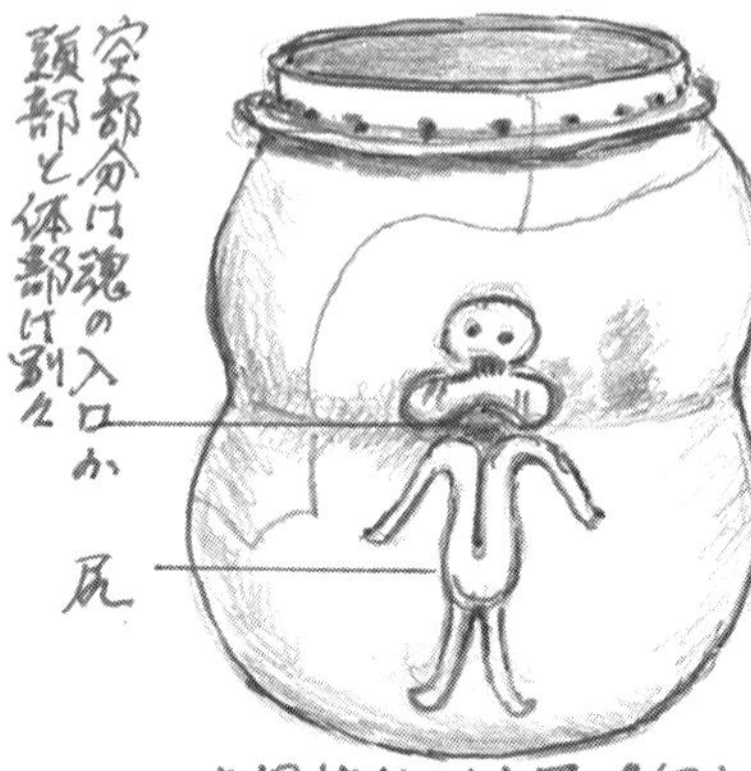

土偶装飾付土器 久保上ノ平遺跡（長野県）

この土器の口部分には小さな穴が無数に開いていて、恐らくこの壷は皮布を蓋として被せ、中に魂《たま》と種子を入れてしっかり封じたと思われる。

滋賀県出土の土偶と７０００年以上の開きがあるが、共に中空であることから、カミの魂《たま》を入れるいわゆる依り代ということになる。

縄文のカミとはなんであろうか。そのカミは自然の中にいて、姿は現さないが、とにかく人の姿をしていないのは明らかである。明治時代には土偶はカミではないかとされてきたが、現在は否定されている。

私は姿のないカミは、人々に幸いをもたらす和御魂《にぎみたま》と、自然の猛威により不幸をもたらす荒御魂《あらみたま》と双方であると考える。先の小さな土偶と、土偶装飾付土器とに共通しているのは中が空洞で、カミが宿ると考えられていたことだと推察する。

それを根拠とすれば、最古の小さな土偶は女性が出産のとき握りしめていたように思う。何故ならば、母子共に「無事でありますように」と土偶の依り代に宿った幸御魂《さきみたま》に祈ったであろうことが想起できるからだ。考古学の発掘調査には宗教民俗学者が参加しなければならないが、近年公共団体が発掘調査を主体的に行い、結果として詳細な報告書が出版されるが、宗教思想は介入されず、宗教学者の山折哲雄氏等が参加しないので、なんとなく味気なく感じられる。

一方で、仏教宗教学者はたくさんいるが、日本の古代仏教よりはるかに永い考古学には無関心でいきなり釈迦から始まる。

日本書紀に「土蜘蛛《つちぐも》あり、その人となりは手足長く侏儒《ひきびと》と相似たり」とあるが、侏儒とは身長の低い人のことである。

役行者《えんのぎょうじゃ》はその一人で、山中で呪法を行う行者の一派であった。

純粋な縄文人は、蝦夷《えみし》・熊襲《くまそ》・隼人《はやと》・国栖《くす》・土蜘蛛《つちぐも》と呼ばれ、従わない民として排斥されもした。しかし弥生時代は都へ出て、市場では毛皮・海産物・織物や玉石と交換していた。

集落は弥生時代の農村と同じ、竪穴式住居で、食糧倉庫もあり、作業広場・用水路・貝塚・墓所もあり、10家族前後であった。用水路には日常食であるドングリを晒《さら》す囲いも用意されていて、食料は四季を通じて、海・山・川・森から動植物を計画的に、多種を狩猟採集していたであろう。当時代では、多種なものが手に入るので、稲をわざわざ苦労して栽培する必要もなかった。

黒曜石は鋭利な刃物で、北海道や長野・神津島で採集したが、琥珀《こはく》は北海道や東北、勾玉は糸魚川、腕輪のコホラ貝は沖縄周辺といったように、丸木舟を利用し、全国各地より運び込まれているので、全国ルートの交易も行われていたとされる。

栗・トチ・ドングリなどは周辺から発掘されていることから栽培されていたようで、ヒョウタン・エゴマ・マメ等の植物も数多く発見されている。大世帯の生活を賄《まかな》うた

時代略年表　合計15000年

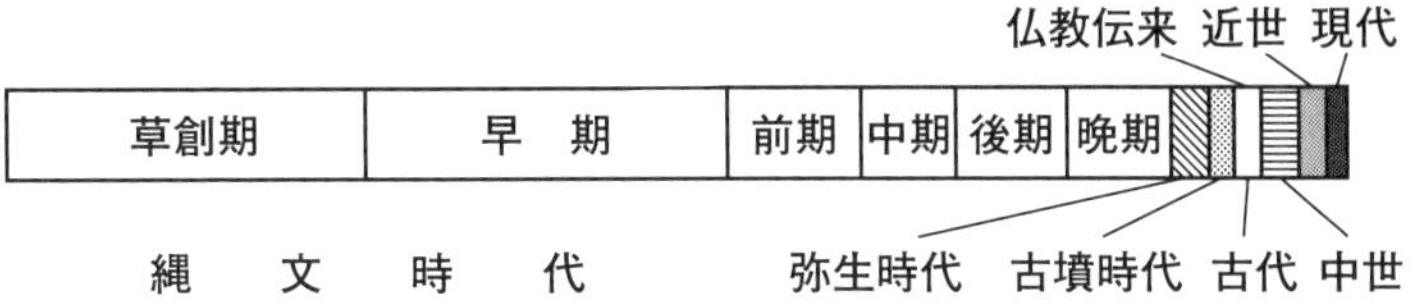

め、海洋漁業も発展したであろう。

縄文時代、全国の温暖化がピークを迎えた。

○前期　７０００年前〜５５００年前
　環状集落がつくられる

○中期　５５００年前〜４４００年前
　大集落がつくられる

○後期　４４００年前〜３２００年前
　墓の副葬品多くなる。環状列石がつくられる

○晩期　３２００年前〜２８００年前
　土偶の表現が多様になる

縄文文明が日本の隅々まで及んで、太平洋の小島にまで遺跡が発見されている。海外との交流があったのか日本以外に住むようになったのかどうかは分からない。

しかし黒潮暖流は日本列島を取り囲むように流れているため、むかうのは北アメリカ大陸である。

稲の籾は、楚の苗族である長江の河姆渡《かぼと》からの稲の遺伝子を引き継いでいる。中国大陸と何らかの交流があったことになる。その暖流にうまく乗ればアメリカ大陸上陸も夢ではない。

なぜこんな話を記すのかというと、ネイティブアメリカンの一部には日本人の血が流れているとの話が、アメリカであるからだ。実際には江戸時代であろうが、日本の外洋船が難破漂流し、西海岸に着いたのであろうか、船に使用していた鉄を再利用して刃物を作っていたという。

私は海流地図で調べたが、カナダかアラスカへは日本の北方から渡れそうであった。あくまで想像だが、実行するとすれば、舟を二艘横繋ぎにするポリネシア人の発想があれば波を乗り切れるが、水を積むとすれば大型丸木舟でなければ不可能で、縄文時代にアメリカ大陸に渡るのは難しいかもしれない。

ただし、アイヌ人やネイティブアメリカンと縄文人との顔が違うとの意見もあるが、江戸末期の平均的日本人の顔と身長は、現代の若者と比較すれば、明らかに別人類と思うだろう。生活習慣と体型は環境と共に変化していくのが人間である。

縄文人の死生観

縄文時代の他界観や死生観は、図書館で閲覧してもどうもしっくりこない。かつて古学会副会長渡辺誠氏からいただいた『原初の神々』の論文にあるような深い感動が伝わってこない。書店で文庫本棚を見て回っていたら突然、『縄文人の死生観』（山田康弘著ＫＡＤＯＫＡＷＡ２０１８）が目に止まった。

私が本を見つけたのは、禅宗の啐啄同時《そったくどうじ》の言葉のように、本をパラパラめくると千の風になってのところが目に入った。この本は心根があると感じ早速レジへ向かった。

この著書を読むにつけ、梅原猛・安田喜憲・渡辺誠・山田康弘氏に感謝しなければならない。山田氏にはお目にかかってないがありがたい。

山田氏のことを「考古学＝墓暴き」とエキセントリックにとらえる人もいるが、昔の人の墓以外に様々な情報を得られる資料が少ないといわれる。私は古代の宗教や死生観を推考するとき、墓の様子や副葬品や周囲の状況から把握するのだが、残念ながら写真や絵と地図から判断するより仕方がない。貝塚や割られた土偶も判断材料となるが、多くを見ているとなんとなくイメージがわいてくる。でも発掘者には及ばない。

多くの発掘に携わってきた山田氏の説は信頼できる。私が最も大切にするのは、縄文人の死生観であり、その宗教性についても暗中模索で書にしてしまった。

先ず土壙墓《どこうぼ》の例だが、屈葬が多いのはネアンデルタール以来、子ども返りで、再びこの世に再生したいとの思いが伝わる。

その発想は、北海道函館市垣ノ島遺跡からの縄文前期の女性の墓である。そこの女性の墓では多くの子どもの足型が発見されることがある。その足型は粘土を子どもの足の裏に強く当てて型を取り、火で焼いたもので、国際日本文化センター名誉教授安田喜憲氏によると、医学的に見れば死んだ我が子の足型だそうである。足形には紐を通す穴があいていて、多分紐を通して住居の柱に架けていたのだろう。

母なる女性は自分が死を迎えるまで、大切にしていたので、同じ土壙墓に副葬されたのだろう。その女性は死ぬまで子どものことを忘れなかったとすれば、いじらしく思う。死後同じ世界で再会を果たす願いを持っていたとすれば、梅原氏の言ったアイヌの他界観と相関していると感じる。梅原氏の歴史書を読むと、その直観力の鋭さを感じざるを得ない。まず著者が個人として、日本人としての宗教観を持っているか、持っていないか、私には著書を見れば理解できるようになってきた。

先ず、土偶の意義について考察すると、

①江坂輝彌氏の説では、板状の抽象的な形態から立体的な写実性のある形態まで、全て女性をかたどっていて「山幸・海幸の豊穣を祈願するための女神像である」また

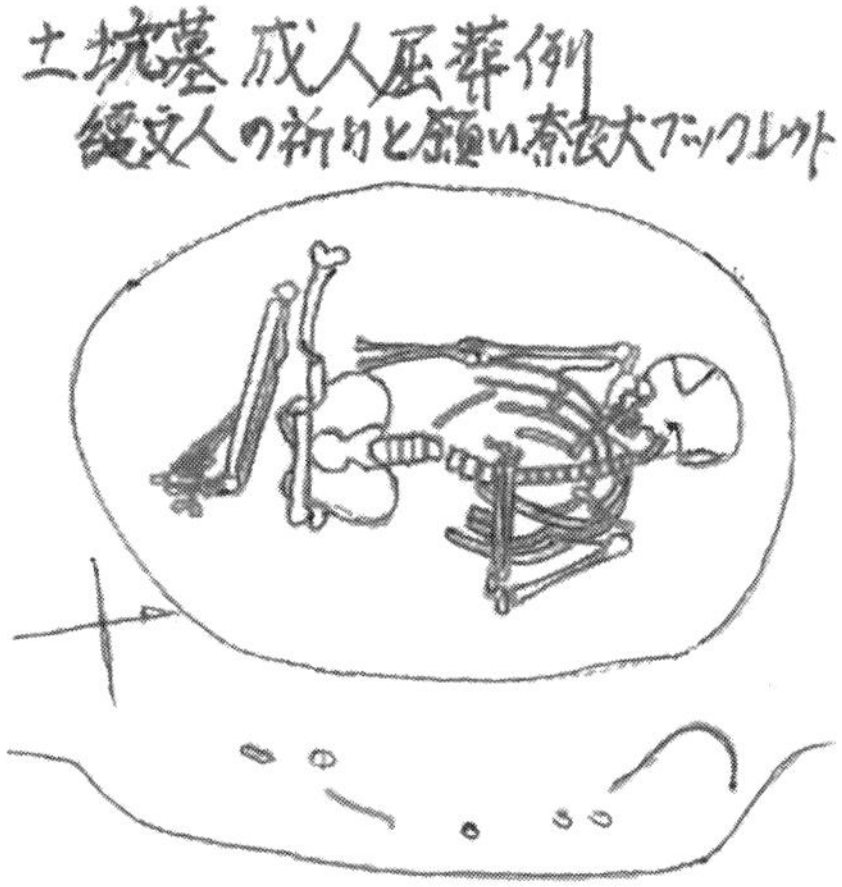

は「病気の患部に相当する部分を壊すシャーマンの祈祷」と考えられていた。

②水野正好氏の説では「土偶式の復元」に記されているように、成年女性が腹部に妊婦の表現をとるものが極めて多く、まれに小児を膝に抱くのもあり、いずれも母を表現している。女性が身ごもり、母となり子どもを養育する姿の成長過程の祭式に利用する。そして最後に土偶が人為的に損壊されるのもシャーマンの祭式であるという。土偶の死は時には石で囲まれ墓のようになっているという。しかしそれで終わりでないと推考する。墓も再生の場所だから、集落を取り囲むように存在する。土偶を埋めたのは集落の各所であり、母としての再生力を信じて各所に配られたという。

私も②のように感じるが、シャーマンの力が一時《いっとき》に土偶に魂を宿らせるほど力強いと人々は考えたろうか。多分、妊婦が出産するまでその家に安置し、無事出産したら、土偶を外に出してシャーマンが儀式を行ったのであろう。だからシャーマンの力だけで土偶を依り代として、カミ又は魂がいきなり宿るとも思われない。出産に加えてシャーマンの祈りがあるから威力が倍加するのである。

土偶は晩期になるほど細かく破砕されていて広範囲に蒔かれている。特に貝塚にも蒔かれているのは、梅原猛氏が貝塚も魂の再生の発射台であるといい、渡辺氏の人骨を貝塚に二次的に再埋納したという説と一致する。

土偶にはバイオリン型・逆三角形型・十字型・大の字型・こけし型があり、地域性が著しい。やはり縄文遺跡と同じく、中部地方以北で多く出土している。

先ず縄文時代草創期は約15000年前から始まる。地球最後のヤンガードリアス（ウルム）氷期から抜けきった13000年前の、滋賀県相谷熊原遺跡出土の小さな土偶は前述の通りだが、日本列島では14500年前から190年間で、平均気温が5〜6度上昇したことは、安田喜憲氏の福井県水月湖の年縞《ねんこう》堆積物調査で明らかとなった。

ただし温度変化に対応できるのは歩ける動物だけで、植物が種子を飛ばし、移動するには何世代も必要で、完全に対応するには500年間必要であった。しかし日本の気温上昇は、鬼界カルデラ噴火以前、人々は九州まで繁栄していたが、九州・四国・近畿では、7300年前には過酷な状態に置かれる。

原初の時代は厳しい現状におかされ、女性がスピリチュアルになって、時にはトランス状態になるのも、妊娠を乗り越えた経験によるもので巫覡《ふげき》やシャーマンに女性が多いのはうなずける。

土偶は関東地方で特殊に発達したものも多く、立て膝をした土偶は、中・後・晩期に

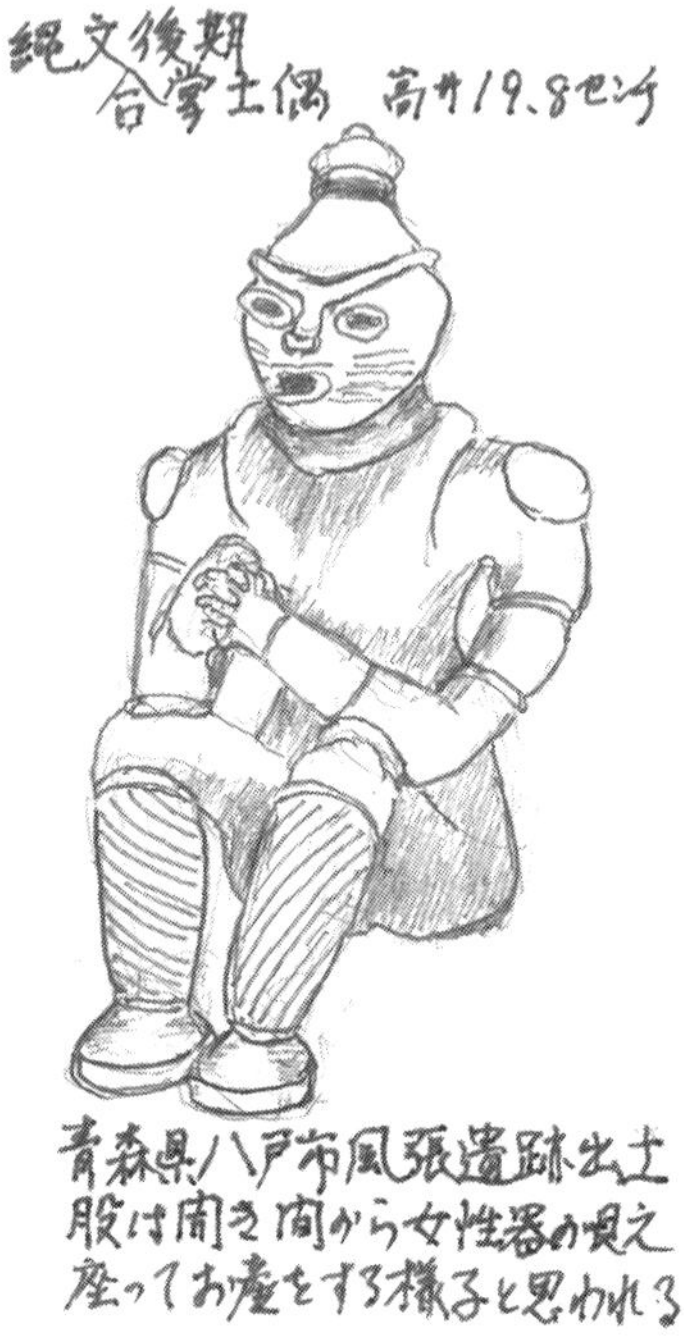
縄文後期
合掌土偶　高サ19.8センチ
青森県八戸市風張遺跡出土
股は開き向から女性器の見え
座ってお産をする様子と思われる

作られたものだ。妊婦出産の例とし、土偶でシャーマンが祭式をしたこともあっただろう。八戸市風張遺跡で出土した合掌土偶は国宝に指定されているが、右足のみ2・5m離れたところで見つかった。顔には赤く塗られた痕があり、元は全身が青く塗られていたようである。

一部はアスファルトで補修してあり、割ることなく、人々を見守る土偶もある訳だ。

さて、山田康弘氏の『縄文人の死生観』を要約しながら書を進める。

関東地方では多数の遺体の合葬や再埋葬される複葬が多数発見されるという。墓がまとまって墓域をなすものが多い。合葬された遺体も、同時に合葬されたり、合葬される時差があるものが存在したり、男女別に埋葬される例もあった。少なくとも遺伝的な関係の人々がまとまって埋葬されていると考えることができるという。墓域の小さい地域の集団は、祖父母・父母・子どもぐらいの三代の集団が多い訳だ。

しかし例えば三内丸山規模の集団土坑墓となると、全てが血縁関係集団とはみなされないだろう。

後期になると茨城県中妻貝塚のような、多数合葬や三内丸山の大型集落の終焉前後に、大型集落が形成される。しかし、地域小集落から千葉県市川姥山貝塚のような多数の人骨が集中するのは、家族集団というよりは、生前の遺伝的な集団から、広い社会的集団として、緊張を解消するための手段として、葬送儀礼が執り行われたのだろう。

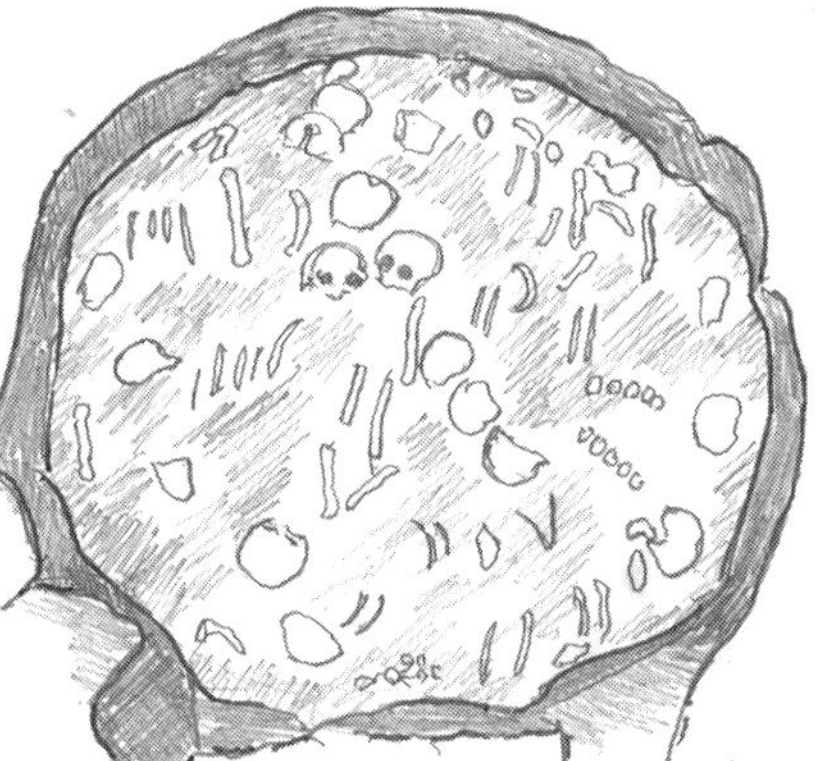

絵は茨城県取手市中妻貝塚の100体内外の土坑後期堀之内式期 再埋葬の多数合葬 縄文の死生観 山田康弘 角川ソフィアの写真

しばしば遺体に石を抱かせた土壙墓が発見され、それには魂が復活して災いをなすのを防ぐ意味があるとする学者が多いが、私はその説を否定する。

それは古代人は、磐根《いわね》木《き》根《ね》立草《たちくさ》よくもの言うと考えていて、梅原氏のアイヌ宗教観と同じである。むしろ抱いている石は霊石である。

ありがたいことに、三内丸山の竪穴式居住地内からの幼児遺体甕《かめ》のうち多数に、子どもの握り拳ぐらいの石が単数、または複数入れられていたと、現地学芸員から聞き及んで、石は霊石であると判断したわけである。石は玉・魂・憑代《よりしろ》で母体に甦る（黄泉帰る）ことを祈ったであろうと推考する。

渡辺誠氏は那谷寺の石窟胎内くぐりの説明板に「古代人は死の世界から生の世界によみがえる……」と書かれた文を読んで、後日わざわざ訪ねてくださった。私は国際日本文化センターの先生との交流を通じて、古代日本史に関心を持っていたが、渡辺氏のお話を伺っていると共感できることが多く、今まで読んだ古代史の本の内容を見直す必要を感じていた。

論文をいただいて、自分の縄文時代に関する宗教観が少し変わった思いである。先ず、縄文の幼児埋甕《うめがめ》の風習についてであるが、中部地方を中心に発展していた。埋甕というのは竪穴式住居の入り口部分など、人の出入りの激しい所に、底部を欠いたり、穴をあけた甕を幼児甕棺として埋納する風習であり、全国へ広まっていった。

幸いに長野県富士見町唐渡宮遺跡出土の住居の入り口に埋設した甕が発見された。同様に千葉県松戸市平賀貝塚からも発見された。

幼児の魂が新しい身体となって転生するか、再生させたいとの思いが伝わる。多くの場合は住居内へ埋葬されたが、死産児から後、胎盤収納へと推移した可能性もある。足が大地に食い込んだ分娩の様子であり、大地からかげろうのように立ち昇る数条の線は、胎内に転生する霊魂を表現しているとも思える。子どもの魂は女性の性器へと転生すると信じられていた絵画でもある。

へその緒を入り口の敷居の下に埋める風習も併存していた。しかし母親の胎内に転生しながら、死して霊界に戻った魂は配石遺構や山に昇って、次なる出生を待っていたこともあったろう。

東北地方に多いストーンサークルについては、魂が敷石を通って、男性のシンボルである立石から山に昇るとすれば、石は他界観念も想起できる。梅原猛氏の話の如く中央の石は魂の発射台であると推察するが、貝塚も魂の集積所でもある。

土壙墓屈葬については既に述べたが、特殊な墓地もある。

大人の女性と、それを取り囲むように四頭の犬が埋葬されている例があった。この場合、犬を殉死させたと考えられるという。

犬も我が子のように可愛がっていたとすればどうだろうか。殉死は残虐と考えるのは現代人で、再びこの世に転生するとき、犬と共に暮らしたいと願ったか、常世《とこよ》で暮らすことを信じていたとしても同様であった。

人は既に擬死体験（一時的に死界へ行く）を知っていたとして、常世へ行ったとしても二代三代で戻れると思えば、子どもを住居の入り口に埋甕するのも同様と思っていたのだろう。

血縁関係・地縁関係での連帯感を高めるための祭祀などあって、人口増加しても紛争を避けていたのは、争いによる死亡者の埋葬例が極端に少ないことで理解できる。

そこで悩ましいのは、山田氏の書にある、土中から現れた奇妙な埋葬の例だ。気仙沼の前浜貝塚は縄文晩期のものであるが、女性が土壙の中に四肢をかがめ、仰向けの姿勢で埋葬されていた。奇妙なことに女性の顔面に犬が乗せられていた。女性の年歳は調査の結果15～17歳で、人類学的に見れば青年期の前半で風習である抜歯（左右とも）がされていた。これは縄文晩期の一般的な行為だが、歯科臨床例から、この女性は抜歯してからさほど日時が経っていないそうであり、この土壙に接して赤ちゃんの骨が土器に入れられ見つかった。生まれて間もない赤ちゃんで、山田氏はストーリーを描いている。16歳ころに懐妊し17歳ころ、何らかの事故で亡くなった妊産婦の埋葬例だった。おそらく分娩時に出血が止まらず母子共に亡くなった。それが女性の顔面に犬を乗せるような、奇妙な埋葬が行われた理由だろう。その後に他の地域でも分娩時死亡の例があり、土壙墓には頭の位置が違う方向に向けられたり、コホラ貝の腕飾りをしたりと特殊な埋葬例が多かったと記す。

江戸期まで死産については、死亡した母と赤ちゃんとを身二つに分けて埋葬（火葬しない）が存在したそうである。

縄文時代の人々が土器に赤ちゃんを入れて埋葬したのは「あの世」に送り込むというより、もう一度母体と共に回帰させるという再生観念によるとしている。

私が関心を持つのは貝塚で、集落の谷部分に食べかすや動物・魚の骨、カキやホタテ・アサリなどの殻が捨てられている。単なるゴミ捨て場と考える人もいるが、全ては天に帰すためであって、そこには犬の骨や人間の骨が丁寧に埋葬されている。

渡辺氏によると、霊魂そのものも俗界と霊界の間にあって、特定段階が区別されていたらしい。死体を直接埋葬した一次埋葬後のある時期に、軟質部を洗って骨のみを二次的に埋葬する洗骨葬には、少なくとも二段階の葬送儀礼が考えられる。霊魂はこうした段階を経て、祖霊の中に昇華していくという。

愛知県渥美郡田原町の吉胡《よしご》貝塚出土の人骨は四体分と思われる。図では二個接続したような形で、各辺に長管状骨が並べられている。頭骨は左の盤内にかなり完全なものが二個あり、他に二個分の破片が不規則に配置されている。図では省略されているが、盤

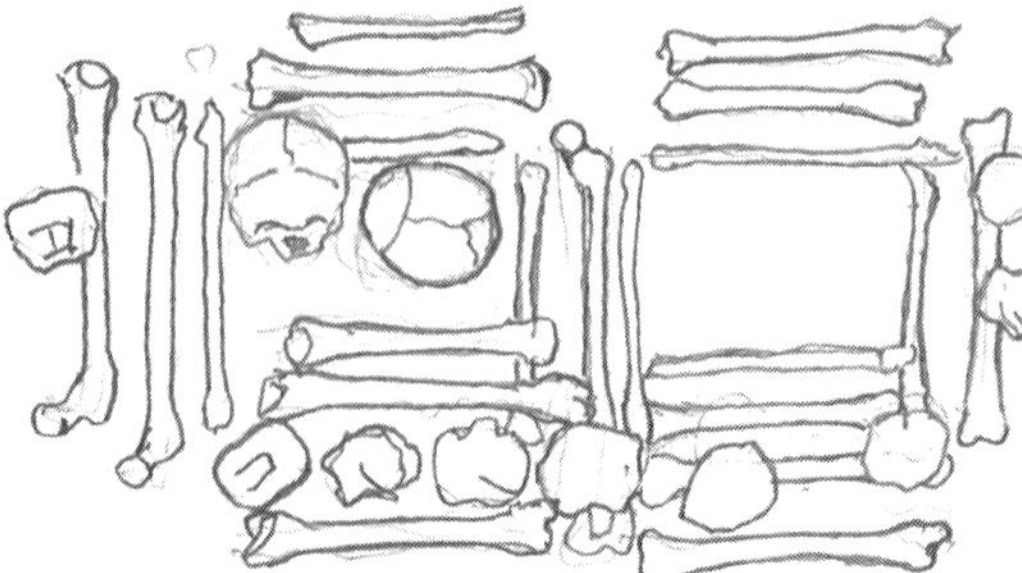

考古学会元副会長渡辺誠提供論文より
愛知県田原町貝塚内の洗骨葬の書写絵

内には骨盤・脊椎骨・肋骨などの破片や小骨がぎっしり詰め込まれていた。

縄文人は恵まれていると考えがちだが、水さらしやアク抜きには四季を通じて湧水があること、保存乾燥のための広場や貯蔵施設、それに石器道具を作ること等の各種条件も必要で、要するに春夏秋冬の移り変わりに対し、正確な知識を持たずには生きていけないのは明らかだ。クリストファー・ロイドの言うような安楽な生活ではなく、カレンダーによる月単位の生活安定のための計画も必要だった。動植物も乱獲は避けていたようで、冬期のストックができるよう、カミに祈ることで畏怖芯から呪術が発達したという。

長野県茅野市の与助尾根遺跡では、中期ではもちろん漁撈《ぎょろう》は生業とできず、男子による狩猟・女性による植物採集が中心だったことが分かる。石柱・石棒・土偶は先祖祭祀の色彩強く、石柱祭式は祭壇に石柱を立てて、食物や品物を供進する儀式で、生と成長・死からの復活を地母神に祈ったのであろう。祭祀の道具は鳥形の彫刻のある骨角器を使用したそうである。

縄文遺跡の特殊な例は富山県氷見市の大境洞窟で、縄文時代から室町時代までの遺体骨が七重に重なって遺体骨が発見されている。洞窟は黄泉の国を顕していて、南方の海に面したところでは、海岸の洞窟に遺体をそのまま安置した列も見られる。

不思議な建造物として、石川県能登町真脇《まわき》遺跡がある。縄文時代前期の6000年前から護り続けられたが、入江の奥にウッドサークルが立てられていて、中央部には大量のイルカの骨が発掘されている。縄文時代イルカは食用に供されたり油を採取されたり、骨は道具とされたりした。

10本の柱の太さは、87㎝～96㎝で、栗の木が使用されており、供進された祭祀用の土器等も発見されている。おそらくイルカの魂を天に昇らせる行事があったのではないかともいわれている。

なお、金沢市新保本町にもチカモリ遺跡が存在し、真脇と同じ10本の柱根が発見されているが、内の円形の中からは何も出土せず、パワースポットの役目を担っていたのかもしれない。近くに川があり白山が遠望できるところで、祭祀用の漆塗りの弓が発見されたが、そこはサワ遺跡という場所である。その弓は二つに折られ丁寧に埋められていた。川より遡上する魚は、大切な贈りもので、南方の白山に向かって感謝の祈りを捧げていたであろう。

丁度3000年前は縄文晩期にあたり、列島は再び寒冷化が進み、弓を折ってまで神に豊穣を願った行為だった可能性もある。

縄文草創期から最晩期までおよそ12500年間、常に見えない神に祈りを捧げてきた。


古代では死は近い所でおこり、かつて親族や近隣に住む人たちは人の死と関わり、皆で心を込めて埋葬していたに違いない。

現代では親の死には病院や介護老人施設の看護士や介護士が関わっていて、幸いにも家族が看取りに同室することが多い。一般的には臨終後は葬儀社セレモニー会館の職員などに委ねられる。自宅か会館で枕経の用意が終わった後に僧侶の読経だ。だから僧侶は遺体の清拭や、死に装束を着せたり、布団に寝かせるまでの大変な作業に関与せず、実際には初期段階が過ぎた、死んで後《あと》のまつりを僧侶が担当するわけだ。

私は縁により、障がい者老人施設や介護老人施設を立ち上げた。この施設では高齢者を看取ることも多い。理事長（現会長）の私も僧で、特に特別養護老人ホーム園長は曹洞宗の寺院僧侶であったから、園内で亡くなった高齢者のために、かなり早くから看取りの実務を職員が東京まで行って習っていたし、看取り（ターミナルケア）も何とか実施できるようになった。

私はといえば、医師や大学教授・弁護士・宗教者・介護士・看護師で結成された、バイオサナトロジー（生と死）学会に入会し、講修・研修を受けた。

しかし入所者が170人以上ともなれば、私は、正直まるで経営者であり、入所者とは、日常の付き合いの親和が取れていなかった。職員は私に「看取りは私たちが家族と共にしますので、最後の枕経をお願いします」と言う。現在でも高齢者の臨終時には、すぐに連絡が入る。一緒に寄り添った職員は、（おくり人のように）丁寧に死体をきれいにして、布団に寝かすまでを家族と共に行い、私は一時的に廊下で待つことになる。初期にはその内容を見ていたので、何をしているかが分かる。職員には感謝するしかない。

枕経では親族と職員が合掌している。自生園には三名の僧侶がいる。出勤の時は皆参加する。共通のお経は「観音経偈文《げもん》」と「般若心経」である。読経すると不思議な一体感があるし、中有といって私たちと共にあって、そこに魂が留まっていることを感じてしまう。

私は「〇〇さんはきっと皆さんにありがとうと言っていますよ、亡くなっても家族の皆さんが納得するまで、いつまでもいますよ、亡くなった人には時間もなくなったので、早く別れて浄土へ召されるなんて言いませんよ。だからみんな当分一緒ですから、愛のメッセージを心で贈ってください、お疲れさまでした」と言うことにしている。たいがい遺族はにっこり微笑んでいる。

看護室の壁には、松長有慶管長さまの般若心経「羯諦《ぎゃてい》・羯諦《ぎゃてい》」の墨書が掲げてある。「一歩また一歩さらに一歩」といずれ高みに昇っていけるようにとの願いを込めたつもりだ。

故人と残る者が時間を共有するのは縄文人も同じ、そう思うがゆえに私の主観を述べてしまった。

遺跡を眺めれば、共同土壙墓は近くにあり、死者の場所と生者の場所は同じ同心円の中にあり、死者の遺骨を掘り起こし、近くの貝塚に再埋葬したりして再生を願う。血縁関係だけでなく、それを超えた集団であっても、魂の時間的関係を気にすることなく、生活圏の中で共に住んで維持してきたからこそ、縄文文明は同じ生活をしながら続けられたのだろう。

私が敢えて霊と呼ばず魂《たま》というのは、大地に埋めた子どもの死体から、母親の膣内へ玉のような魂が帰ろうとする甕に画かれた絵に、深く感動を覚えたからであって、古代では霊などと言わず魂と呼んでいた。

弥生時代から現代までの期間は縄文時代の5分の1である。その間に文明は驚くほど発展したが、縄文時代を基礎としなければ我々は何も語れないのではないだろうか。

男女老人子どもまで平等な社会は、その後現代に至るまで現れていない。縄文人は、それぞれの能力によって、自然の神の恵みの大小があることを知っていた。にもかかわらず障害のある老人にも恵みを与えていたのは、埋葬された骨に障がい者であったことが分かる遺骨が見つかっているので理解できる。

彼らの生活には貧富の格差は少なかった。神の所有物である自然は、公平に分配することにより和御魂《にぎみたま》の神によって生かされていることを知っていた。

弥生時代より現在まで、競争社会の中で人々は生きている。三毒（貪欲・怒りねたみ・邪見）は仏教第一の教えだが、人は三毒を常に浄化して生きてきただろうか。思いやって寛容の心で接してきただろうか。

日本人が他国と比して、つつましく思いやりがあると評価されるのは、長い長い縄文時代のＤＮＡを我々が受け継いでいるからである。

海外交流があった弥生文明

稲作と変革の弥生時代

　12500年という長き縄文時代の終焉は突然やってきた訳ではない。朝鮮半島では狩猟採集生活は困難で、BC14世紀には畑作で粟・きび・陸稲《おかぼ》を伴う青銅器文化が始まっていた。農耕文明は世界史を学べば分かるように、支配者と被支配者と農奴を生み出し、争いも起こる。事実半島では既に争いが始まっていた。水稲はBC11世紀に始まっていたし、九州へ一部入ってきている。

　しかし、食料に事欠かない日本列島では、縄文期において米は片手間に作るにすぎなかった。探す、捕る生活から、耕す作る生活に何故移行したのかは推定にすぎないが、半島や大陸から渡来人もいたからである。

　国境もなく、税関もなく、パスポートも必要としないし、居住目的か一時旅行か聞く人もなかったし、住民の邪魔にならなければ土地の登記も売買契約も必要なく、勝手に住むことができた。何しろ日本国も誕生してなく、集落のみが存在していた。最初に上陸したのはやはり朝鮮半島からの少数の人々だが、いつの間にか縄文的生活から、弥生的生活に移行する人が次第に多くなった訳であったろう。

高見寛恭師が那谷寺で御流神道・吉田唯一神道の伝授会を行った。その伝授次第を見た時に古くの神物語が分からず、やむなく古事記・日本書紀・中臣祝詞《なかとみのっと》・出雲風土記等を読む内に、天孫族は原日本人か、それとも渡来人なのか気になりだした。

一番古い時代の中臣祝詞の中に「我が皇御孫命《すめみまのみこと》は豊葦原水穂《とよあしはらみずほ》國を安國《やすくに》と平けく」とあり、稲作と天孫族と関係があると思い続けてきた。

稲は東南アジア原種で、長江の環境に適応した野生稲が生育するようになったのは1500年前だという。地球温暖化により定住するのに必要だったのは農耕だそうで、長江流域（以前雲南省といわれた）では最も古い稲作栽培の遺跡が発見された。

私は昭和時代の歴史書より、現代の科学者の人類や稲のDNAでの分析の方を信頼する。弥生時代には朝鮮半島からの移住者は少なく、中国大陸からのほうが多い。その理由は中国春秋戦国時代と弥生時代と時代が一致していて、現在のジャポニカ米と弥生中期のジャポニカ米、中国の長江流域の稲の籾《もみ》とDNAも一致、苗族《みやおぞく》文化とも一致し、加えてその中心となる楚の国が滅んだ時期も一致、更に吉野ケ里環濠《かんごう》集落と、長江文明の発掘調査報告の環濠集落と類似していることから推考すれば、楚の国の文明を日本人が受け入れたことになる。

抜歯の風習は台湾の少数民族に残っているが、縄文期の青銅器や抜歯の風習は長江江南地方からもたらされた。彼らは文字を持たなかったが「言霊を重視していて」邪気を払うために抜歯を行ったのであろう。その抜歯の風習も、縄文晩期には日本列島で盛んになっていた。

稲作の生活が始まると、集団作業や水を引くための土木事業が必要になったため、集落は次第に大きくなっていった。農地拡大は豊かさと正比例するため、集落は農地拡大したが隣接の集落と争いが生じ始めた。その結果集落を護るための武器も必要になり、環濠集落が多く営まれるようになった。

多くの人々が耕作すると、次第に田地の大小が生じ、土地の所有権も発生するようになる。環濠を回《めぐ》らした集落間での争いで負けた人は、土地を持たず下僕となっていった。

環濠集落には指導者がいたが、それが占いにより集落の春夏秋冬の作業を決定する巫覡《ふげき》なのかどうかは分からない。

いずれにしても、この集落の源泉は中国大陸にあると、ほとんど直観により判断したのは梅原猛氏で間違いない。1993年に稲盛和夫氏が団長となり学者団を引率して訪れたのが浙江省の良渚《りょうしょ》遺跡であった。それは5000年前の稲作文化の遺跡で、玉琮《ぎょくそう》等が出土した。

中国長江文明城頭山発掘調査

有名な司馬遷《しばせん》が記録した史記は、総字数526500字の大作である。周時代から前漢にわたる大部分の年号は正しいが、BC2500年から2400年代の夏王朝や殷《いん》王朝（BC1300）の話や、太公望の武勇伝など含まれた昔話のようで、周に続く武王の頃からの正史といえる。世界で一番古い歴史書であるが、それ以前は埋蔵物調査でしか分からない。

1997年4月、梅原猛・河合隼雄・安田喜憲氏と中国文物局による日中共同の学術調査が決定された。1998年4月から2000年の三年にわたる発掘調査は、中国では大人数の調査員が動員された。

湖南省城頭山遺跡の報告は日本側では『稲作漁撈文明　長江文明から弥生文化へ』

（安田喜憲著　雄山閣２００９）に著されている。それに先駆け『長江文明と日本』（樺山紘一編著　ベネッセコーポレーション１９８７）も刊行された。

直径３６０ｍ、幅50ｍ、高さ４・８ｍの円形の城壁に囲まれた城頭山遺跡の合計面積は10万㎡もあり、北・東・南に門を有し、古い方から湯家崗《とうかこう》文化・大渓文化・屈家嶺《くつかりょう》文化・石家河《せっかこう》文化という四大文化が営まれ、城壁は５３００年前の屈家嶺文化期のものが残り、南門にはかつての船着場もある。幅50ｍ深さ10ｍの凹地も発見され、周囲を環濠が取り囲んでいた。

城頭山から少し離れたところに、カシ・シイ・フウ・マツ類の森があったことは花粉分析で判明した。周辺部では稲のプラントオパールが大量に検出。後の発掘では、大型土壇・祭祀坑・中央から棒状の石・頭を東の方に向けた屈葬した人骨が見つかった。

弥生時代研究の第一人者といわれる考古学者の七田忠昭氏は吉野ケ里遺跡から出土した赤色・黒色土器と何らかの関係があると述べている。稲籾に血の儀礼を施し、豊穣を祈ってその稲籾を分配したのが城頭山遺跡であった。

ＢＣ２００年以前に中国大陸から九州へ渡れるかと疑問に思っていたが、２０１８年春に『森の思想・那谷寺』と題して発表するために招待された。その中国上海の一帯一路文化フォーラムの中で、沖縄の青年が「ほら上海（長江河口）から琉球の方が福岡より近いよ。だから是非琉球へおいでおいで」と同心円の地図で示していた。私は驚いてしまった。なるほど上海から沖縄は近い距離にあった。

そこで当時代の船を調べた。参考にしたのは、日本・中国研究の孫氏の『邪馬台国の全解決』（孫栄健著 言視舎2018）と、中国・周代・越国の興亡を記した『越絶書』である。BC201年に起った「秦の始皇帝が越を滅ぼした記録」の文を『邪馬台国の全解決』にある『越絶書』から写す。

「越は大翼《よく》・中翼・小翼をもって軍船となす。大翼丈六長十二丈容戦士二十六、櫂（オール）五十人、舳艪《ともろ》（トモカジ）三人、操長鉤矛斧者四人、撲射長一人、全て九十一」呉の船と同じであり、当時代の寸法を現代に直すと外洋船は巾6・3m長さ27・6mで、帆を二つ持ち、BC223年以前、ベトナム・ジャワ・ボルネオまで航海していたという。黒潮に乗れば倭へ渡るのは簡単であった。私は上海に行ってこの事実も確認した。

大嘗祭は日本天皇即位式であるが、発見された新嘗祭の原型とみなされる祭祀は此の地に発祥する可能性があるという。加えて稲作漁撈民征服王朝説を立てる可能性があると安田喜憲氏は言う。

記紀神話から考察する倭国

そこで私は、『古事記神代巻』和銅5年（712）稗田阿礼《ひえだのあれ》の語りを太安万侶《おおのやすまろ》が筆録し、天武天皇に献上した書と、『日本書紀神代巻』養老5年（720）六大皇族・官僚・韓人等が参加し、漢文で書かれた巻を取捨して引用したい。

もちろん両書は旧辞《くじ》・帝紀などの神話が元となっているが、日本書紀に朝鮮半島の三国史記（1145年）百済《くだら》三書・魏志倭人伝等の内容が、後に加えられていた疑いは否定できないが、最古の歴史物語であることは間違いでない。ここでは弥生時代に関する事のみ参考とする。

古事記天地開闢《かいびゃく》では天御中主神《あまのみなかぬし》で、日本書紀では混沌としているが、印度で6世紀に生まれた宗教の大日如来と類似した神を示していると感じている。

古事記では天孫降臨《てんそん》は日向の高千穂の久志布流多気《くしふるたけ》となっていて、クシフルは古代朝鮮のソフルと関係していて、新羅《しらぎ》の遥か後の地名であり、神世時代では物語は成立していない。

天孫降臨とはおそらく楚の王族貴族たちが宮崎県の海岸に、天の鳥船といわれる大きな帆船に乗って現れ、下船したことだと思われる。熊本を避けたのは、熊襲《くまそ》・隼人《はやと》と

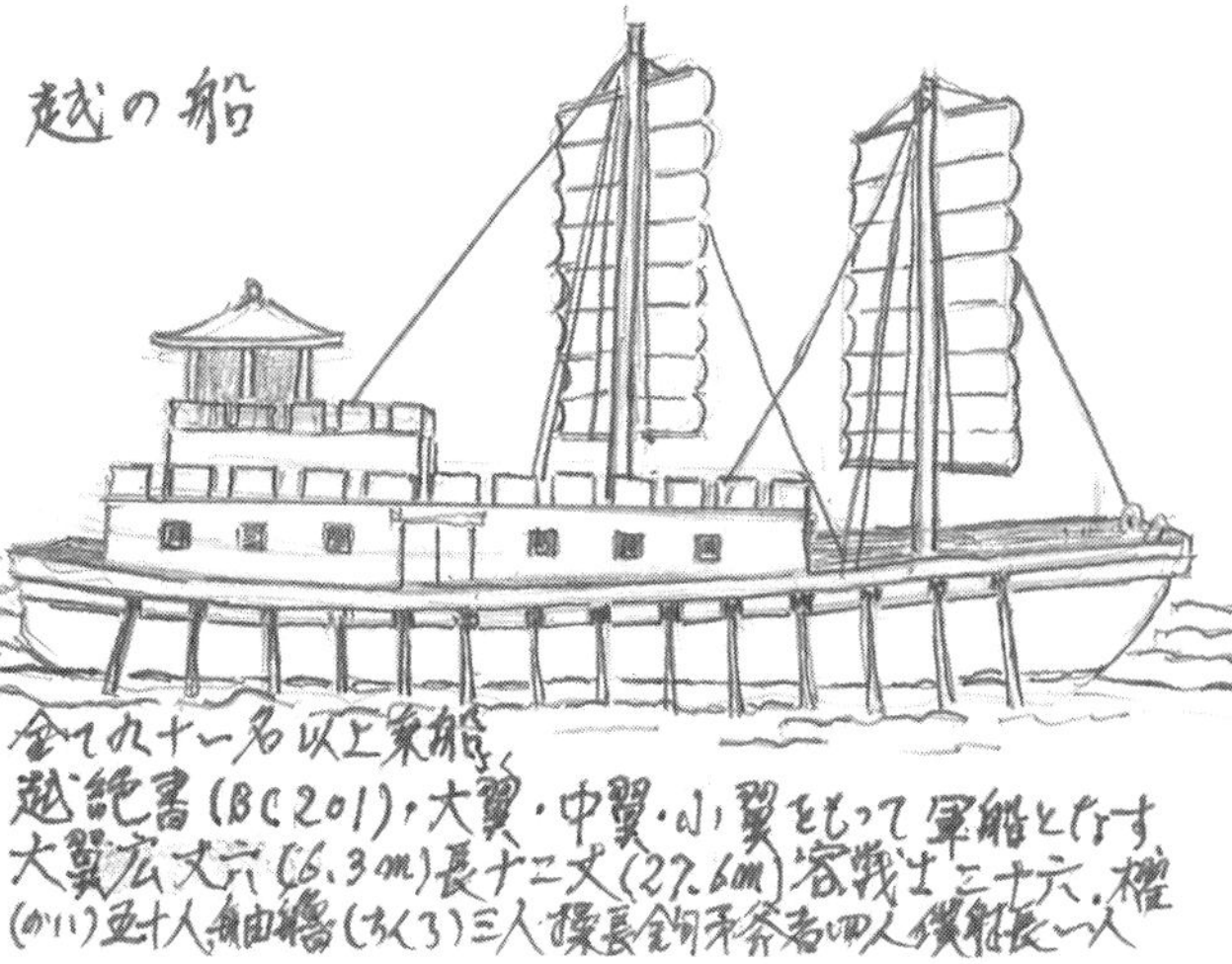
越の船
全て九十一名以上乗船
越絶書（BC201）、大翼・中翼・小翼をもって軍船となす
大翼広丈六（6.3m）長十二丈（27.6m）容戦士二十六、櫂
（かい）五十人、舳艫（ちくろ）三人

いった弥生文化を受け入れない縄文人が住んでいて、そのことを知っての上と思う。もちろんそれ以前から、長江からの亡命者の多くは九州に上陸していたであろう。

前述のような船があれば九州どころか蝦夷地まで行ける。それから４５０年後の卑弥呼の時代には、馬70頭を載せる船もあった。

そこで再び天孫族の話に戻そう。古事記の神物語にその真実が隠されているのではないかと考察した。

番能邇邇芸命《ほのににぎのみこと》が天降ったことは古事記では「天の石位《いわくら》を離れ、天の八重多那《たな》雲を押し分けて、伊都能知和岐知和岐《いつのちわきにちわき》弖、天《あめ》の浮橋《うきはし》に宇《う》岐士摩理《きじまり》、蘇理多多斯弖《そりたたして》、竺紫《つくし》（＝筑紫）の日向の高千穂の久士布流多氣《くじふるたけ》に天降りまさしめき……」と書かれ、筑紫の山に降臨したことになっている。北九州上陸説であるが、クシフルダケは朝鮮半島にもある。歴史学者の喜田貞吉博士説「先住土着の民衆に第二次的渡来者たる弥生式民族が重なり、それに天孫民族が接ぎ木されて日本民族が形成された」は有名で、さらに江上波夫博士説の、天孫民族が高句麗・百済系の扶余《ふよ》族系に繋がる騎馬民族王朝論となった。これは否定して良い。

しかし天孫降臨が筑紫であるとは限らない。瓊瓊杵尊《ににぎのみこと》の宮崎海岸の上陸は、楚が滅亡のBC223年と推定される。黒潮に乗って最も早く着くのは九州南部だが、迂回して着岸したのが宮崎県高千穂である。高千穂とは山でなく稲穂を高く積んだという意味で、古神道で「元々元初《げんげんげんしょ》に天の真名井《まない》の清く潔き元の水を降ろしたまう」の真名井戸があるのは、槵觸《くしふる》神社であるからだ。ニニギは長江文明と新しい稲籾を巨船に積んで帰来したので、神のように敬われ指導者となったのは当然である。

それこそ九州地方をまとめた王の祖としなければならないし、大山津美《おおやまつみ》（縄文系）も心開いたであろう。

「稲をイネと呼ぶのは苗《みやお》族である」。ニニギは日本書紀本文第六ノ一書・第四ノ一書にある真床追衾《まどこおぶすま》の皇位継承の行事は、当時代にはなく、後に加えられた文章である。

『「古事記」と「日本書紀」の謎』（直木孝次郎ほか著 学生社1992）では、朝鮮半島の穀霊信仰で、新羅の卵生《らんせい》神話と記載されているが、この時代に新羅国はない。

高千穂の意味は、稲籾を沢山積んでいたことを示す。しかも天より降るは、柳田国男によれば「海は遠くで天《あま》と繋がっている」と古代人は信じていたという。時代は楚が滅亡した時（BC223年）と重なってしまう。

下船した番能邇邇芸命《ほのににぎのみこと》は、後に隼人の大山津美の娘の木花之作久夜毘売《このはなのさくやひめ》と結婚する。二人の間には火照理《ほてり》（海幸彦）と火遠理《ほおり》（山幸彦）が誕生する。海幸彦・山幸彦は楚人と倭人の二世という訳だ。これは争いなしに倭の指導者ができた過程をあらわす。

海幸彦と山幸彦の物語では、ある日二人が互いに道具を交換しようということになり、海幸彦は山に向かったが動物は獲れず、山幸彦は魚が釣れなかった。しかも釣針を失ってしまったので、山幸彦は多くの釣針を返したが、海幸彦は元の釣針を要求し続けた。山幸彦が泣いていると塩土神《しおつちのかみ》がやってきて、事情を聞いて竹の舟を造り、綿津見《わたつみ》の神の宮殿に行くことを勧めた。山彦は綿津見の宮殿へ行き、桂《かつら》の木に座っている時に、綿津見の娘・豊玉毘売に会い、恋に落ちてしまう。綿津見に馳走や宝玉でもてなされ、三年間宮殿で過ごしたが、針を兄に返さなければならないことを思い出した。

綿津見は鯛を連れてきて、喉に刺さった針をとってやり、山彦に返した。山彦は早速その釣り針をもって故郷に帰り兄に返したが、その折、兄が不幸になるように呪いを唱えたら、海彦はすっかり貧しくなってしまい、潮渦珠《しおうずたま》により兄を服従させた。それ以後は兄が弟に従うようになった。

山幸彦の元へ豊玉毘売が訪ねてきて結ばれる。山幸彦・火遠理が鵜の羽で被った産屋を造っている最中に豊玉毘売が産気づく。

出産のとき私を見ないでください、と豊玉毘売が言ったにもかかわらず、火遠理は中を覗いてしまう。内にはのたうち回っている鰐《わに》となった豊玉毘売《とよたまひめ》がいた。

神武は倭国建国の祖か

生まれた子は鸕鷀草葺不合《うぶやふきあえず》と名付けられ、豊玉毘売の妹・玉依姫に面倒を見させる。鸕鷀草葺不合《うぶやふきあえず》と玉依姫との間に生まれたのが、神倭伊波礼毘古《かむやまといはれひこ》（神武）と長兄の五瀬《いつせ》であった。

長く神物語を記したがフィクションである。全て海に関係していて、綿津見の場所は対島か沖縄かともいわれている。この物語は倭国だけに限定される物語でない。

さて、ニニギ（瓊瓊杵尊《ににぎのみこと》）から3代、小国をそれぞれ20年治めたとすると、20×3＝60年となる。日本書紀によれば神倭伊波礼毘古《かむやまといはれひこ》が生まれ育った日向の国から東に向かって、兄の五瀬命《いつせのみこと》と共に進軍を始めた時には、45歳にもなっていた。

先ずAC21年頃と仮に計算する。富国《とよくに》の宇沙へ、続いて筑紫の岡田宮で兵を集めるため1年滞在、安城国多祁理宮《たけりのみや》で7年、吉備国高島宮で8年過ごした。恐らく当時代では瀬戸内海には多くの高地集落が存在しているので、戦うにしても和睦《わぼく》するにしても計16年かかるのは当然といえる。白肩の津（大阪）へ着いたのが61歳、当時代からいえば老人である。そこで大和地方の豪族長髄彦《ながすねひこ》と戦うことになり、兄の五瀬は矢傷を負った。

神日本磐余彦《かむやまといわれ》・神倭伊波礼毘古は大和といわれた彦という意味で倭の大王《おおきみ》となるとされるが疑問である。

白肩の戦いで伊波礼毘古の軍勢は弱くなっていたはずだ。記紀では激戦となり、男ノ《お》水門《みなと》で五瀬は死亡し、後に伊波礼毘古は軍を率いて熊野から上陸し、八咫烏《やたがらす》の導きで大和宇陀に出て長髄彦と戦ったとある。勝利したかどうかは実際は不明であり、記紀では不自然な記述が多く信頼できそうにない。

長髄彦は饒速日命《にぎはやひのみこと》に仕えていて、饒速日は長髄彦の妹を娶っている。しかし饒速日が長髄彦を殺し、伊波礼毘古を初代大王とする説話は不自然で信じがたい。記では長髄顔は殺されない。「先代旧事本紀」によれば、饒速日命を「天照国照彦天火明櫛玉饒速日《あまてるくにてるひこあめのほあかりくしたまにぎはやひの》尊《みこと》」とし、天つ神、国つ神と交わったとある。物部氏・海部氏・尾張氏などは饒速日命《にぎはやひのみこと》を始祖として奉っている。しかも饒速日命は天の石船《いわふね》に乗って白肩へ降りたとするから、天孫族と同じとしなければならない。饒速日こそ初代大王かもしれない。

それが事実なら戦いに勝ったとされる伊波礼比古（神武）もいなかったことになると説明できる。

その後は魏志倭人伝（後述する）によると、２３８年から２４７年の間、卑弥呼が倭国王であることは確実である。女王となったのは推定２３０年頃だろう。

仮に記紀にある欠史天皇の二代綏靖《すいぜい》天皇から九代の開化天皇までの当時の寿命を45歳とし、在位25年間とすれば、25×８代＝２００年とし、その間に卑弥呼在位20年間とし合算すると２２０年間となる。その計算によると、神武伊波礼比古は老人であり、王になったのは西暦１２０年頃であり、１２７年に亡くなったとしよう。

その結果日向時代45歳から倭入りまで17年間加算して、倭の一部の王となったのは62歳から約69歳までと勝手に推考した。

するとニニギから山幸彦まで、何と２８５年間の空間がある。その２８５年間は小国のせめぎあいが続いていただろうが、誰が九州で王国を築いていたかは分からない。

要するに記紀神話は、私から見てもフィクションである。その間確実なのは、ＢＣ５世紀からＡＣ３世紀まで吉野ケ里で小国が築かれていたことである。「稲作漁撈文明」

にあるように、弥生文明は最初から長江に住む苗族によって伝えられたのであり、吉野ケ里城郭も苗族の城と似ている。ニニギは丁度その中期に新種のジャポニカ米と鉄器・玉・絹とともに九州へ上陸したことになるし、大阪白肩や大和平野まで環濠集落が短期間で広まっていったことになる。

中国の他界観と倭国の黄泉の国

インドに比して東アジアの人間はそれほどのリアリティを持っていなかった。人間関係論を抜け出ることなく、霊的な話をする道教にしても、最大の理想がどこか遠くの山で霞を喰って暮らす仙人のよう……、中国人は新来の仏教の「出家」という奇異な習慣に難色を示した。儒教では家の保持と祖先のお祀りが何より大事だったからだ、と『人は「死後の世界」をどう考えてきたか』（中村圭志著 角川書店２０１８）に記されている。

実は弥生時代は中国の影響も考えられるが、死後の世界をどのように考えてきたのかは充分に伝わっていない。死後には祖霊となるということのみである。

弥生時代、人々は、集落の近隣に共同墓地を持っていた。縄文期の土壙墓、弥生期では甕棺・石棺・木棺などが中心だが、地域によって異なっている。次第に墓が大きくなるが、社会階層により差異もある。

①集団墓・共同墓地の段階

②集団墓だが不均等が出る段階

③集団の中で特定なグループの墓域がある段階

甕棺墓は北部九州、吉野ケ里で見られる。初期中期の墓で、甕も大型化するが、他地域では支石墓《しせきぼ》の中に甕が埋葬された。

甕棺は倭人の墓であって朝鮮半島南部に多く、長江中流域でも見られる。屈葬が多く遺体を甕棺に密閉し、魂が抜け出るのを防いだとされているが、縄文時代から死生観がすっかり変わったとは私には思えない。

支石墓とは平らな石を箱のようにして囲み蓋をした墓で、高句麗に多く、後に方形周溝墓が登場し、古墳時代へと移行していく。

墓を見る限り、朝鮮半島の墓と似ているものもあるため、半島の渡来人の方式に従ったのだろう。しかし死生観については、残念ながら縄文時代のように想像できない。弥生の黄泉の国のことは分からなかった。

そこで中国の他界について調べると、これも死後については祖霊となるとしていたが、史記にある老子伝を見る限り、「道の道とすべきは、常の道にあらず」の言葉をとっても、一般社会での形式化した道とは思えない。

井戸から水を汲む、舟や車に乗る、兵器を用いる、その全ての機械を不要とし、従来の生活のままを楽しみとする。少欲知足がユートピアを生み、無為自然のあるがままを求めていたので、他界でも欲望のとりこになることを求めなかった。これは一部のエリート層には受けたが、群雄割拠の時代になると、職を求めて政治闘争に参加を望む人が増え、古代周の国は治めることが難しくなってしまった。

段階が進むと次第に抽象的哲学に変化し、人は自然社会・無為・無欲になれなかった。荘子は周時代にあって、無為自然を説きながら、「万物斉同《ばんぶつせいどう》」を説いた。荘子は自然を失わせるのは人間の行為であり、自然界には善と悪・美と醜の対立差別などないと言い、これは現代の自然科学にも通じる。

「毛嬙《もうしょう》と麗姫《りき》という絶世の美女が池に近づくと魚は恐れて水深く沈み、木に止まる鳥も恐れて飛び立って、鹿だって逃げる。美とは人間だけにあてはまるものであり、美醜・是非・善悪や道徳も同じである」と説いた。

万物斉同とは相対的な差別を離れることであり、生も死もまた同じであるとした。

荘子の教えを弥生時代の倭国で理解できたとも思えない。

魏志の倭人伝と卑弥呼

死生観とは関係はないが、魏志の倭人伝では葬式の風習について記していたので、ついでに倭人伝「三国志《さんごくし》魏書《ぎしょ》東夷伝《とういでん》倭人条《わじんのじょう》」について、卑弥呼は倭国の女王なのかもということを考察してみる。

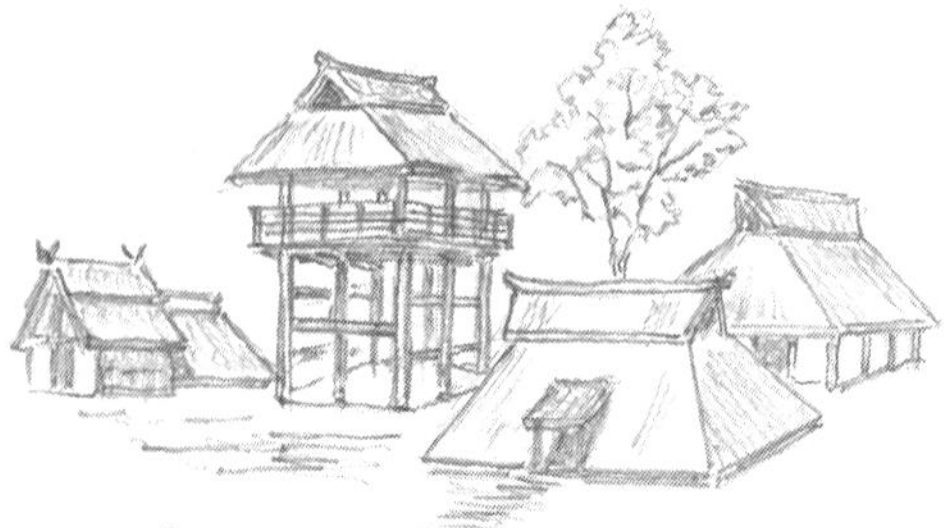

吉野ケ里遺跡之図

その前に大陸へ朝貢する国があった。AC57年の倭奴《わのなの》国は吉野ケ里かもしれない。理由は吉野ケ里は楚の苗族の古城とよく似ているからで、戦いで死んだ人も敷地内に埋葬されていて、甕棺の骨が多く発掘されている。

身長は縄文人より高く、きゃしゃな体格であった。卑弥呼は国際人で、弥生末期AC239年に活躍した。その頃は朝鮮半島に近い北九州が倭国の玄関口になっていた。

先ず朝鮮半島には東側に辰韓・南に弁辰・西に馬韓があり、現在の北朝鮮辺りには東側に濊《わい》・東沃沮《ふくそ》・北に高句麗・西に帯方郡・楽浪郡・遼東郡があり、三郡は中国歴代王朝の植民地であり、九州には対馬国・一支国・末盧《ろ》国・

伊都国（福岡糸島）から南へ如国・不弥国・投馬国と南へ進むと記してあって、その距離で計算すると沖縄へ行ってしまうから誤りであるという人が多い。しかしわざと誤りを記したのだと思う。魏の使者梯儁《ていしゅん》らは東だと知っていた。魏が対立する呉の国は、長江河口から東へ進めば沖縄又は太平洋に出る。しかも呉から倭へは、魏から倭までより近いのである。魏は倭国を属国としたかったし、呉から倭を横取りされたらたまったものではない。BC200年の秦国では、既に針を絹でこすって水に浮かべれば北を示すことは知っていたので、間違うはずもない。

魏志倭人伝では邪馬台国と記されているが、中国古代について詳しいのは、『山岳信仰と日本人』（安田喜憲編著 NTT出版2006）にある李国棟広島大学教授・首都師範大学客員教授の記述であり参考にした。

日本人の山岳信仰と長江流域の論文中で、邪馬臺と記して和語で日本人はどう発音したかである。あなたたちは何という部族かと聞くと秦漢までは「ʌia mea də」隋唐までは「ʌia ma di」と中国人に聞こえ、すなわち事実和語の表音は「やまと」で漢字では当て字であって、邪馬台・邪馬台・野馬台も同じで、台も臺《だい》と等しいという。字にはこだわらなければ、日本人は「やまと」が自称で大和であったり山の多い地やまひとであって、原義は山人《やまと》を意味していたことは史料からも確認できるという。私自身は字にはこだわらない。卑弥呼と大和政権、加えて倭の因習について記したいのでここで書す。

朝鮮半島の済州島には、海運を生業とする海女《あま》族の商人がいて、その一族には家族をのせて中国長江河口まで絹を売る人もいて、中型帆船の水上生活者が当時存在した。だから日本海・東シナ海では船の往来が多くあった訳である。

伊都国の東には華人の集落があったとのことだが、それは山口県下関市豊北町にある。土井ヶ浜の弥生中期の墓地遺跡があり、人骨が見つかっている。近年の調査では、中国山東省の漢人の人骨によく似た形質を持つとしているとする。その漢人は争いによって、韓半島と倭国へ逃れた人である。韓半島南部にも多くの倭人が住んでいた。

先ず魏志の倭人伝を読むと、呉より魏へ朝貢したのは大陸の事情を知っての上である。前述のように多くの外国人が既に倭国内にいたので、魏の通訳も当然いたであろう。

卑弥呼は大夫難升米《なしめ》・次使都市牛利《としごり》らを帯方郡へ巡貢した。それも一年前に楽浪郡・帯方郡・遼東郡の太守を自ら名乗る公孫が魏に滅ぼされたことを知っての上だ。
・帯方郡守の劉夏《りゅうか》は、難升米《なしめ》を都の洛陽に送る。その朝貢品は男の奴隷4人、女の奴隷6人、斑布《はんぷ》2匹丈であった。明帝は歓迎して卑弥呼に親魏倭王の称号を贈り、金印を紫綬《しじゅ》し、絳地交龍錦《こうじこうりゅうきん》５匹・五尺刀２口・銅鏡１００枚と難升米《なんしょうまい》の称号を与え、銀印青《しょう》綬《じゅ》（銀印は周辺の国王に与えるもの）を与え帰国させた。

・２４０年には明帝は帯方郡太守に建中校尉梯儁《けんちゅうこういていしゅん》らを遣わし、詔書・印綬を奉じて倭国へ至って、倭王に詔《しょう》・錦・刀・鏡など贈った。倭王はその使に託して上表・詔恩に感じた。

・２４３年、倭王・太夫伊声耆《いせき》・掖邪狗《ややこ》や８人魏へ、奴隷・倭錦・絳青縑《こうせいけん》・綿衣・帛布《はくふ》丹を贈る。魏少帝・難升米に帯方郡で魏の黄幢を賜る。

・２４７年、卑弥呼、載斯烏越《さしうえつ》を帯方郡に遣わし、狗奴国《くぬのくに》の卑弥弓呼《ひみここ》と交戦を告げる。魏張政らを派遣し、詔と黄幢を賜りて、檄《げき》文を持って応援した。

狗奴国とは熊襲のことであろう。ここで卑弥呼の実名を明らかにすると、三輪山の大物主の神に仕える巫女で「倭迹迹日百襲姫命《やまとととひももそひめのみこと》・日巫女《ひみこ》」であり、十代崇神天皇まで代々仕えてきた。政事は王が行なうが、神にうかがい命令を下すのは日巫子であって、倭人伝では「年既に長大なるも夫婿なく、男弟あり、助けて国を治む」とあるからには、欠史八代大日本根子彦国牽尊《おおやまとねこひこくにくるのみこと》（孝元）が弟であろうと推察する。

記紀では三輪山に住む倭迹迹日百襲姫《やまとととひももそひめ》は独身で、欠史七代大日本根子彦太瓊尊《おおやまとねこひこふとにのみこと》（孝霊）の子どもになる。宮内庁が管理する箸墓《はしはか》古墳を学者の多くは卑弥呼の墓とする。卑弥呼は瑞籬宮《みずがきのみや》を住まいとした。

周辺には生駒・葛城・物部・鴨・大神・和爾《わぎ》・大伴・蘇我・羽田・平群《へぐり》・巨勢《こせ》氏がいて倭の国はこれらの豪族が中心となってまとまり、大王は合議によって決められていた。

卑弥呼が248年に、多分高齢で亡くなると、氏族間で争いが起こり、九州でも熊襲による反乱があった。『弥生の人々』（池田幸雄著 講談社エディトリアル2020）によると、崇神の娘台与《とよ》が13歳で邪馬台国の女王となった。台与と崇神は多分小さな御間城《みまき》一族であろうが物部氏と血縁をもち、しかも大物主（大国主）を祀ったことから、最も大きい出雲族との関係も深く初代大王となっていった。

ここで魏志の倭人伝では倭人の風俗習慣にも詳しく記すが、肝心の死生観についてては分からない。

ただし、葬式についてては、一族の中で死者が出ると早速一族が集まるが、喪主は号泣を続け、その他の人は飲酒歌舞して過ごすという。10日間も死体をそのまま寝かし続けることは、殯《もがり》の原型とみる。周囲に死臭がしたと思うが殯の後に埋葬する。参加した人は一同水に入って禊《みそぎ》をして終了するという。

ところで箸墓に近い纒向《まきむく》は大きな都で近年発掘が続けられている。

海外交流の出雲と越の国

近年、中国大陸、朝鮮半島と出雲と越の交流や、出雲物語のギリシャ神話との共通点が語られるようになった。私はその地域に住んでいることから、遺跡を実際に見たり、学者さんと交流したりしているので書きやすい。

先ず、中国春秋戦国時代についてはやがて秦と漢によりまとめられたが、魏志の倭人伝よりはるかに古い倭国のことを、記録した文があるのを安田喜憲氏から教えられた。

越族の歴史を記録する「越絶書」であるが、中国人学者李国棟氏の論文であった。『山岳信仰と日本人』にある。

「政は号を改めて秦の始皇帝と為し、其の三十七年を以て東のかた会稽《かいけい》に遊す（中略）正月甲戌を以て大越（現在の紹興）に到り、都亭に留舎ス（中略）是の時。大越の民を徙して余坑、伊攻□故鄣《こしょう》に置く。因りて天下の罪適ある吏民を徙して、海南の故大越の処に置き、以て東海（倭国の異称又は日本海）の外越を備う。乃ち大越を更名して山陰という」

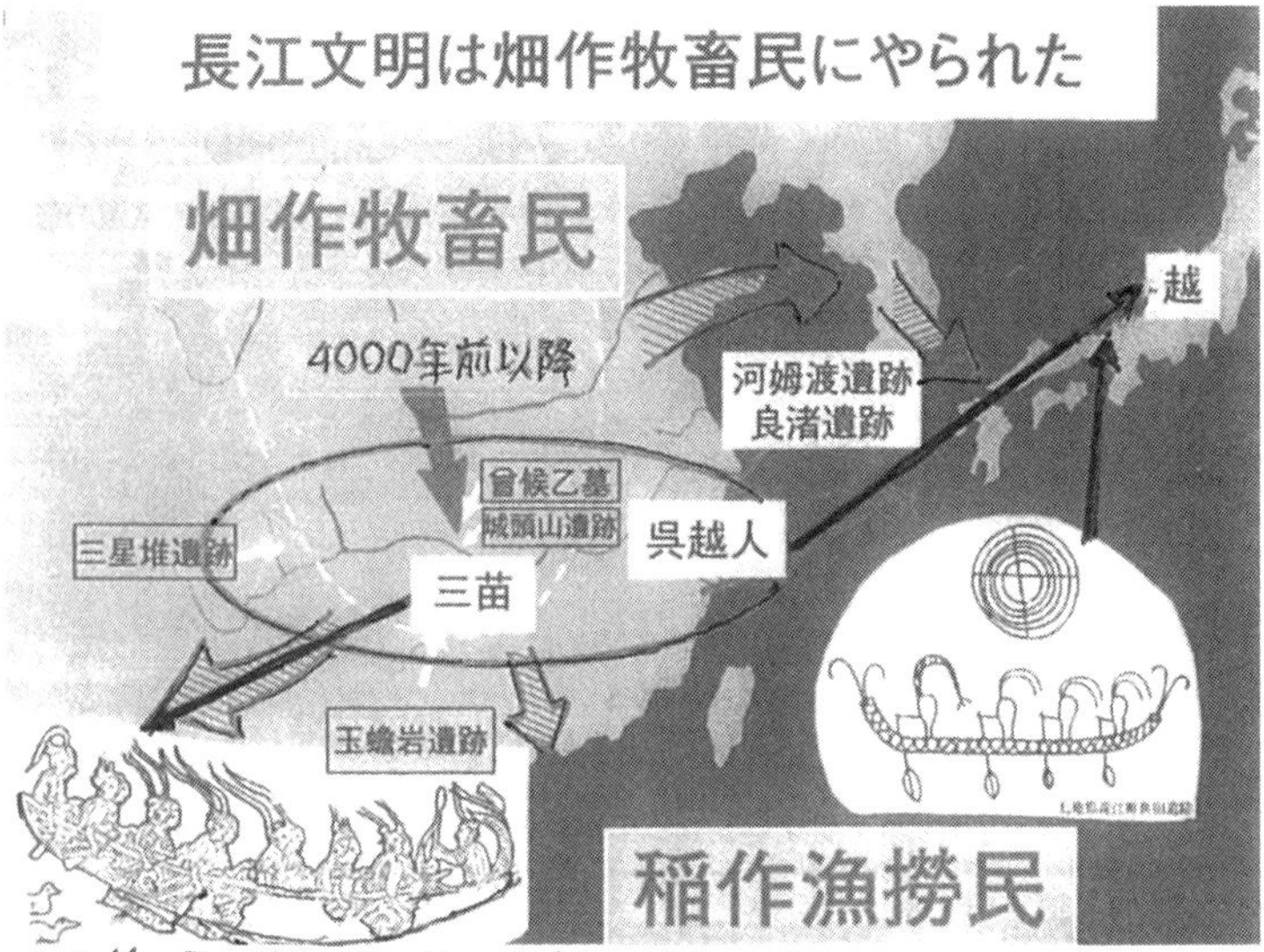

稲作漁撈文明 安田喜憲氏 雄山閣より 多少修正

外越とは日本列島に住んでいる越族《えつぞく》のことで、内越の大量逃亡の2300年前まで、日本列島へ向かい、住んだ地域は「高志《こし》の国」と説いている。

越の国が滅ぼされたBC306年では、越の民は楚に従った。しかし秦が、長江河口の越の民たちを苛酷に扱うと海へ出た。行先は倭国であり、日本海であった。

一方、黄河以北は戦いの続く畑作牧畜文明であり、『文明の多系史観 世界史再解釈の試み』(村上泰亮著 中央公論新社1998)では家畜飼育段階から遊牧段階、騎馬民族文化へと移行した。その結果朝鮮半島は北方から侵略を受けた。固有の文化を持ち、倭より先進的であったが、侵略され小国家を成さざるを得なかった。

一方倭国は海で隔てられ、侵略されることなく独自の文明を築いていった。倭は中国の二方向からの流入による。一方は楚国から九州へ、他方は越国や朝鮮半島から出雲と越の国へと、しばらくは二つの国が共存していた。

中国古代の信仰が伝わらなかったのかといえばそうでもない。民間信仰として伝わっている。それは四季の変化がある中国の稲作地方からであった。豊作の源は太陽であり、日輪の神の天照であり、不作の元凶としては老女の神のしわざとされた。楚も越も稲作で同じらしい。

ここで中国の民間信仰を参考に記す。


他界では現世と同じ生活を続けていると考えたようで、身分の差別が他界でもあるのはたまったものではない。祖先崇拝と先祖供養は共存したままで、先祖供養は相互的両面的であり、子どもは先祖を敬い儀礼で接することにより先祖足りえるし、反対に死者である先祖が霊力によって子どもを守護するわけである。これは今日の日本の普遍的宗教観と同じである。

しかし死者は犠牲者としての性格は払拭できない。だから死者供養が必要になる。

死者の苦は生者の苦であり、しばしば祟りという形であらわれる。死者の救済は生者の救済として祭祀が行われる。

　黄泉がえりを願う一方で、死者の再来を嫌う。死者を慰撫《いぶ》するのが死者崇拝である。死霊の魂を呼び戻す儀礼があり、斂《れん》（複者）が歯にさじをかませ死者を安んずるが、死者に黒と赤の服を着せ、死者をぐるぐる布で巻く。干し肉・塩から・酒を供え、一定期間仮埋葬の後、土葬する。僧侶が介在しない。


出雲については記紀神話や、出雲風土記は多く説話が登場するが、越の国は出雲との関係で記されている。

私の地元には八日市《ようかいち》地方《じがた》遺跡がある（石川県小松市）。ＢＣ２５０年からの大型水濠集落である。今江潟《いまえがた》・柴山潟《しばやまがた》を挟んで既に片山津集落遺跡も発見されていた。その規模の大きさはどこまで広がるかわからない、現在は市街地であり全発掘が無理であったからだ。加工中の緑色硬質凝灰岩《りょくしょくこうしつぎょうかいがん》と完成した管玉が大量に見つかった。弥生期のネックレスは姫川の翡翠《ひすい》を勾玉とし、小松の緑色岩を管玉《くだたま》として、蝦夷から九州まで送り続けた。近年まで緑色岩の出所は分からなかったが、初めて那谷寺周辺の川からとれることが判明した。宮沢賢治は石の研究でも有名だが、那谷の石はめずらしいと既に言っている。それが判明したので全国ニュースになった。


私は子どもの頃から緑色岩や水晶・メノウ・オパールは川にあるものと思っていたし、未舗装の道は川から揚げた石を砕いて敷いていたので、道路は日に照らされると、キラキラ光っていたが、それが当たり前と思っていた。

管玉の源流と滝ケ原石山・那谷寺はすぐに石の日本文化遺産に指定、今は川に入ることも禁止となった。そこで珍しい那谷の地名をアイヌ語で調べるとヌナターで玉を司るとの意味にもとれるし、那谷寺の古名イワヤ寺はどうも記紀神話の石窟から名付けられたのではないかと思う。

寸断謝意

尚、鉄のやり鉋《かんな》も発見されたが、鉄は燕国月氏族のものらしい。田地跡では木で作られた鳥も発見、柳田国男は稲魂《しら》は鳥が運ぶともいい、弥生稲作の代表でもあった。

出雲地方では小松で作られた管玉が多く発見されているので、越と出雲は古くは同族と考えても良いと思う。そこで中国の越の国の長江文明を見れば、山から採れる緑色の石をシンボルとして愛し、水神として崇拝し、龍が玉を持って河下るとされる。

越の民は会稽《かいけい》から逃亡を始めたが、既に九州には楚の国の人々が上陸し、人口圧も高いので、そのまま黒潮の流れに沿って山陰へ、美保から中海・宍道湖で上陸した。もう一つの船は舞鶴へ上陸、他の船は越前三国へ上陸、更に別の船は別の船を連ね安宅港から今江潟へ上陸と推察した。

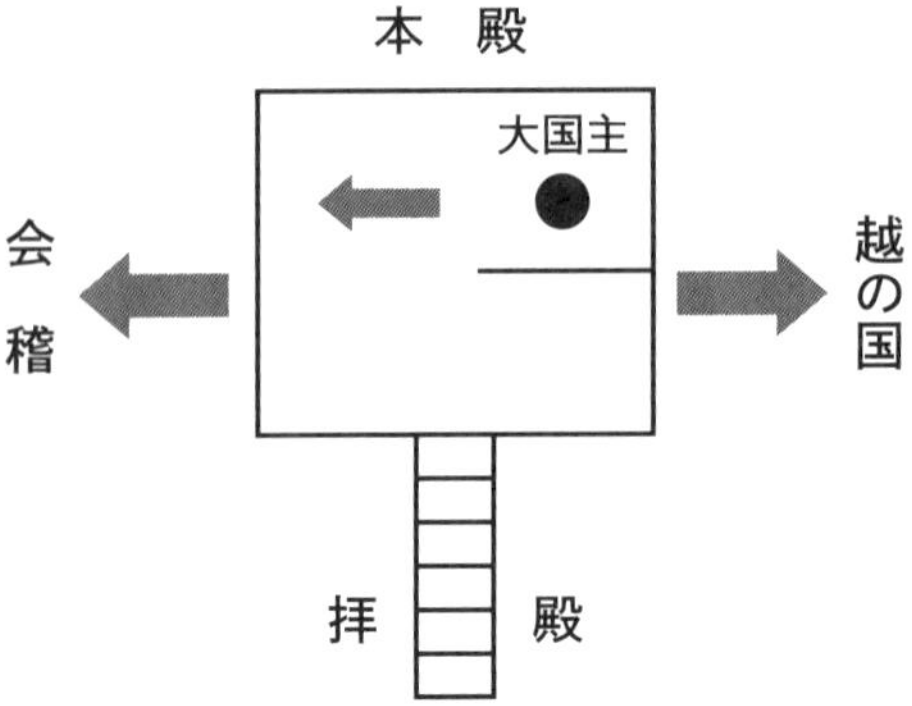

このように推察したのは『出雲と大和　古代国家の原像をたずねて』（村井康彦著 岩波書店2013）を読んでいたからである。加えて出雲については3分の1もの紙面を割いて記されているが、『新修 日本の神話を考える』（上田正昭著 小学館2003）を参照しながら、私なりに考えてみたい。

先ず、出雲大社では不思議なことだが、我々は大国主の神を横向きに拝んでいる。そのことを知っている学者さんは白羅国を向いているとするが、弥生時代に白羅国は存在しない。地球が丸いことを考慮して、グーグル地図で見てほしい。

村井康彦氏は出雲文化圏を特徴づけるものとして、最も古い弥生時代の古墳・四隅突出型墳墓を挙げる。これは富山市から始まり、石川では倶利伽羅《くりから》・白岩墳

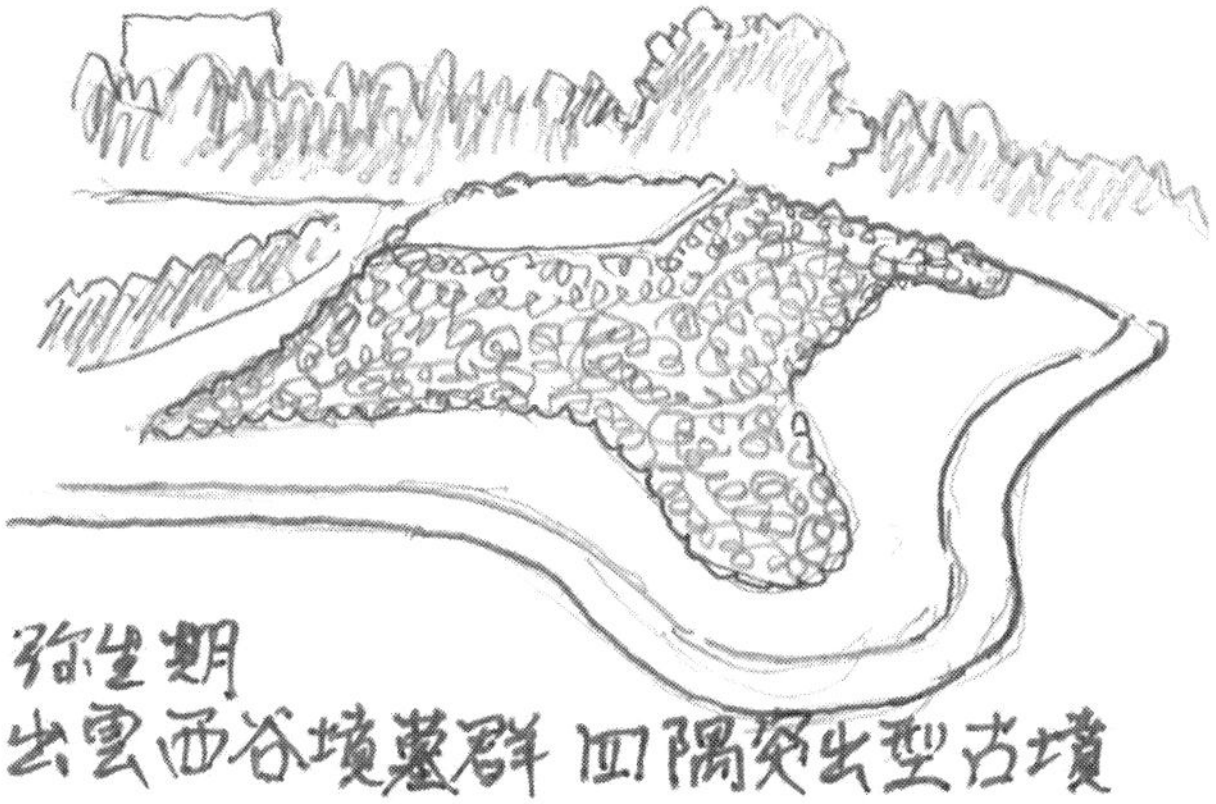

21号墓・能美秋常山、越前福井市・鳥取倉吉市・邑智郡・島根県米子市・出雲市二箇所・広島県三次市二箇所・京都府久美浜町・丹後市、出雲王国といわれた地域に存在する。古事記では出雲から逃れ、建御名方が籠ったといわれる諏訪大社周辺には存在しない。

しかし石川県口能登《くちのと》の気多大社は出雲の大己《おおなむ》貴《ち》を祀り、邑智《おうち》潟に沿って出雲系神社が七尾市まで並んでいる。出雲の宿那《すくな》比古・白比古・生国玉比古・大穴持《おおなむち》など祀るが、邑智潟に住んでいた毒蛇を、大国主が因幡の気多からやってきて、少名彦とともに退治して能登の国ができたという訳だ。

諏訪大社は建御名方刀美神《たけみなかたとみのかみ》と妃・八坂刀売神《やさかとめのかみ》を祀り、全国一万の諏訪社の総本社だが、弥生時代までは遡れないだろう。

出雲の国と越の国は地上の黄泉《よみ》の国

出雲については記紀に多くの神話が登場する。三神の天照大御神・月読命《つくよみのみこと》・建速須佐之男命《たけはやのすさのおのみこと》が生まれ、伊邪那岐《いざなぎ》から須佐之男に、汝は海原を知らせと命名される。しかし須佐之男はその命に背き、泣き続けて母の国・根之堅州国《かたす》へ行きたい、どうしても黄泉の国に行きたいと訴えた。

加えて天照の田の畦を壊し、溝を埋め大嘗殿《だいじょう》に屎《くそ》を撒き、馬の皮をはいで機織り屋に投げつける等の乱暴をはたらいた。それが意味するところは須佐之男が天孫族から外される原因となる（私はスサノオは縄文系と考える）。

そして、須佐之男を恐れた天照が天の石窟に引き籠る物語に通ずる。時を経て八百万《やおろず》の神《かみ》が相談して須佐之男を出雲へ追放する。

現れたのが出雲の国の斐伊川《ひいかわ》の上流であった。須佐之男が歩いていると、老夫婦が娘と共に泣いていたので、不思議に思って訳を聞く。夫は足名椎《あしなづち》・妻は手名椎《てなづち》といい、元々は八人の娘がいたが、今は櫛名田比命《くしなだひめ》のみだという。高志（越）の八俣のおろちが毎年来て、一人ずつ娘を食べ、今年は末の娘を求めているといった。

八俣のおろちは苔や草で身を被い、目が赤く、八つの頭と八つの尾をもって、八つの渓谷に渡っていると老夫婦は告げる。

須佐之男は櫛名田比命を妻に迎えることを条件に、おろち退治を申し出た。おろちに酒をたらふく飲ませ、剣でおろちの体を切り刻むと、その体の内部から草薙剣《くさなぎのつるぎ》が現れる。

この説話は記紀でも同じであるが、八俣のおろちは斐伊川のことで、赤い血の川の意味するところは、水が赤く染まるのは上流部でたたら製鉄が行なわれていたことを意味するのだろう。

出雲風土記には「古志の国から人が到り来て堤をなす」とあるが、斐伊川はよく氾濫する川で、越の人が堤防工事をした折に中国の風習である人柱を埋めたことが想起できる。事実出雲大社南側には高志郷が実在していた。

上田正昭氏は、大穴持命《おおあなもちのみこと》（大国主）が越の八口《やぐち》を平らげとの伝承は、高志の都々の三崎（能登半島の珠洲岬）と、国来《くにこ》、国来と引き寄せる話と関係があると記している。

実際に人柱を成して斐伊川の堤防工事を成したとすれば、中国長江文明を持つ人々が、出雲から北陸まで、分散して居住していたのは事実とせざるを得ない。

玉造部は越の国の糸魚川の翡翠や、小松の緑色玉の管玉造りの技術を持っていて、出雲に伝わったとすれば同じ文化圏であったと推考する。

卑弥呼の時代、韓半島南部では、馬韓・弁韓・辰韓しか存在せず、4世紀初めには弁韓の下部分が倭国となっていて、韓子《からこ》（倭より渡った縄文人）が多く住んでいた。朝鮮半島の日本海側に面する濊《わい》族の住む地方が斯盧《しろ》国の中心となり、370年代に新羅連合国が誕生した。その紛争により、多くの人が出雲や越に移住したとみられる。

北方の高句麗《こうくり》の歴史は広開土王《こうかいどおう》によって明らかとなっている。高句麗と倭国は仲が悪いようで、交流した時代もある。高句麗の古墳と出雲四隅突出墳墓はよく似ている。

中国山東省沂南の高句麗古墳には、西王母《せいおうぼ》の絵が画かれているが、西王母は他界の神であるが、能楽「西王母」にあるように桃の花を好む仙女としか私は知らない。纒向《まきむく》古墳では多くの桃の実が発見されているが、なぜか分からない。

中国の吉林省にある高句麗の広開土王の碑文は、高さ6・3mもあり、世界遺産となっている。一部に「倭が辛卯年（391年）に海を渡って朝鮮半島にやってきて百済や新羅を破って臣民にした」とある。倭と出雲の人が半島に渡ったのも事実だし、半島より戦いに敗れて日本海沿岸に来た渡来人が多くいたのも事実で、既に一部地方は日本民族などと言えない時代であった。現代日本人の血の10%が韓半島の遺伝子を持っているとすると、当時代の出雲や北陸はかなりの渡来系の人がいただろう。だから須佐之男は日本書紀で新羅の曽尸茂梨《そしもり》にも降るとの伝説にもなる。須勢理毘売《すせりひめ》は根の国（地下の国）に住み、出雲は根之堅州国《ねのかたすくに》に櫛名田比売《くしなだひめ》と共に留まる。そこへやって来たのが葦原《あしはら》色許男神《しこおのかみ》であり、須佐之男の娘の須勢理比売に一目惚れしてしまう。須佐之男は葦原色許男神に様々な試練を与えるが、須勢理比売に助けられて命を取り留める。

葦原色許男神（大穴牟遅《おおなむち》）は須勢理比売をつれて生太刀・生弓矢を持って、根の国を逃げ出すが、須佐之男は追いかけることなく、高天原に大国主として支配者となることを許した。

一方、大国主はさんざん苦しめられた八百神《やおかみ》を圏域から追い払った。大国主は三輪山の大物主になったり、大己貴《おおなむち》を名乗ったりした。糸魚川では八千矛となっての、沼河比売《ぬなかわひめ》との恋物語はかなりエロっぽいが、越の国も平定したことをあらわすのだろう。

大国主は地下根の国出身でもあり、高志の国では白山の神として他界の神・伊弉冉《いざなみ》や大己貴を祀っている。白山は記紀神話以前から黄泉の国のシンボルとなる神でもあり、高志はまさしく遠く死後の世界を彷彿《ほうふつ》させる。

それは須佐之男の母・伊弉冉が、死によって隠れた石窟が、黄泉の国であったからだ。根之堅州国《ねのかたすくに》の境界である黄泉比良坂は、古事記では「今出雲の国の伊賦夜坂《いふやざか》といふ」と述べられているが、大和から見れば他界は遠い処ではなく、案外近い所にあると思っていたのだろう。加えて、常世《とこよ》国として、出雲郡に黄泉の洞窟が海岸に存在している。

　さらに記紀に語られる少名比古那《すくなひこな》の神は、大国主の国造りに協力したことになっているが、実は何をしたのか語られない。

　少名比古那はまれびとで、常世の国に渡り行ってしまったとあり、紀には「其の後、熊野御碕に至りて、遂に常世の郷に適《いでま》しぬ」とあり、どこから地上にやって来たかは分からない。ガガイモの実を舟にして、鴈《かり》の皮を内剥ぎにして鳥の羽を身にまとってやってきたと書かれている。

　鳥は稲魂《いなだま》を運び、天から毎年降臨してくるという。稲魂を地上に留めるため、鳥の姿を田地に立てたり、竿につるしたりする。また巫女が鳥人化して舞って、鳥の世界に行く祭祀を行ったり、死者を舟に乗せて常世の国への道案内をしたという。

　江戸時代の思想家平田篤胤《あつたね》は黄泉の国を記紀から推して、大国主こそ死後の世界の基となる神で、空間的に見れば、現世と同じ生活が可能だとした。

弥生の巫女の鳥舞姿

大王と古墳時代

崇神天皇とその後の大王の歴史

饒速日《にぎはやひ》は神武に味方したと記紀に記されているが、御間城入彦五十瓊殖尊《みまきいりひこいそにえのみこと》（崇神）に仕えていた可能性もある。

饒速日は、天照国照彦天火明櫛玉饒速日尊《あまてるくにてるひこあめのほあかりくしたまにぎはやひのみこと》と天照と大国主の双方の信仰を合体させた尊名《そんめい》で、崇神は大物主尊を倭迹迹日百襲姫（卑弥呼と思われる）に祀らせながら、秘かに自ら内では天照を祀っていたので、饒速日尊と同じ行為をしていたと思われるからである。しかし崇神はこの時期では三輪族の族長でしかない。

百襲姫が亡くなると倭内に争いが生ずるが、崇神の娘である豊鍬入姫《とよくわいりひめ》（台与《とよ》）を政事の中心に据えると争いが治まったと『弥生の人々』に記されている。そうすれば私には分かりやすい。

物部氏や三輪氏系統が崇神の後ろ盾となり、他の氏族に配慮し、崇神の娘である渟名《ぬな》城《き》入姫《いりひめ》を笠縫邑《かさぬいむら》に移して天照を祀らせた。

しかし時代は巫女（女王）が支配するより、武力がある男王が大王となった方が国が治まりやすくなっていったので、２５６年頃に、支配権が豊鍬入姫（台与）から父の崇神へと変わり、初めて倭の初代大王が崇神ということになり、支配権が父へと移された。

彼は九州・吉備・出雲・丹後・北陸と支配したつもりであったが、国造りに反対する武埴安彦命《たけはにやすひこのみこと》の反乱は、出雲まで広がった。やがて兵力により抑えられたのであろう。

それが出雲の建御名方《たてみなかた》がやがて国譲りをしなければならなくなった理由であった。倭は大きな勢力となり、３５８本もの銅剣と39の銅鐸を残し、土中に納める祭祀をして、建御名方は敗者として諏訪の地を与えられて退いたと推考する。

短く記したが記紀には多くの物語が記されている。しかし初代大和の大王は崇神であると断定してよい。蝦夷・琉球を除いてほとんどの地が倭国となった。本書とは関係はあまりないが、代々の大王についても付記していきたいと思う。

崇神の子・活目入彦五十狭茅尊《いくめいりひこいそさちのみこと》（垂仁）は、自分の後嗣《あとつぎ》を決めた最初の大王である。豊城入彦《とよきいりひこ》と五十狭《いそさ》と二人の皇子がいたが、三輪山に登った夢占いから五十狭を後嗣となるよう命じ、崇神は崩御したと伝える。

垂仁が狭穂姫《さほひめ》を皇后として産まれた子が誉津別尊《ほむつわけのみこと》であろうが、その後狭穂姫は亡くなる。崇神が出雲を滅ぼした祟りであろうか、誉津別尊は30歳になっても言葉を発することはなく、泣いているばかりであった。だが、空を飛んでいる白鳥を見て突然「あれは何か」と言ったので、垂仁はその白鳥を捕まえさせ誉津別尊に与えたら口が利けるようになったという。その後出雲の神に感謝し、立派で高い神殿を建てた。

さらに崇神の娘である倭姫命《やまとひめのみこと》に天照を祀る所を探させた。五十鈴川まで旅すると、倭姫が「ここに居たい」と言われたので、そこに宮を建て倭姫に守らせ、大王の名代として、伊勢に住むことになったといわれる。それが皇室の祭祀を司る神宮の始めとなった。

卑弥呼以来韓半島との交易も行われ、任那《みまな》より倭に逃れていた蘇那曷叱智《そなかしち》が祖国へ戻ると、新羅の皇子天日槍《あまひほこ》が倭に来朝した。それは国土を常に百済に脅かされ、日本人が多く住む加耶《かや》（任那）も守るため、倭と同盟が必要となったからである。

続いて大足彦忍代別尊《おおたらしひこおしろわけのみこと》（景行）が即位した。皇后は播磨稲日大郎姫命《はりまのいなびのおおいらつめのみこと》で大碓《おおうす》と小碓《こうす》の双子が誕生した。小碓は日本武尊《やまとたけるのみこと》であり、四道将軍となり全国に遠征して有名であるが、一人ではこの時代の遠征は無理で、何人かの指導者も必要であったろう。彼は戦いに疲れ、伊吹山で亡くなる。日本武尊の実際の系譜は記紀を読んでもよく分からない。続いて稚足彦尊《わかたらしひこのみこと》（成務）だが、日本武尊の異母弟というが不明。ここで登場するのが長寿とされる武内宿禰《たけのうちのすくね》で、彼が実際の政務を行ったという。

次の足仲彦尊《あしながひこのみこと》（仲哀《ちゅうあい》）だが、血統は明確でない。有名なのは妻の神功皇后《じんぐうこうごう》である。三韓征伐の物語があるがフィクションであった。実際に倭軍と戦ったのは高句麗の軍であったことが、高句麗の記録にある。

次の大王は誉《ほむ》田《た》別尊《わけのみこと》（応神）だが、初代から神の名がつくのは、神武・崇神・応神だけで、応神は半島から多くの文化や技術を学び、国を豊かにした。この時代に半島から多くの人々が渡来した。代表は秦氏であり、宇佐八幡宮近くに多く住んだ。加えて伏見稲荷・松尾大社も秦氏が関係した。

その後、仁徳・履中《りちゅう》・反正《はんぜい》・允恭《いんぎょう》・安康《あんこう》と続くが、安康は眉輪王《まよわのおおきみ》によって刺殺され、履中の皇子市辺押磐皇子《いちのへのおしのはのみこと》も射殺され、雄略は皇位継承権のある皇子全てを抹殺して即位している。

雄略天皇については埼玉県の稲荷山古墳出土の鉄剣の銘文に獲加多支鹵《わかたける》大王・辛亥年（471年）と刻まれているので実在したことになる。

次の22代清寧《せいねい》天皇は独身で、丹波国から顕宗《けんぞう》を迎え仁賢・武烈と続くが、武烈は残忍なふるまい多く、その後には継ぐべき皇統がいなかった。ただし記紀で判断すれば、清寧と武烈は存在しなかったと断ぜざるを得ない。

王朝は崇神王朝（三輪王朝）と、応神（河内王朝）とに分けられると上田正昭氏は述べている。現在の皇統は越前の継体から始まると、平成天皇（明仁）が述べられたことに注視すべきだろう。

古墳時代と死生観

先ず弥生時代に出雲を中心とし、山陰、北陸、吉備地方で作られた四隅突出墳墓だが、墓内には筒状の器台の上に壷が乗った状態のものが添えられていて、これは、何に使用したものか不明である。この古墳には何らかの祭祀が行われた柱穴跡があり、不思議なことに遺体は足元にあることになっているため、死後天界に昇ることを想定せず、根の国に留まることを願ったのだろうか、私には理解できない。

その後、巨大な前方後円墳が西日本を中心にして、蝦夷地や琉球地方以外の列島に広がっていく。この時代を古墳時代という。三世紀後半から七世紀までを古墳時代ということもあるが、その終末期は飛鳥時代と重なっている。

奈良三輪山に近い桜井市の箸墓《はしはか》古墳は前期の古墳で、倭迹迹日百襲姫命《やまとととひももそひめのみこと》又は卑弥呼の墳墓として有名である。

大阪府堺市にある大仙陵《だいせんりょう》古墳は仁徳天皇陵であるといわれ、墳墓だけで４８６ｍもあり、世界一大きい。その周辺には水濠が三重にめぐらされている。周辺には仕えていた人の多くの円墳が囲んでいる。

大仙陵古墳は大林組のプロジェクトチームにより実測されたが、80ヘクタールもあり、一日当たり２０００人で造成したとすると、延べ６８０万７０００人を動員し15年８か月を要したということである。周辺部を平らにして用水を造り、田地を拡大する目的もあったらしい。近畿地方での大型古墳は大王の陵であり、宮内庁の管理となっていて発掘調査できない。せめて箸墓古墳だけでも調査すれば、日本の歴史もより詳しいことが判明するだろうか。現在も許可されていない。

現在、日本列島全体では１００ｍ以上の前方後円墳は３２６基もある。それぞれの国の首長までが大古墳を築造していた。その古墳の規模からすると、朝鮮半島や中国の皇帝陵（秦の始皇帝は別格）はかなり小さい。それ故に日本の前方後円墳はかなりオリジナルといえる。

埋葬場所は円墳の中央部であり、当所は上から穴を掘り埋葬されたが、古墳時代の後半期では半島の影響か、横穴式が多くなる。
『古墳とその時代』（白石太一郎著 山川出版社２００１）によると、中国や半島の墳墓と同じように古墳にも数々の品が副葬されているが、その意味を明らかにすることができず、威信財にほかならないとされる。出土された品物は左記の通りである。

① 死者が身に着けていた衣服・装身具類
② 土器など葬送祭祀に用いられた品物
③ 死者に添えられた品物

日本では鏡・鉄製武器・武具・鉄製農耕具・腕輪（緑色堅質凝灰岩）・南海の貝輪・勾玉・首飾り等が添えられているとする。

全国には数えきれないほどの前方後円墳や円墳・方墳が存在する。副葬された品物には多少の違いがあり、古墳の姿も多少の差異があるが、概ね同じである。私は北陸地方の古墳や資料館を多く訪ねたが、朝鮮半島に近いところであるから、鈴付き銅鏡や、馬具や半島産の土器も添えられていたが、やはり他の地域とは大した差異はなかった。

騎馬民族征服王朝説は喜田貞吉・江上波夫氏等が、第二次世界大戦後、天皇戦争責任論や皇室否定論者が多く出た頃に発表されたのであって、それならば扶余族や高句麗人の遺骨が発見されてもよさそうだが、いっこうに発見されていない。それどころか、高句麗の記録には、確かに倭国の軍と半島で戦ったとある。高句麗軍は騎馬軍で、朝鮮南地方は山や樹木が多く、加えて馬上から短い弓で矢を射っても山地では効果もなく、馬も使えない。加えて倭軍は甲冑を付けず、山を走り回り、射程の永い弓を使い、高句麗軍の甲冑を射抜く。そのため長期戦となれば不利であり、被害が多くなれば、やがて自国も北方の匈奴に脅かされることを事由として、兵を全軍引かせた事実があり、如何なる軍も日本へ上陸しなかった。なお日本海に面する豪族達が、扶余族等から競って馬を求めたのは権威の象徴であって、馬具や馬まで古墳に埋葬させた。

前方後円墳では、円墳の部分が高くなっている。竪穴であろうと、横穴であろうと、前方台型の部分よりやや高い位置に、石で囲い粘土で目張りして、その中に被葬者の棺（石製・木製）が納められる。

石室内に納められる棺内や棺外に、多くの鏡が鏡面を内向きにして並べられるのは、考古学では死者を護る意味があるのか、又は再びよみがえりして生者を困らせないためという意味があるからだという。加えて暗黒の世界は黄泉の国であって、そこに魂を封じ込めるのであれば、死こそ恐怖である。

夫婦か複数の遺体を安置する場合もある。そこでは石室を開けると記紀神話にあるような、伊弉冉のような腐乱死体があれば、江戸期の本居宣長が記したように黄泉は穢《きたな》きところといわれる。

縄文時代の洗骨までして復葬したころと比すと、死の観念はかなり劣悪となってしまう。私はそのことを信じない。一定の年月、殯《もがり》をして埋葬しただろうし、多くの考古学者が主張する、死者の祟りを恐れて石棺や石室を粘土で密閉したとの説は誤りであると思っている。実際は魂が浮遊してどこかへ行ってしまうのを防ぎ、先祖として古墳に留まってほしいので粘土で密閉するのだと考察する。古墳は子孫のために大きな労力を使ってまで造成したのだと考えている。

『「黄泉の国」の考古学』(辰巳和弘著 講談社1996)は、柳田国男と共通の思考で、古墳時代を宗教的情操をもって的確に語っている。

弥生時代の洞穴葬送場だが、全国で発見されている海蝕《かいしょく》洞穴で、古くは特殊な例として顧みられることはなく、明治・大正時代に報告もあったが、無視されていた。

最初の調査報告は、南房総半島の館山総寺院にある大小三つの海蝕洞穴(大寺山洞穴)である。一号洞穴が最も大きく、巾5・5m、高さ4m、奥行30mの葬送の場であった。古墳時代であって、内部に丸木舟があり、土器類・太刀・鉄鏃《やじり》・甲冑の破片(短甲)と小鉄板を鋲《びょう》で止めた新しい形式の甲《かぶと》もあったので、首長の墓と断定した。それ以外の出土品には勾玉・管玉・耳輪などがある。続く調査では、合計11基の丸木舟の形体の棺が発掘された。全ての舳先が洞穴入り口に向けられていて、古代人が死者の魂が行く他界は何処《いずこ》と考えていたかをよく示しているという。これこそ私が推考する死者の他界観と同じであった。

同じく千葉県館山市浜田の鉈切《なたぎ》り洞穴では、同じ品が遺物としてあり、人骨は火葬されていた。同県鋸南《きょなん》町洞穴では火葬された子どもの骨が出土しており、神奈川県三浦半島・静岡県伊豆半島・宮城県石巻五松山洞穴等では再葬されたり改葬されたりしているる。また三浦半島雨崎《あめざき》洞穴のように85体も人骨が埋納されている例もある。注視したいのは、前方後円墳でも墓室空間を岩塊で構築しても、平面形を船形とするのは「古代人がその点に格別な意味を見出していたからに他ならない」ということだ。

船形の石室や平面形を船形にしたり、棺を丸木舟を活用するか、わざわざ丸木舟の形の木棺を製作したものであり、その事実にこそ意義があったことが明らかになるという。

和歌山県田辺市の磯間岩陰《いそまいわかげ》洞穴遺跡では、八基の石室が発見され、遺骸を火葬にした痕跡も三カ所検出された。遺物はそこに葬られた人物が海人《あま》の首長であることを物語っている。

洞穴の奥壁に接して造られた五号石室には「六歳ぐらいの男の子が葬られていた。右足の親指にはキンチャク貝でつくられた貝輪がはめられ、少年の胸には海浜に住むアジサシ鳥の骨が検出されていた。アジサシは夏はシベリア・サハリン・千島列島で繁殖し、冬にはニューカレドニアからオーストラリアまで移動する渡り鳥で、葬送にあたって、父母がその小さな胸にアジサシを抱かせたのだろう。子どもの魂がアジサシによって他界へと無事に導かれるよう、さらに渡り鳥のように渡来して蘇ってほしいという両親の切なる願いが胸を締めつける」とあった。

もう一つ、60㎝四方の小石室に、ウミガメの腹側の甲羅三枚を並べて蓋とした遺構がある。ウミガメは浦島伝説に伝えられるように、海神《わたつみ》の宮の乗り物と考えられていたという。

誠に辰巳和弘氏は、平素より宗教とは何か、その源泉を求め続けた人で、単なる考古学だけに止まらず、発想も豊かである。舟・鳥・太陽をキーワードにして広がっていく。さらに国文学者の中西進氏の言葉に「人間は生きているから死ぬのであって、そういう意味では一時的な世界である。それに対して死の世界は永遠であり、死ねばさらに死ぬことはない」がある。永遠の生命、つまり常世に宿っているとして、出雲には黄泉の穴もあり、伊弉冉が葬られた出雲の境にある比婆山や黄泉比良坂《よもつひらさか》を葦原中国《あしはらなかつくに》から黄泉国への道を想起しているし、出雲風土記にある巨大な洞窟、加賀の潜戸《くぐりど》も、キサカヒメを祀る洞穴も、生命の誕生復活の洞穴という。長野県東部白樺高原近くにも古墳時代の洞穴があって、記紀伝説の天の石窟と似ている。太陽が隠れるのは籠ることであり、萎えた太陽が籠ることにより、再び力を増殖させて再度天に昇るのである。

記紀にある須佐之男に大穴牟遅が試練を受けたのも、出雲物語では室《むろ》であり洞《ほら》であった。大穴牟遅が大国主となるために通過する場所は、室＝洞＝穴である。

そこから思考すると、古墳の横穴は黄泉の国であって、死によってそこに籠ることにより新しい霊力を得ることになる。しかも木棺は船形も多く、異常に長く6m近くもある棺の理由も理解できる。竹割形も多いが、いずれにしても籠らせる意味があるのだろう。

特に九州地方の古墳では、墓室に絵画や線刻画が多く、東北南部や関東地方に古墳壁画が多く存在する。モチーフは様々であるが、波の上に浮かぶゴンドラ風の船に被葬者が乗り、舟上に艪を漕ぐ人（水先案内人か）がいて、ゴンドラ状の舟の舳先には鳥が止まっている。鳥は魂を天上へ運ぶ存在であるとする。

鳥葬の国チベットでも、人の屍体をハゲワシが食することにより、魂を空の彼方へ運んでくれると信じている。馬も同様に魂を天に導くと信じられているので、棺に馬具などが添えられる。馬を殉死させて埋葬する場合まである。

熊本県の菊池川周辺に横穴式石室が集中しているが、古墳壁画もさることながら、凝灰岩を掘って遺骸や木棺を安置される。屍床はゴンドラ状で、丹塗りの霊船のようである。穴観音横穴群は屍床の壁面に千手観音が彫られ、寺院建築の軒先が画かれているので、仏教伝来後の7世紀の墳墓であろうが、その時代にあっては、僧以外でも仏教の古来の死生観が失われることはなかった確証となる。

この頃の他界観を古墳の壁画から想起すれば、死後は水先案内人に導かれ霊舟に乗り、舳先の鳥は方向を示し他界へ向かう。太陽に照らされ、やがて青色（万葉集では霊魂の世界）に景色が変わり、星空となって、銀河の星々の一つとなって留まる。それはまるで宮沢賢治の銀河鉄道の夜のようにメルヘンチックだった。この埋葬例は特殊であり、子孫を守るため霊魂として地上に留まるのでなく、天上へ昇っていくのだから、仏

教の影響が考えられる。舟に乗って天国へ行く霊魂と、地上に留まり先祖になるとの、二説が共存していた時代であった。

　ところで古墳の数は無数だが、石川県だけでも３０００以上残されている。巨大な前方後円墳もあれば円墳も方墳も四隅突出墳型もある。代表的古墳と資料館は回ったが、古墳の周囲を囲むように埴輪《はにわ》があり、まるでミニチュア家庭のようであって、生前の生活と同じ地位でありたかったことだけは推定できる。小松市矢田野町にある矢田野エジリ古墳には、馬に乗った甲冑を付けた埴輪がある。極めて早期に扶余《ふよ》等から馬を仕入れ、自慢すべき存在であったろう。

　那谷寺より３㎞離れた凝灰岩質の山には、現在80の横穴墓があり、７世紀の１００年間に造られたものと思われ、宝郷《ほうごう》山といわれる。それは弥生時代から緑色堅質凝灰岩の管玉を全国へ配り財を成したタケハラ郷の人々の墓で、その宗教的観念では洞窟よりの甦りを願ったため、入り口はレンガ状の薄い石を積んで閉じられ、家族ごとの墓でほとんど復葬されていた。主なものは盗掘されているが、金の輪状耳飾り・青ガラス玉・朝鮮系の須恵器横瓶・鉄刀・鉄鏃《てつぞく》などが、盗掘を免れて副葬品として残っている。未発掘の墳墓は200以上あると見られ、矢田財部美那利売《たからべみなりめ》家の墓・財部刀自売《とじめ》家の墓などとなっていたようで、タケハラの豊かさが窺える。

財造江沼臣《たからのみやつこえぬのおみ》の館は、那谷寺より南1㎞のところにある現在の滝ケ原鎮守の八幡社の境内に平らになった場所があって、それが屋敷であったと思われる。

巨大な前方後円墳が天皇陵として築造され、5世紀には地方の豪族もそれに倣って前方後円墳が次々と全国で築造された。『死者のゆくえ』(佐藤弘夫著 岩田書院2008)には、記紀の黄泉の国の描写や「万葉集」の挽歌に見られる葬送の状況を参照すると、一般では葬送の儀礼の済んだ遺体は、洞窟や野に遺棄するなど、風葬に近かったと書かれている。

どうりで庶民の墓が発見されない訳である。人々は霊魂が肉体を離れた後、人間の努力によって引き留めることができないと理解したという。

志賀高田遺跡・AC5
小松遺跡勾玉 BC2
霊魂の増殖か胎児か

天皇や豪族の死後、外部からカミがやって来て遺体に付着し、古墳の後円部に座して、新たに就任した首長と、カミと化した前首長による、死と生の二重権力によって共同体の秩序維持と再生産を、保証した説もある。

また権力者が生前に自らのために造営した墳丘は、権力を誇示するモニュメントであったという。

私は魂がカミとして昇華するとき、霊力を付けて留まるために、古墳埋蔵物としての鏡や子持ち勾玉が存在しているのであると思う。その場合、鳥に導かれて昇華し星となるのは魂であり、別に子持ちの勾玉に霊として宿っていてカミとなって見守ろうとしたのではないかと考えることに矛盾を感じない。

日本への仏教伝来

釈尊の教えと死生観

日本での宗教史と死生観や葬儀についても記すつもりだが、宗教の教学を著す先生も多く、著書も多数であり、凡僧の私が踏み込む場はない。

あくまで庶民は生と死をどのように思っていたかに焦点を合わせるつもりだ。まず仏教の源流の釈迦の教えについては、過誤があるかもしれないが記すことにした。

仏教はＢＣ６世紀にヒマラヤ・ネパール南部のカピラヴァツトウで誕生した。

釈迦族の王の息子として生まれたゴータマ・シッダッタ（ゴータマ＝最も優れた牛、シッダッタ＝全てのことが成就した）は何不自由なく成長し16歳で結婚するが、人々を生きる苦しみから救いたいという思いで29歳のときに妻子を残して出家。自ら瞑想して悟った内容が仏教となった。

縁という間接的な条件により、生じたり滅したりで常に変化する。諸々の実態に不変なものはなく、我も変化するから無我ともいう。現象世界も常に変化するが、それも因縁生起という。これが基本であり、キリスト教やイスラム教と全く異なる世界観であった。歴史学者ハラリはこの世界観を認めていて、現在の近代思想と違和感がない。

人生において快楽や極端な苦行から離れ、八つの正しい道（正見・正思惟《しい》・正語・正業・正命・正精進・正念・正定）を進むこと、これを中道といった。

老子・荘子と共通しているのは、当時の神の信仰を離れて、世界は神の創造とせず、自然科学的・哲学的な真理を求めていることだ。ともに真理を求め悟りを得れば、死後の世界を説く必要もなかったといえる。

仏陀は人の内在する心を問題とし、その内容を説いた。行は意志による行為で、識は認識したり区別をすることで、これにより人間の苦しみが生じるとし、全ては時間の流れの中にあり、本来は空で、私のものとしての自我や死さえも流れの中にあり、死後については人の問いに対し、薪を燃やしている火は、薪を取り去れば消えるのが死で、自我の実体すら空であるから執着を捨てよと教えた。

自己を中心とする心は執着を生み、常に喉の渇きのような渇愛《かつあい》を生じ、苦が生まれるのは無明にあり、全ては縁起の理によると説いた。

心には常に煩悩が付きまとい、貪欲と世見での憎悪や瞋恚《しんに》と、その根源である愚痴の三毒を離れて、苦しみから解放されることを道とした。その道の実践として、身と口と意を正し善行を積むことが良い結果を生むとし、一生が神の意志により決まることや、偶然により決定することだけではないとした。

仏陀や同時代のジャイナ教・マハーヴィラは、輪廻転生のサイクルの中で苦しむ人の救済にあったといわれるが、宇宙論や生死を思惟したり、生きることを求めるには、生死を乗りこえる真理に目覚めた人となれば、問題とならないというのがその思想であったと思う。

仏陀はクシナガラでアーナンダに「疲れたので横になりたい」と告げ、「自ら灯明とせよ、法をよりどころとせよ」と言われ、80歳の生涯を終えた。

仏陀が入滅後にその教えを伝えるため、2回、弟子やその後の僧が集合した。しかしその集団は、我れかくの如く聞けりと語っても、そこに相違が生じ、やがて分裂した。それが大衆部と上座部で上座部は南へ伝えられ、大衆部は自ずから大乗と名乗った。

上座部は仏陀の教えを忠実に守っていたが、大乗と言われる教えは、利他行を大切とし、大衆化したり、新しい注釈や経典編纂に熱心であった。仏陀は宇宙観や死後の浄土については語ることはなかったが、その解釈も付け加えられた。

インドにおいては、ヒマラヤを中心とする三千世界を三次元として、宇宙は天動説であったのは事実である。中国では地動説もあったが、平面的に移動するという単純なものであった。メソポタミアでは、何かが自然界のルールを作っていると考えていたようであり、ギリシャではアリストテレスなどが人間の魂の本質・宇宙の物理的性質・哲学などを研究し、自然の法則こそ宇宙に存在する神の本質とした。BC200年頃、ギリシャ・エラトステネスが地球の全周と月までの距離を測定した。神や霊魂の問題を科学で追究し、その法則を知ることは、神を知ることと認識し、ヘレニズムの科学、哲学が発展していった。

輪廻転生についてはピュタゴラス、プラトンなどが関心を持っていて、インド思想の影響を受けたようである。

仏教は100年近く口承で伝えられ、サンスクリット語の阿含経が初めての経典となる。その後多くの経典が成立した。中国で漢訳されてさらに多くなり、大蔵経典という、解釈の論書や、戒めを守る律蔵なども伝えられた。

インドの龍樹・無著・世親などにより、AC480年頃までに経論書となった。初期経典は四種に分けられる。

① 般若経＝仏陀の智慧と空観を示す。

②浄土三部経＝阿弥陀如来の浄土信仰。
③法華経＝仏陀の悟りを知って仏になる。
④華厳経＝仏陀を宇宙仏として教えを請う。
やがて解深密《げじん》教で唯識《ゆいしき》として心の内在を知り、ヒンドゥー教を取り込み大日経（宇宙根本の大日如来説法）経典となり、後に金剛頂経（大日説法観法により悟りへ導く、となり漢時代から唐時代、朝鮮半島や直接日本へ伝わった。

簡単に仏教伝来に説明を加えたが、本来の日本の信仰へ戻ることにしたい。

ところで前述した越の国の男大迹王《をほどのおおきみ》（継体天皇）は15代応神天皇の5世孫とされるが、血統とするには薄く、ないに等しい。しかし過去の天皇も皇統というより、大和豪族の連合政権であり、多分豪族間の勢力争いで次の天皇が決まらず、大伴金村が越前まで迎えに行って連れてきたので、森鴎外・井沢元彦氏の日本史の意見に私は従う。継体とは系統を維持するとの意味だが、倭人が多く住む任那が侵されようとしたとき、韓半島と関係深い男大迹王に皇統を継ぐことを願ったからであろう。切れかかった男系を女系天皇でうまくつないだ天皇だが、しばらくは大和に入ることができず、近畿を転々とした。任那に6万もの兵を派遣しようとしたとき、筑紫の磐井が巡遣を拒否し乱を起こし、半島に兵を送ることができず、任那を放棄せざるを得なかった。

しかし新羅や百済との関係が改善し、安閑・宣化と続いて欽明天皇になって、仏教が半島からもたらされた。

仏教伝来と庶民信仰の状況

仏教は渡来人の司馬達等《しばたつと》が継体期（５２２）に草堂を営み仏像を祀ったと、扶桑略記《ふそうりゃくき》（皇円）にあるのが初めだった。

欽明天皇は天国排開広庭尊《あめくにおしはらきひろにわのみこと》が異名であり、対朝鮮半島外交に適していた。任那には倭の二世（韓子）が多く住み、百済の官人として倭に遣わされる人も少なくなかった。

日本書紀の仏教公伝は５５２年で、半島では高句麗が新羅と戦い、百済にも圧力をかけてくる頃で、任那や伽耶諸国は滅亡した。

既に継体５年（５１３）に百済から五経博士（易経・書経・時経・春秋・礼記）が送られ、仏像・金光明王最勝王経が渡ってきて、物部守屋《もののべのもりや》・中臣勝海《なかとみのかつみ》が排仏を主張し、蘇我馬子は崇仏派として論争が続いたとされる。その実、物部氏も仏堂を建てているので、排仏崇仏の真相は分からない。

敏達《びだつ》天皇の世になっても、群臣の崇仏排仏論争が続き、国に疫病が流行すると寺を焼き、国中に疫病が広がると仏像を焼いた祟りだろうといわれた。

このような状態であったので、庶民まで仏教が広がるはずもない。だから卑弥呼の時代から、人が亡くなれば遺体に寄り添い、酒や肉食を慎み、遺体埋葬後に水中で体を清めて仕事を始めた。だから疱瘡など流行っても、それが殯《もがり》のせいだと気付かなかったので、あまり人口も増えなかったのであろう。

私が関心を持つのは庶民の墓である。縄文・弥生期は墓があり推定できる。那谷寺周辺の財部は管玉造りで生活が豊かであり、家族ごとに横穴墓を持つことができた。関東や東北地方にも横穴墓が多く存在していることから、稲作中心の現物租《そ》は都まで運ばれず、豊かな生活が維持できたのであろう。

墓を見つけたいのだが、多分杜《もり》にサンマイがあり、その前に殯屋《もがりや》があり、森では死体に土をかけただけであろう。骨が融けて埋葬場が分からないのは残念である。

先祖として人々を守ることにあろうが、今日の氏子より密接な先祖祭が行われ、死穢《しえ》は神が忌避するとの観念もないし、先祖はやがて山宮の神となると考えられたので、合同で祭りも行われ、山宮祭で供えられた酒肴《さかな》や強飯《こわめし》は、神人共食して飲食をする。山宮は古墳を利用することもあった。これが村の鎮守の始まりであるが、社《やしろ》を建てることもなく、殯屋がその役を担っていたといえよう。

日本人は元々は死穢《しえ》などなく、死人は神となり、住居に近い山は死者の魂の安住の場所であるから、死人を畏怖するより子孫を保護する存在であった。

『鎮守の森は泣いている』（山折哲雄著　PHP研究所2001）では、万葉集挽歌から「山の奥深く昇りつめた死者の魂はやがてカミとなって鎮まった。死者のタマは新しく生けるタマとなり、祭祀を受けることを通してカミの地位を獲得していった。カミが深く宿るところ、そして鎮まるところが山中に出現する巨石と考えられたのではないだろうか」と考察している。

仏教は伝来時から全ての地域で受け入れられた訳でなく、崇仏する人にはむしろ、渡来人の方がはるかに多かった。

さて、飛鳥地方の豪族であるが、葛城氏が没落して、蘇我氏が代表することになる。蘇我氏は渡来人である秦《はた》氏・漢《あや》氏・西文《にしふみ》氏をうまく利用して台頭してきた。

用明天皇の頃には、蘇我馬子と物部守屋が対立して、用明天皇が崩御すると、馬子や皇族による軍が守屋を討伐して、争いが終結する。討伐軍は泊瀬部《はつせべ》皇子（後の崇峻天皇）・竹田皇子・厩戸《うまやど》皇子（聖徳太子）・難波皇子・春日皇子・蘇我馬子だった。

587年、馬子の血筋であり、欽明天皇の皇子崇峻天皇が即位した。しかし馬子より山猪が献上されると「猪の頭《くび》を断るが如く、朕《ちん》が嫌しと思う所の人を断らむ」と述べたので、馬子は配下の者に命じて暗殺させた。天皇の暗殺はこれが二人目であって、馬子は暴君であった。

聖徳太子の仏教

初めての女性天皇誕生は推古天皇（33代天皇）であり、用明天皇の妹にあたる。推古天皇は即位の際に厩戸皇子を皇太子として、多くの権限を任せる。推古・厩戸・蘇我蝦夷とトロイカ方式で政治は順調に進んだ。

歴代の皇子で、天皇の如く聖徳太子と諡号《しごう》されたのは厩戸だけである。有名な「日出ずる処の天子より、書を日没する処の天子に致す、恙《つつが》なきや」の国書は隋の煬帝《ようだい》に贈ったのだが、煬帝は答礼使を来日させ、今後非礼なきよう書を届けた。煬帝は温厚な帝王であった。返書で聖徳太子は「東の天皇つつしみて西の皇帝に申す」と改めた。

遣隋使・小野妹子は三度も隋を訪れ、律法を学び、冠位十二階と憲法を日本で制定した。小野妹子も改革者の一人だ。

聖徳太子が604年に定めたとするのが憲法十七条である。独断の排除と議論の重要性を説き、「一に和を以て貴しと為し、忤《さか》ふること無きを宗とせよ」が重要な部分だが、後世に改定した部分もあるらしい。

５９５年に高句麗僧・慧慈《えじ》が渡来し、聖徳太子に仏教を教え、百済僧慧聡《えそう》も渡来した。慧聡は法華経・維摩《ゆいま》経・勝鬘経《しょうまんきょう》を厩戸に講義し、筆録もなされた。特に役人には仏教により、己を捨てて社会に善を施し、利他行を求めている。

『東洋学術研究１０９号』（24巻2号／東洋哲学研究所１９８５）には、中村元氏と梅原猛氏の対談「聖徳太子と日本仏教」が記載されている。その内容を要訳する。

三経義疏《さんぎょうぎしょ》（法華・勝鬘《しょうまん》・維摩の注釈）には、法華経は山林に住め、人に近づくなかれとあるが、仏教を基本とした政を実施するため、僧は山林に住まず、人々のために教化せよと太子は言っている。

推古は女帝だから、勝鬘夫人が語る教えは、一切の衆生は仏の種を持っているので平等である。男女全て生きるものは平等としたのは、日本の古来の精神が基盤となっている。

維摩経義疏は、不可思議な解脱をした菩薩の働きを示し、執着から離れることを説き、空観や智慧によった在家主義の思想で、太子は庶民に法を説くことを望み、太子の筆ではないかといわれている。

太子は斑鳩《いかるが》の宮で616年2月に死去、翌日に后の刀自郎女《とじろめ》も死去、おそらく疱瘡であったといわれる（暗殺説もある）。

616年には馬子が死去、618年には推古天皇も崩御する。

太子の長子山背大兄《やましろのおおきみ》が次の天皇かと思いきや、群臣の意見により田村皇子が選ばれ、舒明《じょめい》天皇となる。

蘇我蝦夷の長子入鹿が身内である山背大兄を殺しているが、『天皇の日本史』（井沢元彦著　角川書店2018）には、日本書紀は不都合な真実を隠しているとある。私は中大兄皇子と中臣鎌足《かまたり》が真犯人だと思う。鎌足は特別待遇により、後に藤原氏の尊名を与えられている。初期のこの頃の記述には不審なところが多く信頼できない。

中臣氏は群臣の筆頭となり、滅罪として聖徳太子との特別諡号《しごう》を贈ったと説いたのは梅原氏で、その後多くの歴史学者が同じことを記している。歴史書がその時代の都合の良いように書かれるのは世の常である。

さて、初期の仏教の知識として、氏族たちに教えられたのは法華経であった。法華経は和の精神を説き、声聞・縁学・菩薩を超えて、仏の永遠不滅の教えとしたが、庶民は経中にある霊験談に関心を持っていた。

聖徳太子の仏教への理解は深く、四天王寺や法隆寺の建立には渡来人が関わっているが、軒深く建築の日本化であった。僧侶は公務員のような存在で、書紀によると太子没後2年では、僧816名・僧尼569名・寺院数46と急速に広まっていった。三論宗《さんろんしゅう》が最初であり、成実宗・法相宗・倶舎宗《くしゃしゅう》など、隋や唐への留学僧により仏教が盛んになっていった。

その間、天皇のことは大日本史を編纂した水戸光圀も記しているが、その間の天皇については35代皇極は目前で曾我入鹿《そがのいるか》が殺された後譲位し、孝徳天皇が即位したが、後に再び皇極が再任し斉明と名乗った。次は天智（中大兄）となっているが、実際にはその間に弘文天皇がいて天智となり天武とするのが正しいそうだ。書紀は不都合な真実を隠しているが、天智は白村江《はくそんこう》の戦いで唐の大軍に負けている。日本国内でも紛争が続いたが、ここでは省かせていただく。ただし白村江の戦いで負けた日本の捕虜を連れて唐軍が来日後、しばらくして日本は唐に従い、遣唐使を多く派遣、唐僧も来日、日本から唐で仏教を学び、律令も学んだ。

ただし、大化の改新は孝徳天皇の時代に、中大兄の助力で断行された。奈良ではその頃の国・評・五十戸単位の里を示す木簡も発見され、その事実が立証された。

全国へ国司（今の知事のような存在と思う）が派遣され、地方の伴造《とものみやつこ》・族長に任務を負わせ、田地の調査・戸籍・計帳（税制）の施行、身分制度も明らかにし、中央集権をも明らかにし、王族・氏族の屯倉《みやけ》や田荘《たどころ》を廃し、かわりに公により氏族や民に財を賜与した。

地方の位である部を廃止して、官位が設けられ録を支給、評《こおり》は郡《こおり》で、四十里で里は五十戸単位の村とした。

庶民信仰の死生観

飛鳥時代に始まる仏教は率直にいって哲学的であり、一般庶民には理解しがたい教えでもあった。それでも知識を求める人は遣唐船に乗船して、時には難破することも覚悟して長安の都を目指していった。

当時代の長安はインド・ペルシャ・ローマ等の文化が集まる世界一の文明都市であり、日本では仏教だけでなく、その他律令や礼儀作法・文物や芸術文化まで唐に学んだ。

日本語は縄文語が基礎にあり、おそらくアイヌ語・万葉語と共通するものがあり、飛鳥時代に漢字文化が入ってくると古事記のように、表音文字で表わすしか方法がなかったが、遡って応神天皇（362〜405年）に百済から王仁《わに》が漢字典籍を持って来日し、漢字を学ぶ人も多くあらわれた。

漢字には呉読み、漢読みがあり表意文字であったので日本語に訳することなく、中国文法のままで学んだ。だから中国人通訳なしに会話できる人もいた訳である。やがて漢字の意味を和語で読む訓読も出てきた。日本人は熟語慣用句の使い方が上手で、その間に助詞を接続し、日本独自の言葉を自由に表現でき、加えて漢語等を用いるから、多くの意味を表現できた。

仏教の導入後には大きく分けて、①三論宗　②成実宗　③法相宗の三派となる。

①三論宗　三論宗はまさしく世間は実体がなく、全ては空であり諸行無常であるから、執着を離れることを説く。仏陀に近い教えで、一般庶民に理解されたとは思えない。

②成実宗　成実宗は真実の空を悟って、涅槃に入るのを目的としているから在家仏教ではない。

③法相宗　法相宗は元興寺《がんごうじ》で広まる唯識の教えで、全ての世界は心の働きにより作り出されたもので、心のほかに対象物は存在しないとし、その教えは現代の精神医学でも用いられている。

仏教はむしろ現世利益として受け入れられ、地方にも仏教が浸透していったが、仏教を信ずれば功徳があると、地方の豪族たちも信じて寺院を建立したことが、発掘調査により知ることができる。しかし古来の信仰を捨てたわけでない。それは寺院跡から発見される土師器《はじき》には、仏の名と共に、神の字が多く墨書きしてある破片が見つかったからである。

奈良時代には雑密による祈祷が盛んに行われていた。高句麗の僧・慧灌《えかん》は625年に雨乞いをしたとされる。修験道の開祖・役小角《えんのおづぬ》も不思議な力を持っていたといわれる。

病気平癒や現世安穏・国家安泰などを、皇族・貴族・役人は重要視した。今世での安穏を願うのが、一般庶民の要請でもあった。

あの世の浄土の世界観について記されている浄土系経典が入ってきているが、普遍化するには平安時代まで待たねばならない。

古来の信仰は仏教の影響を受けながら、多様化していたと思われる。霊魂観念は柳田国男・折口信夫《しのぶ》両氏によると、カミ・タマ・モノに分けられるという。モノとは身体から遊離する霊であって、和魂《にぎみたま》は祖霊であり、生魂《いくみたま》は命そのものの霊であり、新たに死んだ人は新魂《あらみたま》（荒御魂）で鎮めることが大切とされた。この様なありさまで、一般には仏教は葬儀とあまり関わりを持たなかった。

仏教とカミ祀りは元々相違があったとしても、日本は多神教観の国だから、多少のことはあまり気にせず、他人との宗教観の違いや、死後の世界の輪廻転生、あるいは浄土の往相に関しても、それぞれ真実は何か深く追求するのは僧侶だけだった。キリスト教圏やイスラム教圏からすれば、このような多彩な宗教圏は不思議だろう。それは現代まで続いていているように思える。

さて飛鳥時代や奈良時代には、各所依の仏教が中国からもたらされていたので、それに伴い日本でも多くの宗派ができ、傑出した僧侶や、唐で学んだ僧が多数いた。しかし本文と関係が薄いので割愛させていただく。

聖徳太子を含めて、庶民に親しまれて、その時代に大きな影響を与えた二人の僧について記すことにする。それは道昭（道照と書くこともある）と行基《ぎょうき》であった。仏陀のように各地を遊行し、利他行を実践し、庶民から親しまれていたからである。

道昭と行基

「道昭」は舒明天皇元年（629）、河内国丹比郡生まれで、ここは渡来人が多く住むところであった。船連《ふなむらじ》といって百済から帰化した王辰爾《おうしんに》の末裔である。続日本紀・日本書紀・類聚国史・日本霊異記・扶桑略記・今昔物語に不思議な逸話が残っている。書によって著しく異なっていて、どれが本当なのかは分からない。しかしそれは庶民に親しまれていたことになる。

15歳で元興寺で出家し、白雉《はくち》4年（653）5月12日、遣唐使吉士長丹《きしのながに》・定慧等と入唐、インド西域を旅し長安に帰って、経巻650巻をもたらした玄奘三蔵《げんじょうさんぞう》に学んだ。玄奘には大乗論や倶舎論・唯識論を学び、玄奘自身も異国へ仏教を伝えることを、大変喜んでいたという。

斉明天皇7年（661）に仏舎利・経典35巻を請来《しょうらい》して帰国し、天智天皇元年（662）飛鳥寺の東南に禅院を建てて僧侶を多く教化したが、寺に留まることなく禅院を離れ、吉野山中（比蘇寺と思われる）で座禅したと思われる。

仏陀の遊行（旅）期に習い、10年近く全国を周遊し、井戸・船泊・溝・橋等を建設し、利他行を実践し続けたという物語が、今も各地に残る。

逸話を一つだけ記す。弟子小僧の一人が道昭の人となりを試そうとして、道昭の便器に穴を開けた。そのため穴から漏れた汚物で布団が汚れてしまった。道昭は笑いながら「いたずら小僧め、人の寝床を汚したな」と言ったのみで、一言の文句もなかったと伝えられる。

文武2年（698年）、端座したまま4月3日息絶えたという。遺言に従って本朝初の火葬となったが、親族や弟子が競って骨を拾おうとすると、つむじ風が起こって、灰と骨は何処かへ飛ばされてしまったとされる。

行基は道昭の弟子らしいと記述にあるが、本当のところは分からない。

持統天皇も遺言により火葬された天皇である。現世《うつしよ》は仮の姿で、死後こそ実の世界へ帰ると信じられていたからであろう。

道慈・義淵《ぎえん》・鑑真・神叡《しんえい》・道璿《どうせん》・玄昉・良弁・印度僧侶菩提僊那《ぼだいせんな》など、日本仏教史に名を残す名僧が、飛鳥奈良時代には多いが、庶民に影響を及ぼした僧の代表は行基だろう。

日本書紀に書いてあることの一部には、韓国《からくに》の人も編纂に関わっていることもあり、中国の奈落の暗さをイメージする。江戸期の本居宣長は死者の穢土《えど》を説いたが、その説は間違いである。当時の庶民にとって仏国土を想定するには無理がある。平安前期の日本霊異記でも、善因善果・悪因悪果の因果応報ぐらいは理解していたと思われる。

行基の父は高志才智《こしのさいち》で、中国系の王仁の後裔西文《かわちのふみ》の出身、母は蜂田古爾比売《はちたこにひめ》で中国系である。

天智天皇7年（668）河内国大島郡蜂田郷の母方の家に生まれ、天武天皇11年（682）に15歳で出家し、瑜伽師地論《ゆがしじろん》・成唯論を学び、道昭や義淵に指示したと伝えられる。

慶雲元年（７０４）、生家を清めて家原寺とし布教活動を展開した。「化を慕ひ追従するものはややもすれば千を以て数う（中略）弟子等を率いて、諸々の要害の処に橋を造り樋を築く（中略）一時人は号して行基菩薩と曰う」と続《しょく》日本紀にあるように、初期から社会事業利他行をした。

各地で行った事業は、天下周遊と同時期に行われ、求めに応じて井戸を掘ったり、津《つ》済《わたり》として渡しに舟を設置したりした。24歳の時、葛城の高原寺で正式の得度をした。年月は不明だが、唐国人の神叡は20年も比蘇寺に籠り続けたことから、日本霊異記にある行基が霊感を得たのも比蘇寺であったろう。

『日本仏教と庶民信仰』（五来重著 大法輪閣２０１４）では、次々に仏教を広めていった行基を仏教の真の実践者としている。

時を経て行基集団は広がっていく。地方から集められた人は、古里へ帰るすべなく、浮浪人として都に群れ集まるようになり、そのような人たちのために行基は布施屋といって宿泊施設を提供した。行基の行った利他行は、河内・和泉・山背で築造や修理した池が10、溝（人口川）は6、船息（舟溜まり）が1、布施屋は9と記録されている。

行基の説いた説法は分かりやすく、過去は現在に繋がっていき、今に善行を積めば来世に幸せが約束されるというものであった。過去現在因果説であり、輪廻転生するから、今やるべきことはこの世で徳をなせといい、人々を公共事業に参加させ、役所が使役させる事業よりも、はるかに早く完成していった。

朝廷はこの不思議な集団に対して、大宝元年（701）に発令された「大宝令」を発令した。僧尼においては、寺に定住せず、道場を建て人を集め、妄《みだり》に罪福を説いたら還俗させる。乞食《こつじき》のために寺を出る場合は、寺の三綱（上座寺主・都維那《ついな》）が連署して、郡司の許可を得ること、それも午前中だけで、財物は乞うてはならない。僧尼が偽って聖道門を得たと称して百姓を妖惑しない。僧尼が朋党を合わせ構えて騒ぎを行ずことを禁ずとした。

宝亀3年（717）の詔《みことのり》には「方《まさ》に今、小僧行基、并《あわ》せて弟子等《ども》、街《がい》くに零畳《れいじょう》して、妄《みだ》りに罪福を説き、朋党を合わせ構えて、指臂《しれ》を焚《や》き剥ぎ、門を歴《へ》て仮説して、強いて余物《よぶつ》を乞ひ、許《いつわ》りて聖道と称して、百姓を妖惑す」とあり、直接行基を名指しで規制しようとしている。驚いたことに肘《ひじ》の皮を剝いで経典を写したり、指を焼いて灯とする者もいたようである。

庶民には「善悪因果経」を説いていたと推定する。しかし行基は、華厳経・涅槃経・法華経・明三界仏法を学んだ僧であった。直接政治の指導者である宰相藤原不比等の時代である。仏教指導者の最高機関である、僧綱《そうごう》の僧正義淵・大僧都観成・小僧都弁通は行基の行動に好感を持った。不比等はそれに憤り、僧綱2名を小僧都弁正・津師を神叡に人事改編したが、やはり3名は行基に好意を持ち、不比等は手も足も出ない状況となった。

行基は大乗仏教の本来の姿である庶民への教え、そして利他行を実践していたことから、全国に仏教を広めた祖といえる。

行基の説話は『日本霊異記』などに多く記載されている。行基開基といわれる寺院数は現在の北海道から鹿児島まであまたあるが、当時の交通網からするとそんなに多くない。

行基の教えは分かりやすく、日本古来からの深く根付いた信仰とそう離れていないので、人々が受け入れやすかったろう。

不比等が亡くなると、朝廷は逆に行基集団に平城京造営に協力を願う。その為行基は上綱《じょうごう》の一人に選ばれ、その上大僧正に昇進した。

仏教が広がっていく当時代に墓はつくられたであろうか。

柳田国男は、東北地方には、高尚な知識人の死生観でなく、庶民としての死後の霊魂観があり、彼岸に近い場所は小高い丘の上で、そこには死人の通る道があり、霊魂の留まる場所は遠くないという。

『死者のゆくえ』によると、日本人は死者の霊が、手の届かない天国や極楽に行ってしまうとの感覚は薄く、身辺に留まるとする伝統的信念があったという。地獄も極楽も山の中にある「山中他界」の思想があるとして、限られた一部の人を除いて墓が営まれることはなかったという。

故人の骨や遺体に、関心がほとんど失われていたと記す。

そういえば、『万葉集挽歌』には、近くの野辺や山に昇る魂の歌が多い事実もあった。

白の信仰と白山

白の信仰はどこから始まったか

閑談として読んでほしいのだが、昔から日本三名山といわれているひとつに白山がある。しかしそれほど有名でもない。また、富士山の最も高い場所も白山と名付けられている。

日本では古代、白山は白き姫（比咩《ひめ》）神の霊山で、神名はない。

白山はその後出雲文化圏の大己貴《おおなむち》を祀り、しかも一番高い御前峰は冥界の神である伊弉冉《いざなみ》を祀る。しかもその元は記紀神話よりはるかに古い名で〝しらやま〟という。

シラの言葉の意味を最初に説いたのは柳田国男で、稲魂《いなだま》・人の産屋《うぶや》もシラと言った。

シラをユーラシア大陸まで拡大して発見したのは『海を渡った白山信仰』（前田速夫著現代書館２０１３）であった。

カラフトアイヌはＳｉｒｉ、古代朝鮮語Ｓｙｏｒａ、シベリアサエモードはＳｉｒｉ、フィンランドはＳｉｅｒａであることを発見、驚いたことにヤンガードリアス氷期に渡ったブリアート系の日本人の経路とよく似ていることだった。フィン人はトナカイを追ってフィンランドに達した。

ロシア人アイヌ語研究のネフスキー・柳田国男・梅原猛も白の言語は北方用語という。シラッキーカムイはアイヌの木や森の神で、オシラサマは東北の神で、しらやま信仰は古来の神でユネスコ自然遺産シラカミ山地もあるし、恐山のイタコを唱えるオシラ祭文もある。新しくは藤原三代を祀った中尊寺で、白山権現が鎮守であり白山美濃馬場の石徹白《いとしろ》上杉家は藤原秀衡の家臣であり、実際に源義経を奥州へ逃したのは、石徹白の山伏であることは事実である。

白は何を表すのか、白はＷｈｉｔｅの色であるが、『宮田登　日本を語る　ユートピアとウマレキヨマリ』（宮田登著　吉川弘文館２００６）によると、ウマレキヨマリは死からの再生で清浄を表す。弥生時代の巫女は白装束で白鳥の舞をしたし、その白衣装は絹である。原語はモンゴル地方のＳｉｌｋは白い絹を表す。とにかく神聖な色である。

皇室の皇位継承は天皇崩御から始まる。秘儀での大喪儀は昭和時代まで知っていても口外が禁じられていたが、現在は一般に知られるようになった。

先ず崩御した天皇は白装束で、真床追衾《まどこおぶすま》と言い白い絹布団を以て覆われる。天皇の御魂は一つだから、皇太子である次の天皇に御魂が移される儀式や殯宮《もがりみや》での儀式の後、近年までは京都八瀬の定まった人により御陵までご遺体の柩《ひつぎ》が運ばれる。その人の装束も白である。古事記神代下には、真床追衾を以て覆いて……。とあるように、飛鳥期から行われていたらしい。

菊池山哉《さんさい》氏によると、東北地方にはしらやま神社が多いともいう。白比丘尼・クグツは白丁《はくちょん》と同じ芸能集団で、白拍子《しらびょうし》は平安末期での男装舞姫で高級遊女でもあった。

絹＝シルク＝シラ＝蚕の脱皮＝再生＝ウマレキヨマル＝しらやまと連想される。

一方白《はく》はパク・ペクで朝鮮語である。最初に朝鮮北部に建国したのは高句麗である。高句麗や古朝鮮には物語が存在する。

その昔、桓雄《かんうん》という神が天上界にいて、天下の人間界をほしがっていた。下界の三つの高い山を見おろすと、十分な広さがあるので、降りて行って人間界を治めることとした。部下3000人を率いて太伯山の頂上の神壇樹の元に着き、桓雄大王となった。穀・命・病・刑・善・悪をつかさどり、人間の360余りのことがらを治め、教化した。

時に一頭の熊と一頭の虎が同じ穴に住んでいて、桓雄に祈って言うには「願わくは化して人間になりとうございます」と。そこで桓雄は、よもぎ一握りとニンニク20個を与えて、「お前たちがこれを食べて、百日間籠って日光を見なければ人間になるだろう」と言った。熊と虎はこれをもらって食べ、熊は物忌みすること21日間で、変じて女の身となったが、虎は物忌みできず、人間になれなかった。熊女は彼女と結婚してくれる者がいなかったので、壇樹の下で身ごもりますようにと祈った。桓雄はしばらく人身を変えて熊女と結婚し、女は子を産むことができた。その子は檀君王倹といった。王倹は即位して50年たった庚寅《かのえとら》に、平壌《ぴょんやん》に都した。王倹より治政が705年間続いた物語である。

ツングース系高句麗は現在の北朝鮮と同じ場所にBC37年に建国された。広開土王の時代は南へ進軍し、倭や百済と戦ったが、その時代は南部と北部を占領し、今の北朝鮮以上の面積があった。

日本へ最初に渡った氏族はツングース系の扶余族といわれ、前田速夫氏は「出雲・越・因幡・丹波にまで渡ったが、朝鮮半島を南下すると秦《ちん》族と接触して秦氏《はたうじ》のグループになった」と推量した。

秦氏は「三国志魏書弁辰伝」に記され、伽耶で鉄を掘り、日本では鉄・鉱山・養蚕・機織・酒造・土木の技術を持ち、自らは秦始皇帝の民と名乗っている。

有能な一族で、聖徳太子の頃の秦河勝《はたのかわかつ》・弓月君《ゆづきのきみ》・秦伊呂具《はたのいろぐ》・空海の弟子道昌・法然・世阿弥などが活躍しており、京都太秦《うずまさ》広隆寺・伏見稲荷・松尾大社・宇佐八幡宮は氏神として有名である。彼らの故郷朝鮮の建国物語の場所は白頭山《ぺくとうせん》であって、山の標高もしらやまと同じで、頂上に池があるのも同じである。白にこだわるのは伝説によるのであって、金正恩《キムジョンウン》一族が、先代より何かあった時にと白頭山の頂上に立つのは、自ら国王を意識しての行動だと思う。

半島には北水白山《ふうすぺくせん》・小白山《しぺくせん》・威白山《はむぺくせん》・太白山《てぺくせん》や白のついた地名は無数に多い。

もちろん白は白色だが、別に太陽の光の意味もある。南へ進むと暖かい国日本がある。補陀落観音浄土も南であるが、その理想の地にしらやま白山《ぺくせん》がある。それはまだ見ぬ人にとってあこがれの光る山であろう。

しらやまは万葉集・古今和歌集等に多く歌われてきた。白い姿はやはり神々しい。江戸時代までははくさんではなく日本人はしらやまやしらねがだけと呼んできた。

白山開山の泰澄大徳

全国に白山神社は２７００あり、寺院も平泉寺・白山寺・大谷寺・長滝寺・天平寺・

那谷寺・正覚院・長楽寺・大王寺・波着寺・豊原寺・岩間寺・泰澄寺・中山寺・金前寺・福通寺・安楽寺・糸崎寺・谷岡寺などまだまだ多くある。いずれも泰澄開基という。そのほとんどは山嶽寺院であった。

秦族出身の白山開祖は泰澄であり、現在の福井市三十八社町の駅にある宿を営む家で生まれた。父の三神安角《やすずみ》・母の伊野も渡来系である。阿佐宇津生まれと『白山大鏡第二神代巻一』に記す。

阿佐宇津は『延喜兵部省式駅場条《えんぎひょうぶしょうしきえきばのじょう》』では朝津という地名で、駅は運河・舟・宿・馬・倉で成り立ち、国道の途中・租（米）・庸《よう》（布等）・調（労）を集積する場所で、その舟宿であった。

伝記については比叡山浄蔵貴所《じょうぞうきしょ》（891〜964）の口伝を天徳年間（958〜961）に記した『泰澄和尚伝鎌倉本』（1324）や、虎関師錬《こかんしれん》の『元亨釈書《げんこうしゃくしょ》』（1332）しかない。その他資料はあるが詳しくない。

泰澄は二男で、母伊野が水玉の水精が懐中に入る夢を見て懐妊したといい、不思議な物語も多く記されている。有名人との出会いまで加筆されたと思える場所は、続《しょく》日本紀に倣ったと思われ、私としては真実と思われる「泰澄大徳伝」にしたいと思う。泰澄が和尚位をいただいた事実はないからである。

泰澄14歳の時、毎夜外出するのを不審に思った兄が後を追うと、泰澄は朝日町越知山《おちさん》のイワヤに入り「南無十一面観音不可思議」と唱え、108回の礼拝行をして、自宅へ戻ったという。

その後、自ら剃髪して比丘の姿となり粗末な衣を着て、越知山に住むことになる。その頃は僧尼令《そうにりょう》があり、許可され得度した人を僧というので、泰澄は私度僧（優婆塞）ということになる。

大宝2年（702）、能登島より小沙弥という者が越知山に登り、承仕《じょうじ》（下働きか）をするから弟子にしてほしいと懇願、宿縁あってのことと弟子にした。泰澄は彼を臥行者《ふせりのぎょうじゃ》と名付けたが、不思議な念力の持ち主で、人を驚かすこともあった。

和銅5年（712）、泰澄31歳の折、出羽の出身蝦夷人と思われる神部浄定《かんべきよさだ》が弟子となった。神部とは氏名集にはなかったので分からない。

この二人を伴い泰澄は行に励む。越前朝日町の越知山は、日本海を望める海抜612mの小高い山だが、お知山・おしら山（音転）小白山（書写）という説もある。ハヌル（光）の信仰からいえばコペクセンとの朝鮮語ともとれる。

秦《はた》族出身であるが故に、越知山より東南にそびえる白い雲を頂いた白山《しらやま》を朝鮮神話の山と重ね合わせても不思議ではない。

泰澄は白山を陰の黄泉の山から、陽のハヌル山へと転じた人であった。富士山も胎内くぐり洞穴もあるが、風葬地でもある。一方立山は硫黄ガスが噴き出す地獄でもある。熊野は死を覚悟する黒い山で、全て山は陰の山であった。

役《えんの》小角《おずぬ》の金剛山は念力を得る山で、白山は登拝によって再生、ウマレキヨマル山としたのは泰澄である。

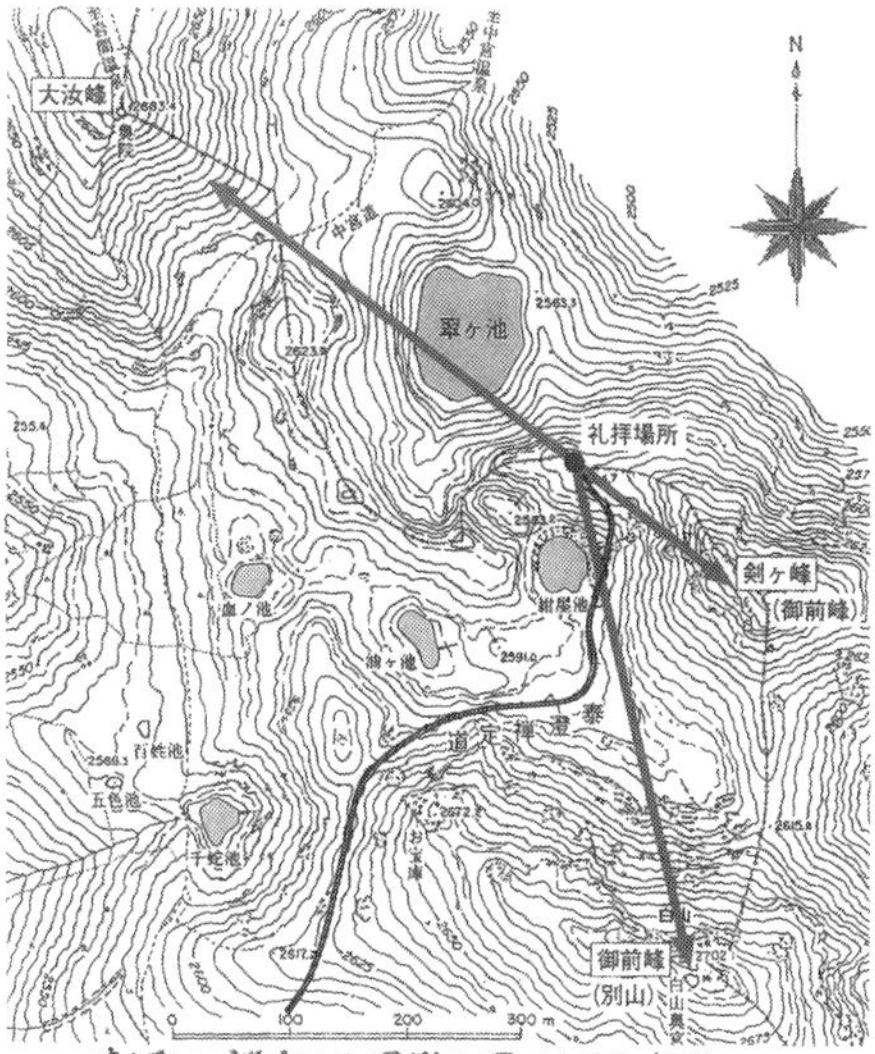

泰澄の禅定した場所と思われる位置と三山

泰澄は二人の弟子を伴って、平泉《ひらいずみ》（平泉寺）から登山し始めたのであろうが、多分、山へ案内した人は、牛首村（白峰）で機織りや猟をする秦族出身の村人であったろう。

越前禅定道が泰澄登山の道というが、その時代に道などない。養老元年（717）旧暦4月10日前後だろう。春山は雪がしまって固くなり、しかも小木は雪に埋まっていて、登りやすかっただろう。

しかし越前禅定道は谷筋を通るので危

険である。雪の一部が溶けて空洞ができる。空洞へ落ちたら這い上がれない。私は泰澄登拝の頃と思われる春の白山へ七回登拝した。泰澄は当然当時代の衣装なので山上で泊まれば凍死であるから、日帰りだろう。私は白山の谷や尾根を、ほとんど覚えたが、一番登拝可能なのは春山で、それも雪庇が崩れ落ちた尾根を歩き頂上を目指す。それなら道がなくとも可能である。加えて越前側からの登拝道のコースも見つけることができた。それは小原峠を通り、赤兎山《あかうさぎ》から別山尾根を通り、御前峰のミドリが池に達するというコースだ。多分小原峠ぐらいに狩猟小屋はあったろう。

私は普通は白峰市之瀬から登るが、登山道は雪に覆われているから、登りやすいところを自由に選び、室堂の屋根入り口より中に入り泊まる。翌朝山と奥宮参拝の後、室堂脇で融け出した少量の水をボトルに入れ持ち帰る。那谷寺の金堂で洒水《しゃすい》として使用するためだ。西に面する斜面の雪は午後の陽射しで溶け、夜は凍るので青い氷に変化する。私はアイゼンを付けて降りるが、当時では毛革を脚に付けて滑り止めにしたと推定する。

しかし山中に泊まる場所は必要である。ある時大杉というところで、人が掘った深い穴を見つけた。その穴では縄文人の遺物が見つかっているそうである。『山岳信仰と日本人』の第7章「ミクリガ池年縞《ねんこう》堆積物から見た立山信仰の開始」（福澤仁之著）には、立山における年縞内の人為的影響をリン濃度で科学的に調査した結果、最初の登山はAC558年だったと記されている。

尚、日本アルプスの多くの山で縄文祭祀跡が発見されているので、日本では端山《はやま》という祖霊が宿る山以外に登山禁忌はなく、狩猟者はどこでも山中を歩くことができ、小屋作りをして道も縦横にあったと考えてよい。

泰澄は頂上近くの翠《みどり》ケ《が》池で禅定していた時、龍神が現れたとされる。ユーラシアで、特に長江では、上流から龍が緑玉を持って下ってくると伝えられているが、それは水神であるといわれている。白山の池名もミドリで緑玉は旺盛な生命をあらわし、いかにも大陸的である。異邦の神であって十一面観音に伊弉冉が変化したといわれており、神仏習合の元となる。

私も頂上へ登拝するが、朝日が昇るときバンザイと叫ぶ人が多いが、私は静かに奥宮で般若心経を唱えて下山する。朝日に照らされた氷片がキラキラ光り、一面水晶細工のようで、異次元空間となる。春は雪が溶けて凍り、全体に青くなる。

登山作家深田久弥が、大聖寺町の実家から眺めた月に輝いた白山の姿が青く神々しかったのは、雪の表面が氷で被われていたからだ。私も春の日に逆光に照らされた青い白山を見て、自然に信仰心がわいてきたのを覚えている。

泰澄が白山三山としたのは、御前峰・剣ヶ峰・大汝《おおなんじ》であって、別山は朝鮮半島のペクセンに通じて異邦の神の山と思える。理由は御前峰と離れすぎているからだ。

白山のことを多く記したのは、那谷寺の第二の本尊が白山で、しかも泰澄開基の寺院ということもあるが、日本の死生観を語るには代表的な山であるからだ。加えて三山の一つ大汝は大己貴《おおなむち》ともいわれ、出雲の根の国の名称でもあった。だからこそ登拝は一度死んでウマレキヨマルとして、江戸期から昭和時代まで、二十歳になった男子は一度は白山に登るという因習は、石川・福井・岐阜地方で続いていたのである。

白山三山の別山は、小白山大行事という宰官人《さいかんじん》としているから韓神《からかみ》かもしれない。

その後泰澄開基の寺院群が誕生したが、丹生郡朝日の福通寺は水銀鉱脈との関係が濃厚で、行基との関係がある可能性も否定できない。行基も泰澄も渡来系で、鉱山や温泉開発によって弟子集団を支えたと推察している。

天平３年（７３１）、俗人で修行する者は優婆塞《うばそく》・優婆夷《うばい》（在家の行者の男女で得度していない人）と呼ばれ、男61歳・女55歳以上は得度を許された。天平17年（７４５）には、使役を務めたもの７５０人を得度、その後２０００人以上得度しているから、泰澄やその弟子も含まれるであろう。

天平２年（７３０）泰澄は都に出たが、既に唐僧神叡は芳野《よしの》比蘇寺に20年間住んで、自然智《じねんち》（虚空蔵求聞持法）の山林修行を指導していた。そのことは、五来重氏の論文を読む機会を得た私は十分に理解したつもりである。

　五来氏は天平2年に泰澄が比蘇寺で自然智行をしたと言っている。確かに泰澄和尚伝に天平時代都にいたと記されている。

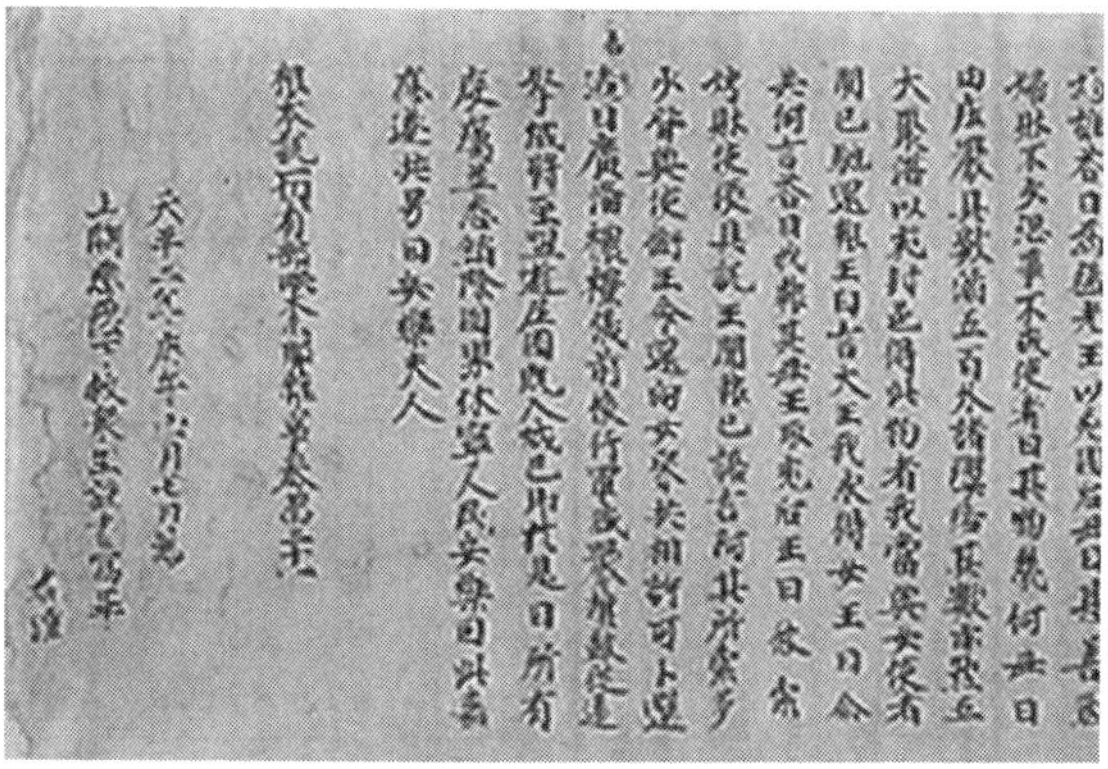

泰澄写経「根本説一切有部毘奈耶雑事巻第二十一」
旧法隆寺蔵・宮内庁書陵部蔵

　虚空蔵菩薩については道慈が唐から伝えたとされるが、白山に伝えられ山麓に祀られている。代表は石徹白大師堂の藤原秀衡《ひでひら》寄進の虚空蔵《こくうぞう》菩薩だが、古くより虚空蔵信仰があるのは、機織りに必要な蚕と桑の神様と地元で伝えられているからだけでなく、秦族との関係もある。実際に自然智堂があったことを私は確かめ、五来重論の正しさを証明できた。

　さらに泰澄の写経が実在する。現在宮内庁書陵部に所蔵する「根本説一切有部毘奈耶雑事《うぶびなやぞうじ》巻第二十一」の泰澄写経には「天平二年庚午六月七日、為上酬慈蔭、下救衆生、謹書写畢《おわんぬ》、泰澄」とあって、法隆寺押印がある。同名異人という学者が多かったが、国宝比蘇寺の水瓶と共に比蘇寺経典は廃寺となり、法隆寺へ移管されたことが分かり、泰澄その人の写経である可能性が高くなった。

平安時代の「白山記」に「宝社あり虚空蔵菩薩垂迹《すいじゃく》なり」とあり、加賀禅定道桧新宮あたりに自然智求聞持堂があったと推定される。

白山では行基と出会ったり、入唐僧の玄昉に経を伝授されたとあるが、確証はない。神護景雲元年（767）、越知山大谷寺へ帰り、間もなく3月18日86歳で遷化（死去）している。近年大谷寺で発掘調査したところ、同時代の土師器片が多数発見、その内に神の字を記した片も発見されている。

富山大学名誉教授であった高瀬重雄氏も泰澄を調べ、毘奈耶雑事写経の文字の正確さとその筆遣いの厳正さも泰澄の人となりの一つを示している、と記す。泰澄は単なる遊行者ではなく白山信仰を都へ広げた僧でもあった。

差別された白の行事

仏教は国内の隅々へ浸透していったが、白河天皇が院政を敷いた応徳2年（1086）

以後、特定の寺院が強大な勢力を持つようになり、既に抑えが効かなくなっていた。高野山では覚鑁《かくばん》（興教大師）も真言念仏を密教に取り込んだ。末法思想は貴族社会にも不安をもたらした。北陸でも念仏信仰が浸透する。

白山はその歴史からして、山中他界黄泉道守人がいるとして冥界と繋がりやすかった。白山の大汝は阿弥陀で死者の世界と思われた。死者往生の山なら、この世からあの世に渡る結界が用意されている。その時代の白山記に「荒御前《あらごぜん》中宮に橋有り、一橋と名づく、柱は立てず、其の岩高くして何十丈なるか計れず、之れを渡るに余念なくあえて横目ならず、偏《ひとえ》に権現を念じて之れを渡る」とあり、これは観無量寿経疏にある二河白道《にがびゃくどう》の比喩からくる。

「ある国に西にむかって遠い旅に出た人あり、途中で二つの大河に遭遇した。南方には火の河、北方には氷の河、底なしのように深く向こう岸も遠い。そこに巾四・五寸の白い道が通っている。その岸にたたずむ旅人に、悪党と悪獣が襲ってきた。返るも死、止まるも死、前へ進もう」と決心した。この時「汝一心正念に前へ進め、この道には死はない。我汝を守ろう」との声に押され、一心にこの道を進み西岸に到り善友に相見えることができたという。東は娑婆世界、西は極楽浄土という訳である。火河は憎しみ、氷河は貪りという苦難があっても、その末に辿り着く白山頂上があった。それが行事化し

早川孝太郎の画いた白山
浄土入り奥三河に残る行
事を参考に画いた絵
奥三河の白山行事

たのが布橋《ぬのばし》行事で、橋には木綿布を敷いた。この橋は石徹白中居神社前にも架っていて、私は若い頃、娘をかかえ、妻が息子の手を繋ぎ渡った記憶がある。

奥三河では布橋灌頂《ぬのばしかんじょう》より古い行事が明治初期まで残っていた。民俗学者・早川孝太郎氏が記録し、さらに『山の宗教　修験道案内』（五来重著　角川ソフィア文庫２００８）がそれを記している。

その内容は「方型の建物を布と筵《むしろ》で覆う」。四隅には旗を立てて中央には天蓋を下げ、五色とするのは密教的でもある。

その前には白布で覆った橋があり、厄年の氏子がその中に入ってお籠りするが、外で踊っていた鬼が建物に入り天蓋を切り落とす。するとそこから氏子たちが一斉に飛び出す。氏子たちは扇子を両手に持ち、口には扇子を加えて出てきて、舟を漕ぐ真似をした後、俵を運ぶ。この様子は『山岳信仰と日本人』の第13章「古代の日本海から見た白山と立山」（小林道憲著）にも記載されている。

不思議なことに古墳時代と同じく、他界へ旅立つことを舟に乗ることとしているようで、元はかなり古いのかもしれない。

白の行事は物忌みと関係すると折口信夫は述べるが、物忌みがやがて被差別集落のしらやまになったとして言及しているが、『白のフォークロア』（宮田登著　平凡社1994）や『ユートピアとウマレキヨマリ』で、新しくは『白の民俗学へ　白山信仰の謎を追って』（前田速夫著　河出書房新社2006）及び前述した『海を渡った白山信仰』などある。

クグツと白丁《ぺくちょん》・ノロマ人形や遊民芸能、さらに被差別集落のしらやま信仰についても詳細に記している。

私がしらやまと被差別集落について知ったのは、新潟のしらやま信仰と題しての地元白山社の宮司さんの講演を聞いたことにある。

この街には近年まで被差別集落が残っていた。雪深い北陸であるから、街の表通りには雁木《がんぎ》という庇《ひさし》があって、雪深くなってもその下を通れる工夫をしてあるが、白山神社の氏子の家の前には雁木がない。氏子はほとんど漁業と関係している。それには殺生を禁じた仏教の影響があり、不殺生戒を犯すものは差別、特に四脚動物を殺生する狩猟者が嫌われたそうである。越蝦夷《こしえぞ》といわれる北陸以北の人たちも、かつては差別の対象となっていたそうで、船には白山神のお札を貼り、しらやま信仰の人は多いとのことであった。

私は次の密教布教講座をすっぽかして、宮司さんの控室で内容をさらに詳しく聞くことになった。同じ白山信仰でも被差別集落の人は昔シラヤマと言われ差別されたそうである。

後に折口信夫・宮田登の著書も読むことになった。その被差別の歴史の根深さを知ることができた。

シラヤマの差別と私のテーマである死生観の課題は避けられないことになった。被差別の民俗学では柳田国男から始まり、前田速夫まで多くの著書があるが、共通しているところがかなりある。

東北地方では白山神社というと一般の村が祀る神社であるが、昭和初期までしらやま神社は被差別の対象であったが、今はその差別なく全て白山神社だ。

人間は平等が本来だが、魏志倭人伝を読むと、弥生時代に既に倭国には奴婢がいた。

第二次世界大戦後に初めて同和教育がなされた。仏教界では明治初期まで差別戒名が実在した。

被差別は行基物語を読むと浮浪人や狩猟民・蝦夷は差別対象となっている。牛を殺して生け贄《にえ》にする韓神を祀る人も対象となった。

しかしケガレの観念が変化して、不浄性をあらわす気枯《けが》れ・死をヨゴレとして意識することもあった。しらやまの神は紀に語られている菊理媛《くくりひめ》であるとやがて伝えられるようになる。黄泉国伊弉冉に会いに行った伊弉諾はヨゴレた伊弉冉を見て驚いて、冥界からの境となる黄泉平坂《よもつひらさか》を降りて、待っていた菊理媛が伊弉諾を禊《みそぎ》をさせ蘇らせた。その折白事ありというがその秘儀が分からない。

しかし白は穢れを払う色として定着した。私は菊理媛は白山神だというのは、唯一神道の吉田兼倶《かねとも》だと思っている。穢れを払う神と信じられ、魂のキヨメも白色としたが、白がキヨメであることは真床追衾《まどこおぶすま》の衣装の色となっていたのと同じだ。だから古代から存在する。

白山には白山神楽《かぐら》があり、白天蓋の下で行うが、神楽参加者は白衣装で、死の世界に入って舞うとすれば白山行事も同じである。

キヨメは葬儀に参加して、取り仕切る人だったが、やがて職業集団となる。彼らは被差別化され「長吏《ちょうり》由来記」には長吏とは何か、細かく記されている。冒頭は天竺の長吏が由来とし、代々天皇にまつわる王子達の系譜を述べていて、細かく職業種を記載するが、中世よりそれぞれの職業は被差別的職業であり、ここでは記さない。

特に細かく記すのは、白山権現に関係する。その中で長吏は葬儀委員長のような存在であり、必要な道具の説明がある。

竹は大切な道具で、天照・諏訪・富士浅間八幡菩薩の竹などについて記した後、白山権現の竹について述べる。竹は野辺の幕布を張る時に使用、門前の竹、死者の棺を囲む四本の幡棹《はたざお》、天蓋の竹であり、四本の竹を使って竜天白山という天蓋を作る。竜天白山は白山大権現と称するが、明らかに死者の棺の入れものである。野辺の送りの時に長吏が死体の棺を天蓋に入れ墓まで持っていって埋める。

常民は死が穢れであるから、これに携わらない。中世「キヨメ」と言ったのは、穢れを払い聖なるものに近づける意味で、聖なる儀式とみていたのである。

柳田国男氏は、「白山のかたちは生れきよまる。生まれかわるための装置であり、死から生へ転生を可能にする装置」としている。これが全国に広まっていくとすれば、彼らは死者を再び蘇らせるという特殊な能力を持った存在で、白山権現と称される体系に定着していった。

そのついでに言うなら、僧侶は葬儀の導師のみを務め、浄土教や密教でも他界往生の説教をして示そうとするが、縄文時代のところで私が指摘したように、葬儀の一部しか担っていない。今も多くを他に頼っていることに感謝しなければならない。高野山では、過去に墓地に穴を掘り直接埋葬する役目を身分の低い高野聖に任せていた。

それを感ずるから、葬儀社の人に葬式が終わるとありがとうと感謝するのである。私は縄文時代の人の思いのように死穢などないと確信している。

記紀の書かれた時代には死穢の恐れを感じる人もいたし、伝染病死も恐れであった。私憤を持ちながら不遇に終わった死者は怨霊となる物語が存在していた。

山背大兄もさることながら、弘文（大友皇子）・藤原一族につぶされた長屋王・崇峻天皇等、勝った方が常に怨霊に悩まされると信じ、死による遺骸に関わらない方が無難だと思った人たちがいたが、やがて死穢を恐れて、専門職に死後を任せ、その専門職が差別されていったものと思われる。

補陀落観音信仰と那谷寺の石窟《いわや》

これも閑談として読んでいただければ幸いである。

那谷寺は古記録には日本書紀の石窟をとって、イワヤ寺と称していたとなっている。

折角の那谷寺大悲閣の埋もれた胎内くぐりの発掘調査依頼から、擬死体験やウマレキヨマリと死生観へとその筆録が変節してしまった。

しかし、文化庁へ発掘調査の依頼をするには、その根拠をこの書中で示さなければ、納得していただけない。よってここに記させていただく。

那谷寺の奇岩遊仙境《きがんゆうせんきょう》にある大悲閣本殿は、石窟内にある小さな建造物（重要文化財）である。内の厨子も共に寛永17年（１６４０）、加賀藩主・三代前田利常公に寄進したもので、その他の建築物も同時代に建てられ、現在重要文化財に指定されている。

加賀藩御大工・山上善右衛門《ぜんえもん》が建仁寺流によって建てたものである。

本殿のご本尊は十一面千手観世音菩薩で、小さな金銅像が古くから祀られてきた。那谷寺開祖の泰澄作と伝えられるが、その時代より新しいと思われる。現在調査中でやがて時代が明らかにされるであろう。

奇岩遊仙境を中心とする大悲閣一帯は「補陀落観音浄土《ふだらくかんのんじょうど》」とも言われてきた。久保智康氏（京都国立博物館名誉館員）が平成28年（２０１６）10月23日に粟津演舞場で行われたシンポジューム「那谷寺の奇石を読み解く」で基調講演をされた。

峻厳《しゅんげん》な厳崖《げんがい》に観音を祀り、手前に池水を携えた那谷寺の境内景観は補陀落《ふだらく》観音浄土とみたててか、北に開いた谷の南東方向に厳崖が存在、補陀落山の南印度南端という方角に一致、手前の池も山中の地泉・もしくは島を取り巻く海と考えうると語った。

さらに大江匡房《おおえのまさふさ》（1041〜1111）撰述『本朝神仙伝』では「泰澄とは加州の人なり。世にこれを越の小大徳という。神験多端なり。……（中略）稲荷社において数日念誦す。夢に一女あり。帳中より出でて告げていわく、本体は観世音なり。常に補陀洛にあり。衆生を度せんがための故に大明神を示現すと。阿蘇の社に詣ず。九頭龍王有り、池上に現はる。泰澄曰く、豈に畜類の身をもって、この霊地を領せんや、真実を示すべしと、日漸《ようや》く晩れんと欲すと、金色の三尺の千手観音有り、夕日の前の池水の上に現はる。……（以下略）」とあったと示した。

那谷寺では稲荷社は古くから祀られてきたし、白山神を鎮守としてきた。注視したいのは阿蘇社であるが、祭神は媛神であり黒龍神に変化《へんげ》することから、白山神と同じとしてよい。泰澄は加賀の人ではなく越前の人であって、匡房はそれを間違って記しているが、前記の記載内容は那谷寺の風景と一致すると思われる。

尚、その後那谷寺開創1300年御開帳法要のため、平成29年春3月の彼岸近く、御本尊御開扉《かいひ》の準備として29年ぶりに御本尊厨子及び御本尊のお身拭いと清掃をしているど夕方になった。夕日が西の山間にかかると、驚いたことに洞窟の奥の厨子《ずし》にまで光が届くではないか。少なくとも平安時代に語られたのは、那谷寺に間違いないと思っている。

久保氏によれば華厳経・陀羅尼集経・大唐西域記・続高仙伝・観音密教経典など、奈良時代には既に補陀落信仰がよく知られていたとして、滋賀県石山寺の建築様式や、岩山の景観を例として示して説明していた。

後日那谷寺の境内で旧遺構と思われる所を示していただいた。それにより、奇岩遊仙境の池は、現在の池に比べ大きかったと考えられた。

私は以前から不思議に感じていたことがある。それは東側の奇岩遊仙境の中央に古い階段跡が残っていることだった。その下には少し植栽された土地があり、その西側は池であり、橋もなく、階段の必要のない場所に跡があったので不思議だった。加えて階段を上りきった所からさらに上の、岩の谷となった部分から鎮守堂（現在稲荷社あり）を上る階段は江戸期以前のものと思われる。旧鎮守堂に至る場所を注意深く観察すると、等間隔に柱跡が存在する。その到達先は大悲閣本殿の石窟である。木造の桟橋が架けられていただろう。

奇岩遊仙境の階段は三回にわたって刻まれたと思われる。二回目では大悲閣本殿を回ることができるように足元を平らに削っている。その時代は多分延元二年（１３３７）

から文明年間（１４７１）の間とも思われ、その期間に拝殿が建てられ、拝殿から洞窟内に入るように変更されたと推察する。

三回目の階段を削ったのは、前田利常公が那谷寺を再建された時代である。各建造物は礎を確かめて建てたとあるからには、現存する建造物は旧建造物と同じ場所に再建されたのである。

その理由は、ほとんどの塔中《たっちゅう》寺院が那谷寺を離れ、不動院・花王院しか残らず、境内の建物は朽ちて傷み、境内は荒れるにまかせていたからである。だから各御堂は再建され、境内も鬱蒼《うっそう》と樹木で被われ、昼なお暗い状態で池も原形をとどめてなく、池を造り直すにあたり半分に縮小されたのであろう。

もちろん那谷寺は補陀落浄土に見立てたのだが、大悲閣本殿を胎内くぐりと称していた。だが洞窟内の本殿の暗闇を回って、再び入り口に戻る仕掛けになっていた。

しかし、若い頃から不思議に思っていたことがある。江戸期の御本尊開帳の折りに大悲閣本殿参拝者が、混雑するのを避けるため、向かって右側（東南）の岩を削りトンネルにして、拝殿の縁の欄間を越えて橋を渡し、これを下向道《げこうみち》として利用している。仮橋が現在は下向道となってしまっている。

トンネルのある下向道の途中に階段の跡がある。そこから５ｍ進んだ所に、基礎石が

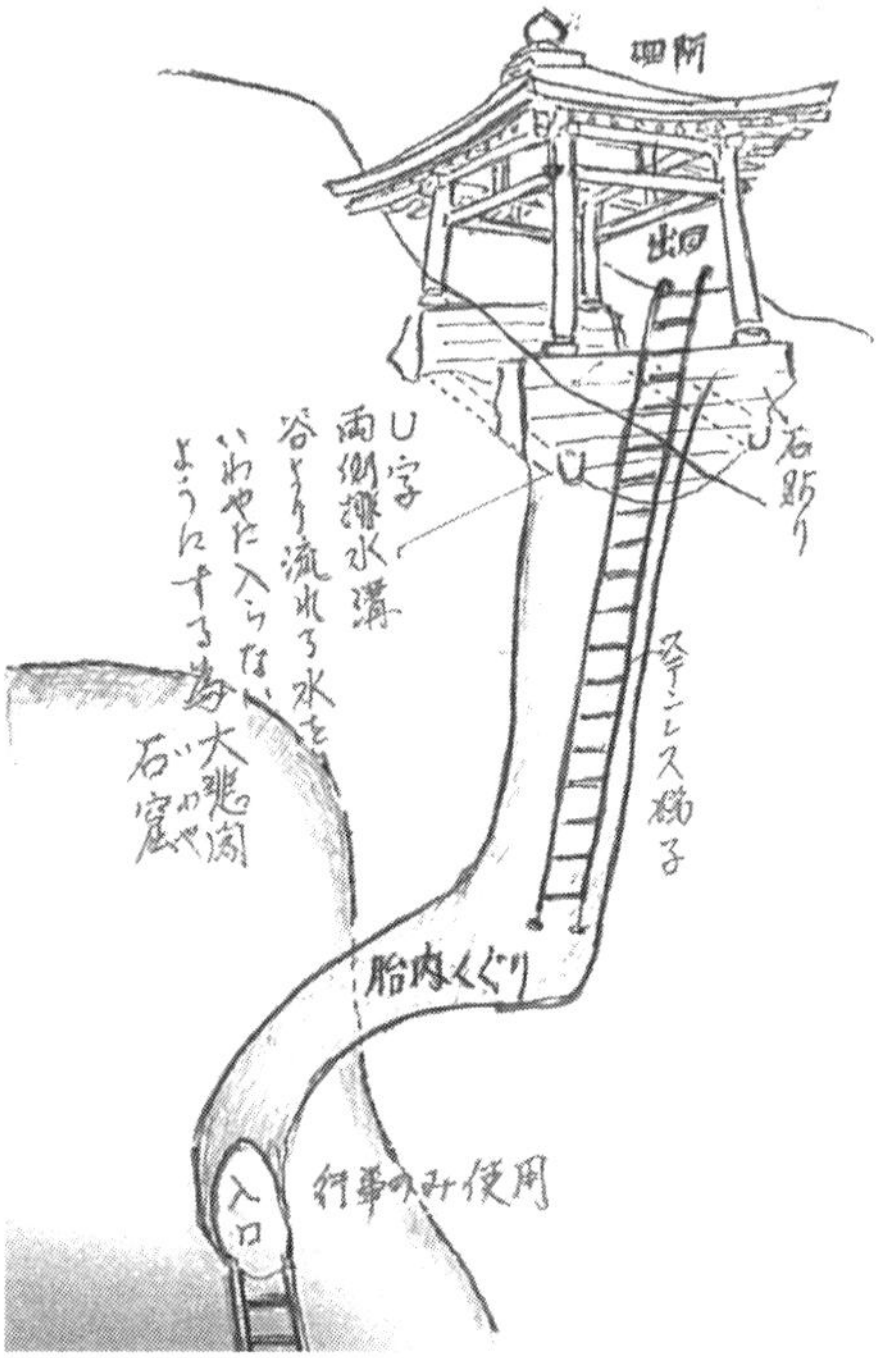

四個落ちている。岩山の頂上近くに、かつて四方寄棟の小さな建物があったことは想像できたが、多分それは大悲閣本殿のある石窟の奥にある径60㎝の穴が岩山上に繋がっていて、その穴の出口に屋根が架っていたと思われる。細い穴は土で完全に埋まっているので確かめられない。

石窟《いわや》洞窟は震度7の地震には耐えられず、崩壊の恐れがあるので、近年洞窟右側の弱い部分をコンクリートで補強する工事を、国庫補助事業として施工した。その結果かは分からないが、細い穴にある土壌が水で濡れ始めた。そこで石川県で文化財建造物の設計監理、保存修理工事を多く手掛けている山本博之氏が、細い穴に溜まる土壌の撤去作業を始めたが、松の木の根が全体に張っていて、ほとんど撤去は不可能であったが、岩山の穴の出口より鉄筋棒を差し込んでみると6m以上の深さがあることが分かった。しかもその出口付近にも階段があることを発見した。

これで私は全ての謎が解けてしまった。径60㎝の8m以上に及ぶ穴は、ウマレキヨマルための胎内くぐりであった。現在全国に多くの胎内くぐりが存在するが、自然の穴を利用した胎内くぐりは富士吉田の胎内くぐりと那谷寺の胎内くぐりだけである。

胎内くぐりは英彦山《ひこさん》や月山等にもあるが、岩の割れ目を利用している。自然はそんなに都合よく細長い穴を形成してくれない。富士山は多くの風穴が存在する。それは熔岩が流れ表面が固まって、中の熔岩のみが流れ下って、中空になったからである。詳しくは前述した宮田登氏の『ユートピアとウマレキヨマリ』を読んでほしい。

胎内くぐりは後に人工的に造られるようになった。また、清水寺や善光寺のように本堂の本尊下の細く暗い廊下をくぐるように変化した。

ウマレキヨマリの言葉の意味は、人が生きていくうえでの罪咎《つみとが》を、新しい自己に生まれ変わることを願って、細い胎内くぐりを苦労してよじ昇り出口へ向かうが、やっとの思いで表に出る。

階段を下りやがて川の流れに至り、そこで持っていた土師器を割る。その後川で禊《みそぎ》をしてキヨマルことである。

大池堤防から漏水があって崩壊の危険があるため、堤防の前にコンクリートダムを建設することが決定。国庫補助事業で実施することになり、池水を抜いた結果、石垣と川が見つかり、その底から多くの破砕された土師器が見つかった。

加えて、周辺から陶磁器・仏具等が発見され、御堂が建っていたと推察される所では炭化した土壌と、炭化した木片が多数発見された。那谷寺は歴史上では15世紀に戦火に遭ったことになっているが、それも証明されたことになる。

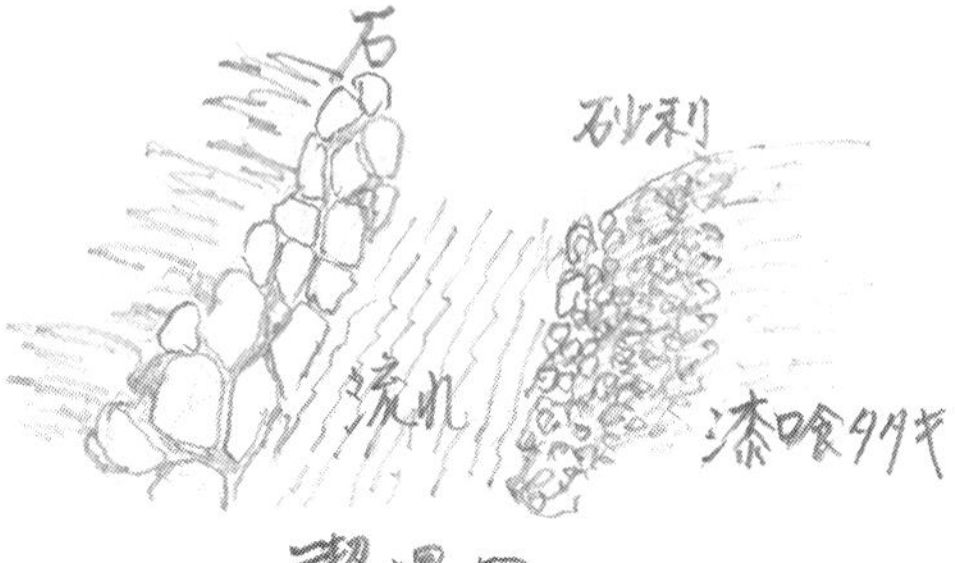

禊場図

改めて記すが、胎内くぐりを出た後、川岸に至って、土師器を割り水に投げ入れる行為は、過去の罪科を消して、別れを告げる意味がある。また、胎内くぐりも、母の胎内から再び再生する現象を表す。胎内くぐりを出て、階段を下ると川があり、川岸には石垣がないのは、恐らく川で禊をしたためと思われる。

先ず境内・奇岩遊仙境前に池があり、参道は東方向に曲がっているが、中世では真っ直ぐ南へ向かって進んでいたと思われる。池は大きいため、現在の村の鎮守・若

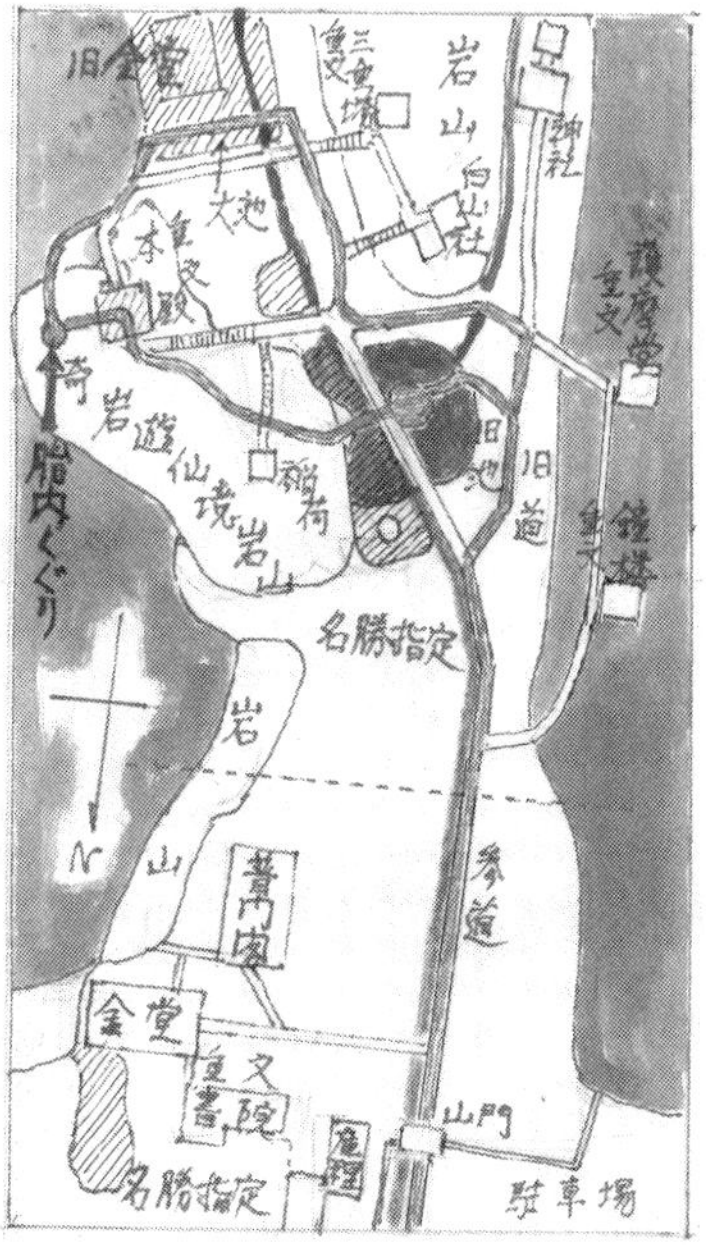

宮白山神社方向に進み、やがて護摩堂下ぐらいから東へ進むと池岸に着く。それより三本の丸太を半分に割った橋を渡ると、中之島がある。この島は現在の池の中央部分である。現在、奇岩遊仙境の掲示板のある位置の反対右側を見よう。小川があって、その先は地上に少し露出している岩がある。それは中世まで小島であった可能性がある。

その小島からさらに橋を渡れば、池の対岸の松の木あたりに至ることになる。現在は役立たずになっている階段（三回削り直している）を上り、現在の稲荷社前の参道階段に出る。それより細い桟橋を迂回し、初めて大悲閣拝殿に達する。石窟に入って千手観音を拝することができる。

この全体の装置は、補陀落観音浄土であることは間違いないが、京都芸術大学通信教育部大学院芸術研究科の梅田裕氏の博士論文の通り、鎌倉期の浄土庭園としての阿弥陀信仰浄土・補陀落観音浄土・薬師浄瑠璃浄土・弥勒兜率天浄土の庭園と同様の造りである。

ただ少し、他の寺院と異なっている部分がある。それは白山信仰の影響を多大に残していることである。白山登拝は生れ浄まるためであり、山中他界で、平安末の白山記には「荒御前《あらごぜん》中宮に橋有り、一橋と名づく、柱は立てず、其の岩高くして何十丈なるか計れず、之を渡るにあえて横目ならず、偏《ひとえ》に権現を念じてこれを渡る」とあり、観経疏《かんぎょうしょ》にある二河白道の橋のようである。

これと同じく美濃白山馬場の出発点の石徹白《いとしろ》中居神社の前にも、丸太を半分に割った三本を架けた欄干のない橋があるが、それで川を渡った経験がある。行事の折りは木綿の布を三枚敷くから、布橋ともいう。

奥三河であった布橋灌頂より古い白山行事も、授者は導かれて細い橋を渡る。白衣を着て擬死体験をする行事である。

那谷寺の補陀落信仰は白山信仰を伴うので、危険な細い橋を渡り、岩山を登って、細い桟橋を渡って、大悲閣の千手観音を拝し、その後、胎内くぐりをやっと通り抜けて、川に至り、土師器を割って新しい自分に再生する。なんとも厄介な儀式を中世までしていたことになる。これこそ擬死体験と思われ、補陀落観音浄土に入って、生まれ浄まって出てくるのであった。

奇岩遊仙境の岩山の成り立ちと、洞穴がなぜできたかについて考察したい。

新生代第四期には日本列島は誕生していなかったが、大陸の極東部で火山の大噴火が続いていた。長い年月を経て、その灰が固まり、凝灰岩が形成されていく。不思議なことに芭蕉が『奥の細道』の旅で訪れた、山寺立石寺・松島の凝灰岩と那谷寺の火山砕屑石・デサイト凝灰岩は同時期にできたと考えられる（1500万年前）。

那谷寺の岩山に洞穴があり、境内東側には奇岩遊仙境があり、その裏山にも洞穴がある。その洞穴はウルム（ヤンガードリアス）氷期（7万年〜1万年前）の折りに、冷たい風が岩壁に当たり、窪地を作ったことによりできたものだ。側面や天井部分に剥離《はくり》が進んで、剥離後の岩の粉は春先になると下へ溜まる。やがて粉は風が運んでなくなる。凍結と融離《ゆうり》を繰り返し、あるいはその後に岩盤そのものの組成や動性で今も成長しているらしい。

地質学者大橋健氏から那谷寺岩山のことが書かれている論文、「タフォニ風化洞穴」（『日本充てん協会誌「充てん46号」一般社団法人日本充填技術協会）をいただいた。さらに大橋先生は数年にわたり秋になると洞穴天井部分にチョークで印をつけ、春に観察していらっしゃった。チョークでつけた印は既になくなっていて、洞穴の成長を証明する結果となった。

同現象は山寺でも見られるし、最も近いのは朝鮮半島とコルシカ島のタフォニで、写真を見せていただいた。

最も大きい岩山の頂上にある洞穴は、三重の瓢箪《ひょうたん》型をしていて、地上は漆喰《しっくい》で固めてある。この洞穴には山上から降りて入っていたらしい。入り口には岩を削った手水鉢がある。古くは何に使用していたのだろうか。

現在の奇岩遊仙境の階段は、大悲閣拝殿への石階段の前の山門側から左に進み、岩山の頂上下にある、大きな洞窟まで削った石段が延びている。この石階段は、寛永17年（1640）以降、前田利常公が石切り勘七《かんひち》に命じて削らせた階段である。

その際、大悲閣拝殿の屋根が洞窟内に入り込む為に、上部と側面が切り落とされた。奇岩遊仙境に多数ある洞穴の内、二カ所の上部を整えるために削っているが、他には手を加えず、自然の景観を保っているのは、さすがといえる配慮であった。

私は2023年度で住職を終えることとなり、次の住職は息子の馨雄《けいゆう》である。私が住職を去るにあたって、那谷寺の将来のあるべき姿を調査・提言する「那谷寺グランドデザイン策定検討委員会」が組織された。現在の委員長は私だが、新住職就任後は馨雄が委員長となる。

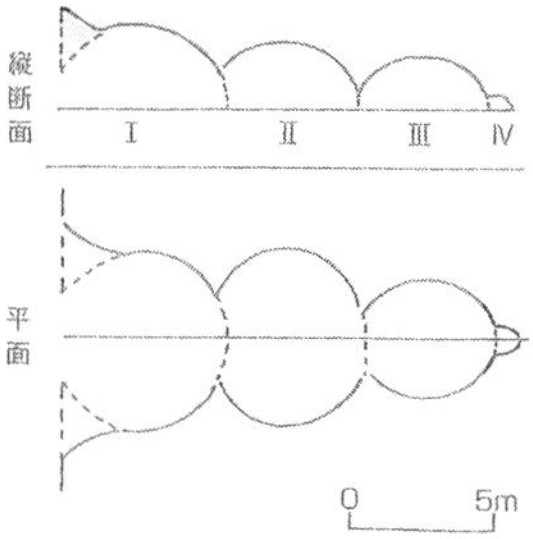

下図の最大級タフォニの縦断面と平面（大橋健氏「タフォニについて」日本充てん協会誌『充てん』46号より）

那谷寺岩山のタフォニ洞穴形成イメージ

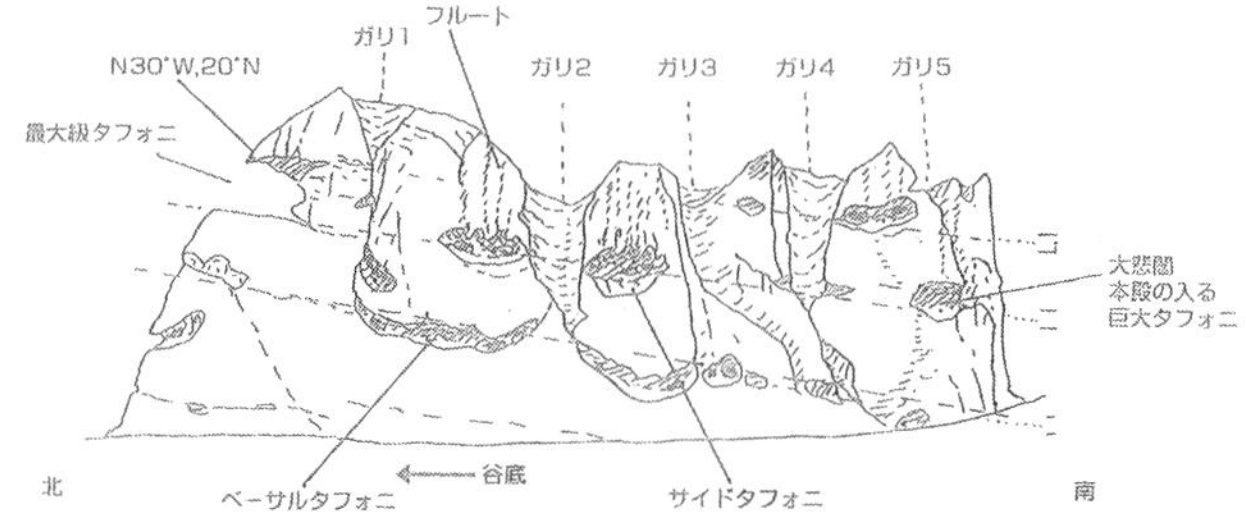

私は境内地全体の保存修理や将来の事業計画のための資料を残すことを行っていく。従って本書はそのための参考資料になることを願い、特に「宗教民俗学」「那谷寺の信仰の原点」として役立てればと願っている。

幸い「那谷寺グランドデザイン策定検討委員会」は、それぞれ専門性の高い方々に委員となっていただいた。

加えて、小松市の担当者と地元関係者で構成されている。故に私の思いより、委員の方々の答申を尊重して今後の方針を決定すればよいと思う。だから本書では70年以上私が那谷寺にいて感じたことのみ記させていただいた。

宗教民俗学に関する遺跡については、庶民が何を信じ、どんな行動をしたか、それを知る上で貴重な遺産であるから、保存し、後世に伝えなければと考えている。

山嶽道場の仏教とその思想

まず日本の仏教界の死生観を見るとすると、山の宗教・人里の宗教として分類される（密教系、禅系、法華系、浄土系の代表となる宗派だけにした）。

空海の真言密教

令和五年（２０２３）は弘法大師御誕生１２５０年にあたり、真言宗各山で記念行事が執行されるという節目に、奇しくもこの著書が出版されることになった。

弘法大師（７７４〜８３５）（以下空海という）は宝亀5年（７７４）6月15日、讃岐国（香川県）善通寺市で、佐伯善通と玉依《たまより》御前《ごぜん》の間に誕生、15歳で伯父の阿刀大足《あとうのおおたり》に連れられ奈良の都へ入り、大学に入学したが、学業に飽き足らず、勤操《ごんそう》の元で密教修行をし、虚空蔵求聞持法《こくぞうぐもんじほう》（自然智法）の山嶽修行を実践した。空海は、青年時代の書『三《さん》教指帰』には「阿国大竜ヶ嶽に登りよじ、土州室戸に勤念す、谷響きを惜しまず、明星来影す」と記し、求聞持法を行じていて、自然の声を聞き、宇宙からの光のメッセージを受け取る不思議な体験をしている。空海は7歳にして神童といわれたが、大学教育での立身出世主義に背を向け、仏門に入ることを決心した。虚空蔵求聞持法（古くは自然智法といった）を少なくとも二度以上行っていて、三年以上仏道修行のため山野を跋渉《ばっしょう》している。

私は白山を望む470mの役行山《えんぎょう》（人里から7㎞離れている）に建てられた小屋で求聞持法を行ったが、そこで地元の猟師に教えてもらったのが、熊の通り道であった。

その理由は求聞持法に必要な榧《かや》の枝を求めるのに、一週間に一度谷に降りる必要があり、熊に会いたくなかったからである。しかし熊より恐ろしいのは、山中に多くのマムシがはいまわり、猪が徘徊していたことだ。かなり注意して山中を歩くようになったが、やがて私の方が猪やマムシを直感で発見し、何度も危険を回避できるようになっていた。

空海が三年以上にわたって山中を跋渉したなら、多くの危険に遭遇したであろうと実感した。

多分、危険の予知能力がなければ命の危険にさらされる。空海は縄文人のように特殊な能力を身につけていったと思う。加えて夜に空を見上げれば、満天の星の世界で、そこでは、自己はこの世界に生かされているようで、大きな筆で画かれたようなこの世界と、宇宙の中で存在している自己そのものの不思議を感じ、密教の世界観に傾倒していったと、私は推察するようになっていた。

高野山大学名誉教授高木訷元《しんげん》師は、往昔の人びとは山に登るということは、まさしく山頂に到って神の威光に触れ、自然なる声を聴くためであって、当時の仏教界では出家を望むものの絶対条件として、山林で三ヶ年以上にわたる修行が義務付けられていたという。

空海は既に仏教の中で密教こそ卓越していると信じていたが、仏の導きなのだろうか、大和久米寺の東塔で、大日経七巻を発見し、その教えをさらに深めるため、中国の語学も、密教の真言も、さらに言葉や説明不可能な仏の世界を、ひたすら7年にわたり求め続けていた。それは唐へ渡海するための準備期間でもあった。

遣唐船に便乗したのは延暦23年（８０１）。漂流すること一か月間で福建省赤岸鎮《せきがんちん》に着き、12月23日に長安に入った。

以後城中の諸寺を歴訪したが、密教第七祖恵果《けいか》の弟子となった。恵果は不空からの密教を学び、唐の代宗帝から内道場（宮中の祈祷する所）の護持僧にもなっていた。

長安の青龍寺には約1000人の弟子がいたが、恵果は日本から来た空海に密教の奥義を伝授することを決め、金剛・胎蔵の両部と諸尊法を授け、図画・法具などを与えた。

その間、空海は新しい知識を得るため、医学・工学・芸術も学び、インド僧般若三蔵や牟尼室利《むにしり》三蔵に梵語を教わった。そして書家・詩人としての名声も長安で広がっていった。

恵果が示寂《じじゃく》して後帰国し、筑紫では「御招来目録《しょうらいもくろく》」を記し、教・論・図像・法具が用意され、真言密教の基礎となった。筑前の観世音寺から京都槇尾《まきのお》山寺、高尾山に住した。

高尾山神護寺では三回の伝法灌頂を行い、天台宗開祖の最澄や勤操も入壇《にゅうだん》された。後に理趣経《りしゅきょう》の借用を拒まれた最澄は、加えて弟子の泰範が空海の弟子となり、空海と最澄の関係が悪化して距離を置いた。

真言宗は単なる説法だけでなく、三密修行に重きを置いているが、手に印契《いんげい》を結び、口に真言を唱え、心の妄念を離れ一心に集中し静寂の状態にするため、体全体を使って体感するための修行を基本としている。代表としては護摩修法にあり、多くの人は見たことがあると思う。この三密修行は「即身成仏義」に説かれている。

高野山大学名誉教授・高野山真言宗元管長の松長有慶師は、『空海』（松長有慶著 岩波書店2022）では「観法においては、対象物の否定を連続して観想した最終局面に、突如として行者の身体に、神秘の光が飛び込んでくる仕組みになっている。……日本では古くから言霊《ことだま》の信仰があった、言（葉）が事（実）を呼び寄せるのである。……古代インドのタントラ（真実の実践の行為）文献によれば、宇宙の全ての物とか現象は、単なる音であるオームのような基本音となる単音節のマントラ（真言）から展開したものと考えられる」としている。言葉は人間が高度な智を深めて思考を高める文明である。

さらに同書「人間の言葉」には空海の「声字実相義《しょうじじっそうぎ》」では、言葉には三種の機能を持つといい、①意思の伝達　②感情の訴え　③真理とのつながりで、③は人間社会のありように何らかの影響を及ぼし、「真言」に相当するという。

いずれにしてもインドで成立した密教は、大日経七巻・金剛頂経三巻を根本経典として、空海が金剛界大日如来と胎蔵界大日如来の両部の、それぞれの教えを一体化したので、宇宙の真理をあらわしていて、それが仏の世界であるとした。

教理の中心となるのは六大の教えである。

六大無碍《むげ》にして常に瑜伽《ゆが》なり

四種曼荼《ししゅまんだ》各々《おのおの》離れず
三密加持すれば速疾に顕《あら》わる
重々帝網《じゅうじゅうたいもう》なるを即身と名づく
「即身義」の偈文《げもん》の中にあらゆる世界は、地のいのち・水のいのち・火のいのち・風のいのち・空のいのちの物質的要素と識である生命の統合活動でなっていて、日常活動では常に平等であり、流れ続けている。

四種曼荼とは①大曼荼羅といって仏の姿により活動史実世界をあらわす②三昧耶曼荼羅は世界にある全ての物や価値や性質のことを仏の心を衆生に伝えること③法曼荼羅は仏の心を衆生に伝えることで、梵字のように一字であっても、広く深く教えを伝えているもの④羯摩曼荼羅は立体曼荼羅で、宇宙（空間と時間）の全ての活動のことであり、この四種は一体であって、現実の世界で結びついている。

身体と言葉と行動は、仏の身と口と心を統一すると感ずれば、すぐに真理があらわれるとする。だから世界は細かい縦糸と横糸が組み合って広大な布を織りなすように広がっていて、無限ともいわれるマクロの宇宙と我《われ》のミクロな小宇宙と一体となる。自《おの》ずから仏と同じで、草も木も土も、細菌でも連鎖し合っているから、全て仏なのである。

真言宗といえば、お堂の本尊の右側には胎蔵《たいぞう》界曼荼羅、左側には金剛《こんごう》界曼荼羅を掲げている。それは中心が大日如来であり、宇宙大日尊が画かれる。それぞれ意義があるが、ここでは略す。

密教は教学だけでなく、修行と禅定を大切にするが、前述した身口意三密行を基本にして、その行が成就すればそれより後は、「生かせいのち」で、与えられた加持の力により現世での仏の加護を願うこともある。

そこには仏の永遠のいのちの加持が必要で、加えて自己の功徳も必要で、「即身成仏義」の中には、「加持とは如来と衆生の信心を表す。仏日の影、衆生の心水に現ずるを加といい、行者の心水よく仏日を感ず」とあり、仏の光が水面にうつっていても、人はそれを見て感じとることができなければ、仏の加護を知ることができない。

現世に於いては自己の持てる菩提を求めることも説いていて「菩提心を因となし、大悲を根となし、方便を究竟《くきょう》となす」と利他の心をもって、世に善行をなすことを説いている。

いきとし生けるものが全て仏であるならあらゆる生命を護り、地球環境保全のために、CO_2を大量にばらまき、支配欲望の虜になっている人類は何と愚かなことか。今、僧であるからには、やらねばならないことは何か。少なくとも行動を起こすこと（方便）が第一と思っている。社会福祉法人自生園では熱源ボイラーのCO_2排出を抑制するため、間伐材等を利用した木質ペレット工場を持ち、ソーラー発電も利用している。人類は食物連鎖から外れ、他の生物を犠牲にして、繫栄していることを知らない人々が多すぎる。

松長有慶師は早くから、空海の『性霊集』から自然観の宇宙的な教えを学び、ダボス会議で地球環境保全を訴えた仏教僧として最初の方である。その師が記した『空海』は、いきなり果てしない宇宙と有限世界・自然観から始まっている。『秘蔵宝鑰《ひぞうほうやく》巻上』にある「三界の狂人は狂せることを知らず。四生の盲者は盲なることを識《さと》らず、生れ生れ生れて生の始めに暗く、死に死に死んで死の終わりに冥《くら》し」の文は輪廻転生をあらわしているのではない。何度生死を繰り返しても、一切衆生《いっさいしゅじょう》いきとしいけるものの命に気付かなければ、動物と同じとしている。

生かされてある恩は宇宙全体に及ぶと識《し》り、理趣経の初段、「大欲清浄句是菩薩位《たいよくせいせいくしほさい》」にあるように、自己の欲望から他者の利益のための行為に大転換することが、我々に求められるのではないだろうか。

空海の生死観

空海が平素したためた文章がその心髄を理解するのに良いと思い、文章集『性霊集』から抜粋した。

性霊集巻四の洒人の内公主の遺言に「夫れ道は本より虚空なり、終わりもなく、始めも無し。陰陽気構えて尤霊《ゆうれい》起る。起るをば生と名づけ、帰るをば死と称す。死生の分、物の大帰なり」とある。

中国の書物管子にあるように虚無で姿のないのが道であり、一切の事物を包容して、その存在は妨げられない。荘子のいうように始めも終わりもない。陰陽二気に分かれるがそれにより万物が生まれる。生じ来たることを生といい、また元の道へ帰ることを死と称すると、老子に近い教えであるが、現代物理や宇宙法則と整合性を持っている不思議がある。

空海は帰真《きしん》という言葉を用いているが、真に帰るは、自己が本来的に有する真実に気付くとの意味が含まれているとする。

しかし私は多くの僧が感じているように、源《みなもと》に還《かえ》るとして、やがて宇宙のマクロ的な存在に魂が同化していくが、そのところは宇宙世界であると思う。どんなところか正直理解できないが、少なくとも現世と糸で繋がっていると感じている。

上は仏の世界から下は地獄（細菌やウイルスの世界）まで、宇宙は尽《ことごと》く六大（地水火風空識）を出ないから、六大が根本となり、真理は如何なるところにも、時間・空間を貫いて永遠である。（教王教開題・理趣経開題・法華経開題に説いている）

空海は僧侶に説く死生観と庶民に説く死生観と二種あることに気付いた。

死後のことはありがたいことに性霊集の文章『性霊集講義』（坂田光全著 高野山出版社1942）に記載されている。亡者への願文と嚫《たっしん》文を読むとおぼろげながらその内容が理解できる。

先ず平安時代初期には庶民が死亡したら、剃髪《ていはつ》引導の型式はあったかは分かっていない。戒名や位牌は存在しなかった。

願文や嚫文には故人の追慕の言葉や、密教の教えを説き、在家庶民では釈迦の十二因縁や諸行無常の通仏教を示している。

亡くなった僧には、年月を経て多くの星々が北極星に集まるが如く、万民が真の世界に帰依するよう天下安楽を願い、仏果悟りに入ることを願ったり、常に楽しむ覚りに到り速やかに自覚を證せんとしたり、自他二利を満足させて、法執応身となって他のために死後も奉仕することを願っている。

一般人や亡婦・亡児には残された遺族を思いやり、気遣いをあらわし、やさしい心が感じられる。先ず気付くのは頓速成仏《とんそく》といっても、速やかに成仏することを唱えているわけではない。七七日《ひちひちにち》や一周忌でも表現の変化は感じられない。

それは死後の世界では、時間的関係はないと知っての上と感ずる。インドでは生死流転は、前世の死の瞬間（死有）から次の生を受ける刹那（生有）までの中間における霊魂身というものがあり、意生身ともいい、唯識集では七七日までは次の世に移行しないとしているが、一周忌でも成仏を願うのは、此の世だけに時間があるのであって、死には時間が存在しないのは当然でもあった。

最澄の天台宗

最澄（767〜822）は滋賀の古市郷（大津市）に生まれた。俗名は三津首広野といわれ、渡来系の豪族として育ち、12歳で近江の国分寺に入り、19歳で東大寺で受戒したが、奈良仏教を捨てて比叡山に登り、山林修行に努めて十数年の禅と思索を続け、呪験力によって朝廷の内供奉禅師《ないぐぶぜんじ》となった。36歳で高尾山神護寺に入って、法華経の講伝をして、朝廷の知れるところとなり、特待生である入唐還学生《にっとうげん》となり、空海とは別船で明州に着くと直ちに天台山に入った。

最澄が学んだことは密教だけでなかった。華厳経の教えのように、心・仏・衆生は無差別であって、草木国土《そうもくこくど》一切衆生《いっさいしゅじょう》悉皆成仏《しっかいじょうぶつ》を説いた。梅原猛氏は、これを仏教のアニミズム化というが、人の一生をどのように説くかについては自然現象の一部として説いただろう。厳しい千日回峰行を成就した人であれば、多分生死は此の世だけの現象と悟っていたと思う。一念三千《いちねんさんぜん》の心の働きと多くの事象があるとするから、本尊は久遠実成の法華経の釈尊としているが、最澄自身は薬師如来や諸尊にも帰依していた。いろんな仏の出会いを感応道交《かんのうどうこう》といって、心の仏と仏像が重なるとし、個々の人生は縁により諸仏があらわれるとしたから、本尊は定めない。

天台の思想は広くて融合的であり、唐の智顗《ちぎ》を高祖とするから、教えは広範であり、法華経系中心でも、密教系・法華系・浄土系・禅系が誕生する基礎ともなった。密教はといえば空海は深く極めたので、後に別派が誕生しても全て密教寺院であった。

天台で伝えられている思想教義として一念三千の法門があるとし、実体的に多数の仏があるのではなく、心の内に様々な仏が現れ、我々は仏と出会う（感応道交）ことになる。

中国での天台大師智顗《ちぎ》は塩入法道師『日本の仏教十三宗ここが違う』（大法輪閣編集

部 大法輪閣1998）から引用しようと思う。宗派のことはその宗派に聞けである。

最澄自身も禅・円・戒・密の四宗を伝承したとし、一大円教思想とし、機縁に応じて自分の教えを求めればよいとする。不偏性と融合を求め一宗派に凝り固まることはない。

他律的なことを無批判に受け入れることや、空に偏執したり法に拘泥《こうでい》することを法愛といい、絶対視して動きが取れなくなることを恐れる。一切を融通無碍に見つつ、より高い境地を求める。

朝に法華懺法《ほっけせんぽう》のお勤めをし、夕方には阿弥陀経と念仏の作法を行う。法華経の生命観と浄土の安らぎを感ずるから宗派にとらわれないことになる。

空海の方が教学的に奈良仏教と異なるが対立はなく、最澄は南都六宗や法相宗の徳一法師とも対立した。加えて戒律のことでも対立、全て大日如来に帰着するという。顕劣密勝説や円密一致を説くことにより、顕教も密教も高められた結果を生む。

しかし、浄土教も入っているからには、自ら成仏するのではなく、方便としては弥陀の浄土に往生するとするが、法華（円教）を第一としながら密教も大切にしたので、後の天台僧円仁《えんにん》は大日如来を仏頂《ぶっちょう》如来としているから、大日如来のもとへ成仏を願ったのであろうか、しかし法華信仰の如く、現世での功徳を積むことに重きをなした。

道元と曹洞宗の死生観と葬儀

鎌倉時代の僧・道元（1200〜1253）は幼くして父母と死別し、伯父に育てられるが、発心して叔父の良顕法師を訪ね、やがて天台座主の公円の弟子として道元と名乗るようになった。

道元は比叡山で修行するが、一切衆生への利他のために、修行の前に自ら目覚めなければならないとの思いから、園城寺の公胤《こういん》を訪ねた。公胤の勧めで、貞応《じょうおう》二年（1233）宋に渡った。

この時に明州の港に日本の椎茸を買いに来た阿育王山《あしょかおうざん》の老典座（食事の役僧）から禅の修行について啓発されたことは有名である。

天童寺で教えを受け、阿育王山の無際が寂《じゃく》したので、諸山を歴訪し天童寺にて如浄に学び大悟し帰国したが、その折白山妙理大権現《はくさんみょうりだいごんげん》が現れ、奇蹟があらわとなったという物語が今にある。

大乗仏教では法身仏・報身仏・応身仏の三身に分けられるが、帰依するのは分類される以前の釈迦如来である。しかし本来は礼拝の対象ではなく、自己そのものが仏であり、仏道でなければならないとして、ひたすら釈尊に近づくことを誓願とし、座禅（只《し》管打坐《かんたざ》）の修行をするが、悟りを目的とせず、仏としての行をひたすら実践する。悟りを求めるのは打算であり、修行にこそ悟りがあって、無所得・無所求・無所悟にこそ真実があるとして、修行をし続けるのであった。

道元は真理は表現できるとして「正法眼蔵《しょうぼうげんぞう》」の哲学書を著した。難解で、僧でも理解できる人は少なかった。福井県の山森で永平寺を創建したが、弟子は少なく、大きくしたのは能登の総持寺を開山した瑩山《けいざん》禅師だった。瑩山禅師は弟子に恵まれ、曹洞宗は二祖で成り立っている。

欧米では日本仏教とは大概は曹洞宗のことと思う人が多く、メディテーションの基礎となっている。

現在行われている葬儀の元は禅宗にあり、位牌を伝えたのは道元であるといわれている。それまでは死者の前でお経か真言を唱えたり、他界を願う願文を読んだりだけであったろう。夜中も続けて経を唱えたりするので、江戸時代末期にそれを通夜と呼んだ。

中国儒教の祭祀では木主・神主を祭祀具としたが、僧侶が亡くなると葬儀手順や位牌が登場する。位牌が日本に伝わったのは鎌倉時代だが、実際に普及するのは室町時代で、中国から渡来した高僧・建長寺・円覚寺等の禅僧が普及させたという。現存する最古の白木位牌は、応永2年（1395）に作られたもので元興寺に存在する。

曹洞宗の正法眼蔵は当時の庶民には理解できず、明治になって道元の死生観を『修正義』と題して新しく宗典とした。

「生を明《あき》らめ死を明らむるは仏家一大事の因縁なり」から始まる。

生死ということを明らかにすることこそ、仏教修行の最も大事なことであり、生死こそ仏の悟りと見るならば、生とか死とかはない。生死こそ悟りと心得るなら、生も死も厭うものでなく、悟りを願うこともない。その時に初めて生死の苦悩から解き放たれる。一大事の因縁と究め尽くせばよい。

生きとし生ける中で人間に生まれてくるのは難しく、仏教に会えることも稀《まれ》である。

今の我は過去の善因の助けによって、受けがたい人身として生まれ、ありがたい仏法に会うことができた。生死流転の中の得難い生である。こんなありがたい生を受けたのだから無常の風に任せてはならず、はかない命は、いつ露のように道の草葉に落ちてしまうかもしれない。人生は止まることなく、やがて変化して、やがて死が訪れると述べている。

善因善果・悪因悪果は過去・現在・未来と続いていき、善悪の因果の道理は違うことがない。この道理はインド・中国・祖師へ伝わった。

現世の行いの報いを現世で受け、または現世の行いの報いを次の次の世で受けたり、現世の行いの報いを後に受けることによって仏の教えを信受している。

それを知らなければ、人は報いがないと思い込み悪事をして地獄・餓鬼・畜生道に堕《お》ちて苦しみを受ける。等々を記し、釈尊や祖師たちは、そんな人を憐れんで慈悲《じひ》で救わんとしているという。

悪業や報いは必ず受けなければならないが、懺悔《さんげ》することにより、重い罪を軽くして、罪を洗い流してくれるから、誠の心をもって懺悔すれば功徳により信心を強めてくれると……。自分だけでなく、有情非情にかかわらず、あらゆるものに恵みを与える。だから過去世において悪業を積んで、仏道修行を妨げる原因があっても、諸仏・諸祖よ、どうか悪業煩悩から解放され修行が続けられますようにと死後にも正しい行為を望んでいる。

貪瞋痴《とんじんち》の煩悩から離れ、不殺生戒・不偸盗《ちゅうとう》戒・不邪淫《じゃいん》戒・不妄語《もうご》戒・不飲酒戒（酒に酔わない）・不説過戒（人の過ちを責めない）・不自讃毀《じさんき》佗《だ》戒（自らほめ他人をそしらない）・不慳法財《けんぽうざい》戒（仏法を説くことを惜しみ、財産を施すことを慳《おし》んではならない）・不謗《ぼう》三宝戒（仏法僧三宝をそしらない）を受け持つこと。

それによって仏の果報がもたらされているとする。全ての戒を保てば、心が平静でいられ、人々は仏の子であると説く。

明治時代の口語で、葬式では一般参列者に分かりやすく唱える。

私は僧であるが、この全ては正直守られていない。現代において既に僧は指導者ではないし、特定の信仰に偏重することを多くの庶民は嫌う。だから良き僧に教えてもらうのは縁によるしかない。

山の宗教として三つの宗派を挙げたが、他にも宗派が存在するのは言うまでもない。しかし共通するのは、目に見えない法界・仏の世界を信じることが第一で、大きな力に生かされていることに感謝することが基本にある、ということだ。加えて自己に内在する仏心を高めるべく精進すれば、現在生かされている幸せを感じ取ることができる。大きな未知の世界の中へ、身を委《ゆだ》ねることは不安でないと思える。

里の村々の信仰と浄土

阿弥陀信仰と極楽浄土観

平安時代末では町に住む人口は少なく、地方では、ほとんどは農民であって、仏教にふれる機会は少なかったであろう。

庶民は仏を信じ修行による悟りへの道はほとんどないに等しい。下層の庶民は増加していったが、苦しみ悩み生きていくための救済を求めていた。

平安中期の空也は、尾張国分寺で出家し利他行を実践する僧であった。当時の庶民は仏教伝来以来、荒野に遺棄される死骸に対して古代のように祖霊が宿ると感じず、魂の抜け殻として考えるようになっていった。

だから死体は廃棄されることが次第に多くなっていったと思われる。空也は荒野に遺棄される骨を一カ所に集め、弥陀念仏を唱えて供養し、旅を続けていたと伝えられる。

空也は法螺《ほら》や錫杖《しゃくじょう》をもって、民家の間を回り市聖とも呼ばれたが、密教的側面を持っていた。

空海後の高野山では覚鑁《かくばん》のように密教へ阿弥陀信仰を融合しようとする僧もあらわれ、後に根来《ねごろ》寺へ移り開山となったが、高野山内にも念仏行者が多く集まった。半僧半俗の下層の人たちで、念仏谷に集まり高野聖といわれた。お大師様一代記を語り、遊行して勧進したりして、全国に大師信仰を広め、東北にまで弘法水井戸が存在し、大師信仰が全国に定着していった。

その頃は仏教が亡びゆくという末法思想が影響を与え、阿弥陀浄土信仰が藤原道長のような貴族にまで広がった。宇治平等院の本尊は阿弥陀如来である。平等院の鳳凰堂の扉絵についてはバイオサナトロジー学会で、米国の宗教学者カール・ベッカー氏（京都大学政策のための科学ユニット特任教授）が不鮮明な扉絵を再生した図で絵解きをして下さった。

扉絵は、上方に観無量寿経文が書かれ、阿弥陀如来が菩薩天人を従えて、臨終に近い人を迎えに来る図だが、いかにも日本的で、中国での浄土絵と異なり山々の景色と四季の花も画かれ、自然の風景そのものが浄土の風景として取り入れられたようである。

六道輪廻は地獄・餓鬼・畜生・阿修羅・人・天の間をぐるぐる回るものだが、人はインドの鬼神や畜生（動物）より善だとは言えない。人は本能的な食べる・性欲・寝る以外にも多くの欲望を持っている。地獄や餓鬼は人に存在しても、他の動植物には存在しない。自然を観察すればすぐに理解できる。万葉集にある自然讃歌は、鳳凰堂扉絵にも表現されていて地獄は存在しない。地獄はインド「倶舎論《くしゃろん》」に見られ、平安中期に源信が説いたが釈尊は説いていなかった。

仏教だけでなく、キリスト教・イスラム教には地獄が用意されている。戦争・紛争・ジェノサイド・独裁国家には現実の地獄が存在する。さらにそれに上乗せして地獄が待っているとすれば、現代の若者は宗教を忌避してしまう。

地球上では宇宙現象として、遠い未来には生命が断絶する。しかし、緑の地球は今のところ食物連鎖で生きとし生けるものが生命維持している。それでも永遠の地獄・極楽が存在し続けるのか、凡僧の私はその問題を最終章で問いたいと思っている。

法然（1133～1212）の信仰は地獄とは無縁である。

浄土宗の宗祖・法然の母は秦氏出身で、法然は父が死去して、天台宗菩提寺に預けられ、比叡山に登り皇圓の弟子となり、続いて黒谷の叡空に師事した。

中国の善導は浄土教に傾倒して、真言・天台内の浄土教を否定し、無量寿経を根本として中国の善導が「もし我仏を得ようとするのに、十方の衆生が至心に信楽して我が国に生善と欲して十念したとして、万一わが国に生まれなければ、正覚を取るまい」と十念称名念仏と阿弥陀称名念仏を本願としたが、法然は往生のためには称名念仏のみで阿弥陀浄土へ往生できるとした。

自力や修行で浄土へ行くのではなく、阿弥陀如来にすがることにより、極楽往生する他力本願を説いた法然から親鸞へと阿弥陀念仏信仰が進んでいくと、無量寿経・観無量寿経・阿弥陀経の三部経を所依としている。

浄土真宗の宗祖・親鸞（1173〜1262）は父・日野有範《ありのり》を4歳の時、母・吉光御前《きっこうごぜん》を8歳の時に亡くした。貴族の家に生まれた親鸞は9歳で出家、青蓮院慈圓の門に入る。後に比叡山に登り、京都六角堂に参籠して聖徳太子のお告げにより、法然の弟子になり専修念仏を行った。比叡山の圧力により法然は讃岐へ、親鸞は越後国府に流された。自らは愚禿《ぐとく》と号し、非僧非俗を信条とした。

後に赦免されたが、越後に留まる。恵心尼を妻とし、既に秘かに妻帯した僧がいたが、日本で初めて妻帯した僧であった。後に上野国・常陸国と旅した。

親鸞は信の一念により往生決定するといい、念仏は人として生まれてくる仏恩に感謝するためといい、それに何となく私は納得してしまう。だが、仏恩感謝の誠の心を持ち、南無阿弥陀仏と心から唱えることを易行道とすることこそ難行であると感じてしまう。

そこで浄土真宗本願寺派総合研究所発行の『死んだらどうなるの？』（岡崎秀麿、冨島信海著 本願寺出版社2021）を読んでみた。私が記すより分かりやすいと思う。

「仏教でいうあの世とは、さまざまな仏さまの世界を言います。日本で最もポピュラーなのは阿弥陀さまの浄土です。西方にあることから西方世界、苦しみがないことから極楽・安楽・安養国などと言います。では阿弥陀さまの浄土とはどんな世界でしょうか？それを知るに一番良い方法とは、お寺に行くことです」。例えば平等院鳳凰堂・中尊寺金色堂・本山である西本願寺等を挙げている。

「浄土とはさとりの世界です。私たちはこの世の命を終えると浄土に往生し、すみやかに悟りを開かせていただきます。浄土はそうした人々が集うさとりの世界なのです。仏さまはあらゆるものを救おうとはたらかれています。大切な方が、浄土に行かれたその時に、その方もさとりを開かれます………」

私は罪深く残念ながらこの様なイマジネーションが湧かない。私は密教僧であるので両界曼荼羅に囲まれた御宝前で心が落ち着き安定する。

どんな浄土を望むかとすれば、台湾の知人に案内された、阿里山山脈の標高2000mにある、2300歳の桧《ひのき》とその周辺の森が最も相応しい。大地が青苔に被われた深い森で、見上げなければならない大きな石南花《しゃくなげ》があり、桧の枝から霧藻《きりも》が垂れ下がっている。木の切り株の上で道士が仙人のように座禅していた。その道士たちに小屋でいただいたお茶は今も忘れられない。

空山人ヲ見ズ　但聞ク人語ノ響ヲ
返景深林ニ入リ　復タ青苔ノ上ヲ照ス　王維

の風景が好きだ。那谷寺には千叟室《せんそうしつ》の茶室が国名勝指定園内にある。二畳台目中板の小さな空間であるが、周辺は青苔と巨木で緑が一面を被っている。小さな窓から見える紅葉の小枝は風で揺らいでいる。遠くからさえずる鳥の声を聞いて、この質素な空間も浄土かとも思う。

阿弥陀経にある極楽浄土は、金銀珠玉で飾られ、派手な鳥が飛び、花の雨が降り、音楽が流れる。ベルサイユ宮殿のようなシンメトリーな空間と、池のきらびやかな宝石がある風景は、インドの人が夢見たであろうが、日本人にはどうも落ち着かない気がする。単なる比喩ならそれで良いと思う。

それでも親鸞の教えは、阿弥陀経に頼っては見えないかも知れない。唯円《ゆいえん》がその師・親鸞の教えを記した「歎異抄《たんにしょう》」が私には理解しやすい。

浄土に生まれることを願う人を全て救ってくれるとの教えだが、誤解する人も多く、近くで常に教えを聞いていた唯円は、後世の人のために記していた。『親鸞が導く歎異抄』（釈徹宗監修 リベラル社2022）は、僧のためでなく一般の入門書であって、私には分かりやすい。

他力によって往生できると信じて念仏を称えようとの心が起こったとき、阿弥陀様は決して捨てられることはないと、気付いたところから始まるという。

有名な「たとい法然聖人にすかされまいらせて、念仏して地獄に落ちたりとも、後悔すべからず」は親鸞の揺るがない思いが感じられるとする。

「善人なおもて往生をとぐ、いわんや悪人をや」は煩悩を抱えながら悩み苦しんでいる人を悪人とする。修行成就できる人を善人とすれば、その意味が理解できる。

念仏や浄土往生が喜べないのは、親鸞も唯円も同じと、すがすがしく正直でもある。それは内にある煩悩のせいで、感情を偽っていない。

「例えば、人を千人ころしてんや、しからば一定すべし」と問えば、唯円は私の器量では一人も殺せそうにありませんと答えた。親鸞は何事も自分の意志で選択して決断しているとするが、縁がなければ頭で理解しても行動をとることはできない、人の意思や分別は不確かなものといえる。人は善悪で行動していると思っているが、自分にはそのつもりがなくても、人を殺すこともあり、だれしも煩悩を抱えた衆生であり、迷いの世界に生きているとする。この言葉には私自身も同調しそうで、歎異抄は迫力がある。

近年、山折哲雄氏は最近の僧侶の通夜での法話は迫力が足りないと言っている。それは浄土や他界を説かず曖昧に語るからで、あの世について語らないのはためらいであるから、そんな法話はいらないと思う。

話すなら火葬の間や七七日の間に遺族と充分な時間が取れれば、その間に話ができると思い実行している。真宗では二種の往生を語れば納得する人も多いと思う。

和讃には「南無阿弥陀仏の廻向の
恩徳広大不思議にて
往相廻向の利益には
還相廻向に廻入《え》せり」

とあり、場所を変え時を超えて、救世観音が自由自在に現れる世界が、晩年の親鸞の世界観であり、二種廻向の思想が深化されたもの、生まれ変わり死に変わりして衆生を救い、教えを普及することと私は解する。

親鸞の教えが戦国時代に広まったのは、宗派の力ではなく、親鸞が還相廻向を弥陀より頼まれて利他行をしたからかもしれない。

片や一方真言宗空海の奥之院入定説だが、物理的に例え火葬されたとしても、心眼が開かれて「秘密荘厳心」を悟り、そのまま生命・福智・慈悲と結合して活動していると思えばよい。密教の深遠な教えや、大日如来の世界の理解は庶民には縁遠い。しかし高野山の奥之院で一心に参拝すれば、我思いを大師が聞いて下さるとして、そこに訪れるのだろう。

本来・大曼荼羅の世界は「悟故十方空・迷故三界城・本来無東西・何処有南北」であり、中心もなく南北もなく姿もなく、仮の姿として仏や菩薩で現れている。姿はなくとも衆生の誓願により奥之院にも現れ、四国巡礼の折りにも同行二人として寄り添って、恵みを与えてくださると思うから、何度も足を運ぶのだろう。

奥之院維那《おくのいんゆいな》（奥之院を護り毎日お勤めをする職）の三井英光師は、『真言密教の基本』（三井英光著　法蔵館２０１９）で多くの思いを語られている。大師は神秘体験をされた方だが、自性法身の恒常の説法を強調され、「大宇宙に満つる神秘実在の限りなき展開が、天智に連なる万象となって顕現」が入定なのだ。

はばかることなく、空海・親鸞は浄土真宗の言葉を借りて言わせてもらえば還相廻向されているので、全国にお二人の信者が多くなっているのだと考察する。

法華経と日蓮宗の教え

日蓮（1222〜1282）は自ら海女・賤民《せんみん》の子と名乗った。比叡山で涅槃経の「法に依れ・人に依らざれ」の教えからやがて法華経至上主義に到達した。仏教各派を知るため京都・奈良の寺院をめぐり教学を覚え、特に浄土教と対抗するため鎌倉へ戻り、清澄山で立教開山したという。既成の宗派を嫌い、「念仏無間・禅天魔・真言亡国・律国賊」を唱えて各宗に宗論を挑んだ。

現世を末法時代と言い、法華経の教えを実践することを第一とした。邪法を除き仏教を正すとして「立正安国論」等を著した。その内容は法華経を中心にして政《まつりごと》をすれば国は治まるとしたというものであった。法華経は現世において仏の教えを実践して、安穏と平和を実現し、人々を幸せにする教えだから、社会の為政者にも改革を求めた。

時あたかも地震・台風・洪水・疫病・飢餓は仏教の間違いから起こるとした。蒙古襲来も予想される時代で、日蓮に帰依する人が増えていった。

法華経は未来の予言を含んでいるとし、法華経を信じなければ災難が多くなるとして、他宗の批判を先鋭化していった。幕府は日蓮の行動を弾圧して斬首すべきとの意見もあったが刑を軽くされ、佐渡に流されたが、後に許され身延山に入山する。法華経に説く釈尊の姿が本尊で、法華経は現世における行為そのものを重視して、そこに永遠の生命を求めた。究極は「南無妙法蓮華経」と唱え法華経を讃合した。本仏釈尊の永遠性を示した「如来寿量本」を中心の経典とした。あくまでも釈尊の涅槃を中心に据えた。日蓮は釈尊が法華経を説いたという霊鷲山《りょうじゅせん》は浄土とされ、晩年は霊鷲山に到ることを望んだとされる。

宮沢賢治は法華経の信者であった。死後の世界の星へ向かう少年カンパネラと共に、天国行きの不思議な汽車に乗り旅をしたジョバンニの夢物語には、死後の世界に対する賢治の思いが込められている。

法華経の常不軽菩薩《じょうふきょうぼさつ》のような他人への捨身の行為は理想であり、賢治は農民への奉仕活動をいつも考えていた。死の床にあった賢治の最後の詩で、「雨ニモマケズ…ミンナニデクノボートヨバレ、ホメラレモセズ・クニモサレズ・サウイウモノニ・ワタシハナリタイ」と記し、昭和8年（1924）に世を去ったが、彼こそ真実の法華経信者であったといわねばならない。

江戸期の宗教統制と寺院

封建時代の安定した寺院

鎌倉幕府も終焉し王朝が復活したのは一時的だった。両朝はそれぞれの正統性を主張し戦国領主は南北朝に加勢し長い戦いの時代もあったが、室町時代はその終焉で、再び武家政権となった。

地方士族とはその地域で農業を営み、武力の特権を認められた郷土集団をまとめた城主である。そんな城主をさらにまとめたのが、足利幕府であった。

京都や地方の中心の町では、商工業が発展した時代であったが、やはり地方は農業中心であり、農地拡大した農民と小作に分かれていき、貧富の差も拡大し、地域の支配者の過酷な税の徴収により、農民の抵抗もあったという。

国内では大多数の庶民は、天候不順による不作・飢餓・疫病による死の恐怖に脅える日常生活を送り、夜明けから日没まで農作業をいそしんでも、豊かな生活は望めそうになかった。

そんな人々にとって死後の極楽往生の教えは救いになったに違いない。親鸞の教えは当時代に広まったのである。

教行信証「もしは因、もしは果、一事として阿弥陀如来の清浄願心の廻向成就したまえるところにあらざることなし」、自分が救われ往生するのに必要な行や信も、その果としての実体も、全ては仏の方から廻向されているから、仏に縁をいただくだけで、必ず弥陀は救ってくださるという教えにより、仏の教えを知らない庶民でも安心《あんじん》を得ることができた。親鸞の教えは、蓮如が本願寺8世となったとき、農民を中心として急速に広まっていった。

近畿や北陸での郷村では信仰集団が結成され、自治する集団となり一向一揆を起こした。加賀では一時期、僧侶・土豪・農民のもてる国が成立したが、後に織田信長の天下統一の軍により、本願寺11世の顕如《けんにょ》の時代に一向一揆軍は滅んでしまった。

一方、来世より今世での利益を求める京商人を中心として日蓮宗僧侶が増えていった。法華宗一派は比叡山と対立していたが、多くの寺院が建立された。

室町時代には伊勢神道が興隆したが、中心にはなれなかった。中心になったのは吉田神道だった。神道界の統一を図るべく、神祇斎場をつくり吉田神道（唯一神道）を興し、記紀神話の神々に加え、道教の神々まで習合した神道である。真言宗伝燈会の高見寛恭師より私は伝授を受けたが、おかげで有り難く何回も記紀神話を読む機会が与えられ、前述の如く逆に、記紀神話の不審の部分を知る著書に巡り合った。

さて戦国時代には西欧文化が入り、スペイン生まれのフランシスコ・ザビエルは鹿島でキリスト教を伝えるが、何冊かの歴史書を読むことにより、恣意的にならないよう、普遍的に記してみた。

織田信長は新興の仏教に対抗させるため、キリスト教を利用した。高山右近など熱心な信者も増えた。秀吉も同じく保護したが、改宗者が多くなり、西欧への危険を感じ、後に禁止令を出した。

慶長年間には徳川家康が天下を執り江戸幕府を開いたが、当初はキリシタンを認め支倉常長《はせくらつねなが》をローマへ送ったが、慶長18年（1613）にキリシタンを禁じ、聖母マリアの板絵を絵踏させたりしたが、改宗すれば許された。

寛永12年（1635）に幕府が行った宗教統制には、官僚的武士団の幕藩体制の維持をはかり、寺院の巨大化を防ぐ目的があったが、二年後、島原の乱が起こったことから急速に実施されていった。

将軍秀忠の名で寺院法度制度が実施されたが、寺院・僧侶を統制することで現状維持のまま固定するのが目的であった。

㈠各宗本山・本寺は末寺院を統制すること。

これは本山にとって都合がよかった。

㈡経済的には将軍が寄進、大名・旗本も寄進し、40万石を寺院に与えた。

㈢キリシタン・日蓮宗不受不施派を禁止し、宗門改帳《あらためちょう》を寺院に提出させ、檀家制度により宗派各山の肥大化を恐れ家の宗教として固定化した。

さらに寛文5年（1665）には「諸宗寺院法度」により、各宗本山・本寺の地位を保障して本山に権限を持たせた。自由な布教や新寺建立や勧募も制限され、寺格・僧階まで規定され、住職資格の教学まで定められた。

一方仏壇だが、最初に勧めたのは蓮如であったが、寺の信者も檀家として固定し、葬式は寺院僧侶が行ない、死亡届も社寺奉行に提出、お家大事は幕藩大切にとって都合がよい。それ故、家に仏壇を置き、先祖を祀ることも奨励し他宗でも広がっていった。

幸いにも元禄時代は全国経済も繁栄し、寺院も経済的に潤ったので、寺院側からの反対もなかった。

享保年間（1781～87）の天候異変での飢饉では津軽・奥羽で20万の餓死者や、

九州でも被害甚大で、天保年間（１８３３・１８３９）にも飢饉が発生している。飢饉によって各藩で百姓一揆が発生しているが、不満は幕府や寺院に及ぶことはない。それは寺院ではそれぞれの檀家を持ち、墓地まで所有していることが多く、先祖が祀られていたからである。

各宗派本山では末寺が葬式を行うことになったからには、来世観・浄土観を明確にする必要があった。

真言宗では六大（地水火風空）の全てを𑖀（大日如来）で表わす。大日如来は不生不滅の生命であり、大日如来と不二一体になろうとする。三密修行は、有限な肉体の成仏を願うものでなく、生死を通じての覚りであると説く。覚りを求める私たちの菩提心は、大日如来の世界と一つになることが生死解脱であり、大日の曼荼羅の世界から出でて、𑖀字の本源に還ることの信仰を持つことが必要とされた。

檀徒には、過去・現在・未来は大日の密厳浄土の内にあって、弥勒浄土である「兜率《とそつ》天《てん》」に迎えられ永遠の生命を得るとして説かれたが、現代もそのように説かれている。浄土についていては他の宗派でも浄土論が説かれるが、間違いを侵すといけないので割愛する。死後の世界がなければ僧侶は葬式を勧める必要もない。

ただし浄土真宗では、阿弥陀仏は、既に死者の全てを廻向されていて、他力によって救われているとするから、葬式では大悲の救いを受けた上での「報恩感謝」を示すのである。

幕府の寺院保護施策は、各宗本山にとっては存続を保障されたもので、まじめに葬式・法事の壇務をこなし、御本尊を拝し境内整備を続ければよく、祈祷寺も衆生の安泰と現世利益を祈願すればよく、何の問題もなく、改革を実行すればかえって寺社奉行に軌道修正をさせられる。

寺院関係では本山末寺関係や、師や弟子の関係に配慮すればよく、他宗の人を寄せることはなく、悠長な僧侶も増えたし、信仰宣揚に奮起する僧侶も多くなく、幕府も安泰であった。

一方、修験は山伏とも言う。山伏は以前から存在していて江戸期も認められていた。庶民の中で祈祷したり、名山に登拝するツアーコンダクターのように案内する御師《おし》集団も活躍、家内安全・厄除・病気平癒など行う民間宗教者もあった。

一方、現世利益で利益ありとした社寺詣も盛んとなって、お伊勢参りは200万人以上とされた。それに伴い富士講登山も盛んとなった。

江戸中期から仏教から神道への復興運動もあり、水戸藩主徳川光圀が大日本史を編纂し、水戸学を唱え、天皇史も明らかにした。本居宣長の門人の平田篤胤は、仏教批判を主張したり、幕末には寺院法度があったにもかかわらず、現世利益の流行は、さまざまな宗教者が出現した。神仏習合の稲荷・弁天・金毘羅・七福神信仰も広がった。

尊王思想が広がると黒住教や天理教・金光教や法華宗系の講まで誕生し、幕府の規制が通用しなくなり、やがて倒幕運動が盛り上がる時代になると、仏教界も混沌となってしまっていた。

江戸期に新しい宗教が勃興しなかった訳でもない。明国の僧・隠元は黄檗《おうばく》宗を興した。分けても、江戸末期の真言宗教僧であった慈雲《じうん》は密教はもちろん、儒学まで学び梵字等の言語学を学びながら釈迦の教えにも傾倒して、インドに渡ることを夢見ていた。一方庶民に分かりやすく説法するため、基本となる十善法語を説いた。この時代、国内だけでなく、国際的に善知識に学んだのは、慈雲だけである。加えて神道にまで研究は及んだ。

自由人・寺院を持たない円空と良寛

封建制度の中で寺院を持たず、檀家も持たない僧が現れた。円空と良寛である。

円空は江戸初期（１６３２〜１６９５）の修験者で仏師・歌人でもあった。江戸期では有名でなかったが、柳宗悦は悟人としてその芸術を理解した。五来重氏は円空のことを、木地師と言って碗を作る職人の出身で田舎僧としている。円空研究は『円空仏』(長谷川公茂《まさしげ》著 保育社１９８２)と『歓喜する円空』(梅原猛著 新潮社２００９)が詳しい。お二人は実際に円空の足跡を辿るため、北海道まで調査の旅をした。

梅原猛氏には安田喜憲氏の紹介で、那谷寺で「白山と泰澄」と題して記念講演をしていただいた。最初講演内容が「白山と円空」となっていたが、拙寺が泰澄開基と知って、「白山と泰澄」に変更された。その頃梅原氏は円空の顕彰にのめりこんでいた時期であった。

そのため、講演会後に私は長谷川・梅原氏の著書を読むことになった。現在では、円空仏は精神性を意識しデフォルメされた芸術として、外国でも評価されている。

円空は美濃の長良川の桑原輪中《わじゅう》の出身で、洪水で九歳の時に母を亡くして、父がいないまつばり子(私生児)といわれ、孤独な少年期から放浪癖があったのかもしれない。

近世畸人伝に載ったのは、飛騨千光寺の住職俊乗との仏についての語らいが伝わって記されたのが初めで、俊乗と利他の心を持ち旅を続ける円空とは、志が同じであったのだろう。今の千光寺・大下大圓師と円空はスピリチュアルな性格として似ていると思う。

愛知県師勝町高田寺で密教修行をして僧になるが、この寺の本尊薬師如来は行基作と伝えられる。高田寺には白山神社があり、伊弉冉《いざなみ》・白山神が祀られ、そこで白山と泰澄を知り生涯忘れることがなかった。

円空は初期神像を彫り、伊勢では文殊菩薩を残している。この頃は32歳で伊吹山で修行して、修験の道を歩き始めた。

多くの寺を訪れ尊像を彫り寺に残したが、決して寺に留まることはなかった。それは封建制度に縛られなくて、自由な活動をしたかったからだろう。関市では弥勒寺を再興するが住職にならず、放浪を続けた後に、泰澄の子孫という西神頭家《にしごとうけ》に厄介になるが、主人の安高が亡くなると、安高と円空の母の菩提を弔おうと恐山まで旅をする。

青森県下北郡長福寺の十一面観音は180㎝の大作であり、また北海道より帰った時の、秋田県男鹿半島・五社堂の十一面観音は秀作といわれる。

梅原氏は両十一面観音は、東北まで広がっていた白山信仰で、その功徳は農業の水神であり、此の世では人の安泰を願い、あの世では極楽浄土へ導くとされた。

蝦夷地では死者を供養する「来迎観音」を作り、恐山では死者供養と、円空には常に死の影がまとわりついている。この後尾張へ行くが、阿弥陀如来・十一面観音・龍神や護法人が多くなる。

円空の歌や絵は関市の高賀神社の大般若経から発見、歌は1600首と画は184枚で、長谷川・梅原両氏は、絵を画いた順に並べ、円空が法華経の悪人成仏・女人成仏を示す「授記」としたが、物語を完全に解くことができなかった。

法然と円空は阿弥陀仏から光背を取り除き、庶民に近づけた僧であるが、密教僧である円空は往生を説かず、成仏説に執着していたとする。

円空は活動範囲が広く、私は一部の地域しか歩けなかった。江戸末期の僧良寛（1758~1831）の人柄には何か惹かれるものがあった。出雲崎を中心に三日間歩き、良寛に関する数冊の本を読んだが、宗教者の著書ではなく、生涯にわたり良寛研究をライフワークにした著者の『良寛 旅と人生』（松本市壽著 角川学芸出版）を主軸として考察する。

江戸末期は幕府の「諸宗寺院法度」も緩んできて、良寛のようなはみ出し僧も居場所を確保できた時代であった。

良寛は現在の新潟県三島郡出雲崎の橘屋の7人兄弟の長男として生まれ、山本栄蔵という。町名主を兼ねた家系である。栄蔵は7歳で地蔵堂の三峰館で四書五経など儒学を学んだ。

栄蔵は論語を愛し儒学のみならず、文選・唐詩選などよく学んだという。だから経典や漢字のことは既に理解できるようになっていた。17歳になると父に呼び戻され、名主見習い役として橘屋に勤めたが、父と同じく商業の才なく、「名主の昼行燈《ひるあんどん》」と呼ばれた。

橘屋は落ちぶれて、終に栄蔵の妻は離婚し実家に戻ってしまう。加えて父新左エ門はよく紛争を起こした。

そんな日常生活に嫌気がさし、後継ぎを放棄して会津へ逃走するので、橘屋は弟の由《ゆう》之《し》が継いだ。

栄蔵は仏門に入ろうとしたが、志し篤かったかどうか分からない。出雲崎の光照寺に身を寄せるが、丁度、現在の倉敷市の円通寺国仙《こくせん》和尚の目に止まったのが縁で、円通寺の国仙和尚のもとで修行、「良寛」と名付けられた。12年間禅僧としての修業に明け暮れ、日常の作務をこなし、托鉢の乞食行を続けた。

寛政5年（1791）国仙が示寂すると、円通寺を去り諸国遍歴する。その間荘子に心酔していて、人生の幅も増し心豊かになっていく。京都桂川で父新左エ門が入水自殺し、その供養のために故郷に帰ったが、寛政9年（1797）40歳で国上山《くがみやま》の五合庵に居住した。良寛は曹洞宗だけでなく密教や浄土教まで学んだ自由人である。

五合庵では乞食《こつじき》を続け、無欲にして清貧を楽しんでいるが、友が酒を持ってくると共に酔い、只管打坐《しかんたざ》に徹するわけでもなく、自ら破戒僧としていて、同気相求むの如く人も集うようになる。和歌・漢詩を好み古今集・新古今集に影響されるが、万葉集の枕詞《まくらことば》も使用、良寛調ともいわれ、書は乞われるままにただでやり、江戸からまでも人が訪ねて来て、どんな人にも溶け込む柔和な人であると記録される。

文化7年（1816）橘屋は町衆と争い、弟由之は出雲崎から追放されるが、傷心の良寛は詩集『草堂集貫華』を記し、後世に残す思いに到った。

文化13年（1816）五合庵を離れ、国上山の麓・乙子神社の物置を草庵として市井《しせい》の人となったが、長岡藩主の牧野忠精《ただきよ》がその乙子庵を訪れる。「長岡に来ぬか」との言葉に「たくほどは風がもてくる落葉かな」の句を示し断ったという。

文政9年（1826）には、三島郡加島村の木村家の勧めにより、同家邸内の改築された木小屋に住むことになった。その庵室で良寛より40歳も若い貞心尼との贈合歌が書かれ今に残る。

最晩期に貞心尼が法弟となり、男女の愛を感じる歌もあり、包み隠さずてらいもなく歌い上げるのは良寛らしい。臨終に到るまでの二人の唱和の歌は「はちすの歌」に60首が収められている。実際には二人は恋心をいだいていても精神的な愛であった。この時代に素直な心を表現できるのはさすがである。

「うらを見せ　おもてを見せて　散るもみじ」は辞世の歌でなく、貞心尼の思いを含んでの表現でもあった。
天保元年（1830）夏に腹痛と下痢で床に臥すが、おそらく大腸癌と思われ、明けて正月六日、親しい者の看取りの中で静かに寂した。享年74歳、自分の内在的部分をさらけだして歌にする。こんな人は世に少ない。

【良寛の詩や歌の一部】

・「出家して」

出家して国を離れ
一衲一鉢凡そ幾春ぞ
今日郷に環って旧友を問えば
多くは是れ名は残る苔下《たいか》の塵

・「少年父を捨て」

少年父を捨てて他国へ走り
辛苦《しんく》虎を画いて猫にもならず
人有りて若し筒中の意を問はば

只是れ従来の栄蔵生

・「手まりつく長歌」
霞立つ　永き春日に　子どもらと　てまりつきつつ　この日暮しつ

・「うま酒を酌む」
さすたけの　君がすすむる　うま酒に　我酔ひにけり　そのうま酒に

・「自戒訓」
人の善悪《さが》　聞けばわが身を　咎《とが》めばや　人は我が身の　鏡なりけり

・「母の形見　由之に送った手紙」
たらちねの　母が形見と　朝夕に　佐渡の島へと　うち見つるかも

・「白雪の宇宙世界」
淡雪の　中に立てたる　三千大世界《みちおほち》　またその中に　泡雪ぞ降る

・「俳句に芭蕉に続く人なきを」
新池《あらいけ》や　蛙とびこむ　音もなし

良寛は心優しい人で、このような逸話がある。五合庵に住んでいたころ便所に竹の子が生えた。屋根につかえるほど成長した。そこでロウソクで屋根に穴を空け、竹の子を助けようとして、失敗し便所を焼いてしまった。

子ども好きで、一緒に遊ぶ交わりの歌も多い。しかし、その時代の僧侶の嘆きを詠んだ52句の長詩も存在する。それは幕府の宗教統制が招いた結果であると思う。やがて来る廃仏毀釈の時代が予感できたのであろう。

落髪して僧伽《そうぎゃ》となり乞食して聊《いささ》か素を養のふ　自身己に此くの如し　如何ぞ清悟せざる……。

自分は求めずして僧侶になったが、托鉢しながら命を養っていると、自ら戒めながらも、今釈子と称し、行も無く亦悟りも無し、徒に檀越の施を費し、三業相顧みず……。

僧侶は仏弟子といわれているが、行もせず悟りを求めない。いたずらに檀務だけに頼っていて、身口意を改めることもなく、人を集めて大げさな問答をして、不適なことに頼って明け暮れ、外では高僧としてふるまい、老人を迷わすのがやり手の僧である、と手厳しい。

密巌院発露懺悔文（覚鑁《かくばん》の僧として戒を守るための懺悔書《ざんげ》）を私は山中でただ一人で求聞持法を修するときに内省のために読んだが、今は全く自戒ができてない破戒僧である。良寛の僧への批判の文を読むと後ろめたい思いがする。

ここ近日に夢を見た。境内を歩いても家の中にも誰一人いなく、障子も破れていた夢は、恐怖であり目覚めた。ベッドに座していると幕末の僧侶は同じことを感じていたに違いないと思えた。

後述するが、今の仏教界も衰退が始まっている。旧統一教会問題もそんな隙間に発生した。保護をしながら規制を加え継続しても、100年経ると全て衰退する。

社会福祉法人も宗教法人も同じだ。しかし社会福祉、特に介護老人施設が今のままでは存続できないことは経営者も職員も知っている。20年後は如何にあるべきか、問題を共有しながら努力を重ねている。

大切なことは①世間（ご利用者）よし②職員よし③経営者よしであった。全ての満足度を上げる努力が必要である。もう一つはサービスマンパワーであり、現在不足している。①と②の満足度達成には有能な職員を採用。サービス＝service＝接遇と貢献を高めることにあった。

しかし日本はサービス業界は人口減少により、現状維持は難しく、2040年には、三分の一の人不足は確実で改善は不可能。しかしアジアでは人口過剰の国もある。3年前から日本の介護専門学校だけに任せるのでなく、公益事業清水基金で培った海外での職員を受け入れている。コミュニケーション能力は充分にあるし、自生園常務・園長はタイ日本語学校経営者と友人関係にあった。

将来性を考慮すると、技能実習制度という海外に評判の悪い制度は無視して、タイの日本語学校でscholarship＝奨学金制度を利用し、その支給金を自生園負担としたら、多くの人が日本留学を希望し、優秀な職員が毎年採用されている。

多分私が亡くなる頃の自生園は、タイやラオスの職員が三分の一以上を占めていると予想できる。その頃には国境の壁は大した問題にならない時代になっていると思う。

ベッドに座り頭の中を空にしたら、瞑想時間のように多くの事柄が浮かんでは消えていった。その時気付いたことは、今の日本はグローバル化できず処理しにくい課題を先延ばしにしてしまっているということにあった。歴史を読めば分かることだが、だいたい80年～100年ごとに栄枯盛衰を繰り返す。宗教史も同じに思えてくる。江戸末期は宗教の混沌の時代であり、明治維新の廃仏毀釈を経て、仏教界は随分変化した。

明治維新は1868年であった。それより77年後、日本は太平洋戦争で敗戦したが、2年後に新憲法が施行され実際に行使された。その後70年以上、日教組など左傾化する中で、教科書から仏教や神道の文字を消そうとしていた。今はその運動はないが、完全に宗教が教育から消えた。子どもたちは宗教については知らないに等しい。

加えて僧侶は①宗祖と教学に熱心②寺院興隆に熱心③檀信徒の確保に熱心だが、檀信徒を上から目線でcustomer＝顧客・お得意様と見ることに嫌悪感を覚えてはだめだと思う。自生園の福祉では利用者のことをご利用者という。寺院では訪れる方々の満足度を上げること、一般事業者が第一とするお客様の意識は薄れている。今の子どもや少年が大人になる20～30年後、仏教界は今のままで繁栄するだろうか。私はそのことを思うとふと不安になった。

維新改革と仏教・神道の現代

明治維新と宗教界と政治の混沌

200年余り鎖国を続けてきた日本だが、長崎出島から西欧文明との格差が出来ていたことを、一部の人々は知っていた。

西欧諸国は産業革命の後は、アジアにまで植民地を広げ、イギリスは清国に対する軍事的圧力により、不平等交易で富を得ていた。

幕府は外国勢力がやがて日本に及ぶと予想していた。最初に訪れたのはアメリカ東インド艦隊司令官ペリー提督で、イギリス・ロシア艦隊も訪れた。

国内は開国論・主戦論・開国拒否攘夷論・尊王論・倒幕論が入り乱れ、混乱の時代となる。

日本の幕府内には進歩派もいたが、国内はまとまることなく、時間稼ぎに終始していた。しかし、日本はやはり庶民教育が盛んで、識字率も世界トップクラスであり、器用であったため、アメリカからの機関車の模型で、民間で蒸気機関を造ったり、ロシア軍艦が沈没したらロシア人に習って洋式船を建造したりと器用であった。幸いに多くの国が日本へ訪れたため、覇権争いで一国の植民地にするのは不可能であった。

保守攘夷派の長州はアメリカ・フランスの軍艦を砲撃したが、軍艦からの猛攻により砲台は壊滅して、脅威を知ることになる。身替わりの速さで薩長が同盟し、討幕派が興って西郷隆盛や大久保利通が、公家の岩倉具視《ともみ》と共に大政奉還を求めた。時は孝明天皇が崩御し無色の明治天皇を担ぎ出し、戊辰戦争で将軍徳川慶喜《よしのぶ》が天皇に帰順した。簡単に記すが、内容はかなり複雑であった。

明治維新では神道を一神教とし国を強化しようと、キリスト教を禁止したので、宣教師が多く入国することはなかった。幕末の伊勢神道や各地のお礼参りや、ええじゃないかの風土病のような広がりは、欧米人にとって日本人は世俗的で、関心が薄いと異口同音に述べているのは、室町時代と大変な変化であった。

神道は単なるご利益中心の民間信仰とされていた。成り行きとして、天皇を中心とした神の国をつくらなければと、国の指導者が考えたのはその結果であった。欧米を訪れてみれば諸国はキリスト教（一神教）でまとまり、日本仏教は多くの宗派があり、まとめるのは無理と考えたのだろう。

明治維新の二日前に政権は「祭政一致」の方針を示し、記紀神話の虚構と皇国2500年の新歴史を作り、宗教無知となった国民へ廃仏毀釈を宣揚した。

奈良興福寺では僧侶が神官となったり、天台の日吉《ひえ》大社では仏像や経典が焼き払われ、薩摩藩は寺院を全廃した。伊勢度会《わたらい》・信州松本藩・越中富山藩は寺院の大半が廃絶させられた。

神道は元々その地域ごとの神々であり、多神教であったのに、皇祖を中心とする一神教とし、教部省が新設されてすっかり国家神道になっていった。
① 敬愛神国
② 天理人道を明らかにする
③ 天皇を奉戴《ほうたい》し尊王する
「三条の教則」の勅を出した。

一方、仏教側も真宗四派を中心として、信教の自由、政教の分離を求め、一部を認めて鎮護国家としての仏教に変質していった。拙寺境内には能美郡・江沼郡の真宗によって鎮護国家納経塔碑が建立された。その時代の寺院の混迷ぶりの状態が窺える。

高野山では尊皇派《そんのうは》の僧侶の活躍があり、四社明神が護られ幸いであった。

仏教は釈迦によって始められ、生死については四苦八苦・十二因縁にまとめられ、一切有情の死は免れず、死は摂理と悟って覚者となれば恐れはないとされた。「人はどこからきて、どこへ行くのか」が最も重要視され、それぞれの宗教でも天国を想像し、全ての教訓が死と関わってきた。

それだから葬式も行ってきた。現世の幸せを願う加持祈祷は密教だが、そんなに宗派は多くない。しかし世界の宗教で死と関わらないのが、むしろかなり少ない。日本仏教は他と融合して先祖供養に専心する。仏教を廃すれば、先祖を大切にする庶民の思いは何処が担うのか、廃仏毀釈のやりすぎを感じていた人々は、先祖供養を僧侶に要請し、葬式や法事は行っていた。

檀家制度が解体しても、先祖を祀る檀那寺を捨てるという行為は稀であった。日本が大国になりたいのであれば国家主義と家族主義・先祖は大切にしなければならなかった。

国家神道に明治中頃に異議を唱えたのは、植物学・民俗学の創始者・南方熊楠《みなかたくまぐす》であった。19歳から14年間アメリカ・イギリスなど外遊し、粘菌《ねんきん》類の研究を続けた知の巨人であった。

学風は一つの分野から全ての方向に、関連性のある学問に広げ、生物は単なる進化だけでなく、共生しあって生命をなしているとのことで、古来の神道の自然から生まれた神々を排することは自然への冒瀆《ぼうとく》とした。

南方は菌類から植物・動物までの関連性を研究、明治26年（1893）科学雑誌「Nature」にも研究論文が何度も掲載されるようになる。

この頃真言僧土宜法龍《どきほうりゅう》との交流や、中国の孫文との交流で、その知識は宗教や社会学まで広がっていく。土宜法龍も国際人であって、万国宗教会議に出席し、大乗非仏説論を否定し意見発表している。

土宜法龍師は高野山真言宗管長になるが、南方との交流は続く。

曼荼羅理解では宇宙論的であった。宇宙の原理は法身大日如来であり、森羅万象あらゆるものは法身の内にあり、全ては如来蔵であり、仏性が具っているとしたが、それは近代宇宙理論と神との関係を融合するものであった。

しかし天皇中心の神々で成り立つとした日本は、甚だ都合の悪い教説であった。南方熊楠や土宜法龍の登上は、まだ早すぎたのであろう。

住職の妻帯自由、世襲制へと変化し、世俗化したにもかかわらず、檀家を離れていくものは少なかったし、人口増加で寺も存続した。

各宗団は教学や修行研鑽のために、大正時代より宗門大学を次々設立し、傑出した僧侶や宗教学者も誕生した。大本教・人の道・霊友会・生長の家など新宗教が誕生したが、宗教界を席巻《せっけん》するほど勢力範囲を広めたわけではない。

日本帝国主義と戦争

李氏朝鮮は清国の属国であって衰退していった。放置すれば他国に属国にされるという理由で、征韓論は明治初年ごろからあったが、明治27年（1894）国力のついた日本は、朝鮮の支配権をめぐって清国と開戦し、清国に大勝、大連・旅順まで占領、遼東・台湾などの領土所有権を得た。朝鮮では清国の力が弱まり日本の支配権が強まった。

清国は西欧諸国に半植民地化状態にされたが、ロシアが東海鉄道を敷き、朝鮮半島まで迫ろうとしたのは不凍港がほしかったからで、それを防止しようとした日本は日英同盟を結ぶ。西欧との憂いがなくなると、日露戦争が開戦され、旅順で勝利、バルチック艦隊をも撃破したのは明治38年（1905）5月であった。しかし奉天の戦いでは、戦費が底をついていた。第一次ロシア革命が勃発し、ロシア軍が撤退したのは、日本には好都合であった。

アメリカの仲介により、朝鮮の保護権と樺太の南半分を割譲されたが、賠償金はもらえず、国民は不満で各地で暴動が起こった。

明治42年（１９０９）に国際人で朝鮮併合にも反対だった伊藤博文が朝鮮で暗殺されると、日本は朝鮮を併合して、半島内の道路・鉄道の建設を急いだ。

この時期仏教界が併合に反対したかについては明確でないが、日本領土となった台湾・朝鮮に各宗がこぞって分院を建立、諸国の神社も両占領地に建てられていった。

大正３年（１９１４）に始まった、ヨーロッパを主戦場とした第一次世界大戦は凄惨なものだった。翌年日英同盟を口実に、日本はドイツ拠点だった山東半島の青島《ちんたお》と赤道以北の南洋諸島を占領した。

明治以降、戦いをすれば勝利し、日露戦争の戦地旅順では日本側に多くの戦死者があったものの、阿鼻叫喚地獄の戦争を経験していない日本では厭戦ムードもなく、仏教界でも大きな反戦を唱える宗団もなく、加えて大正時代後の軍備拡張は国民の支持も得て軍部の力が強くなっていった。

中国の五・四運動、朝鮮の三・一独立運動を武力弾圧して後、欧米は日本を警戒し始めていた。いずれ日本を抑えなければと長計を立てていたが、欧米を敵視する陸軍には、海外留学者も少なく国際関係にも疎くなっていた。武器の進歩も学ぶことなく、例えば三八式銃は明治38年式で、第二次世界大戦でもこれで戦っていたのだった。いわば兵士は消費物のようであった。

第一次大戦後の日本は好景気で、大正6年（1917）ロシア革命でソビエトが誕生し、日本を含む列強は革命に干渉した。列強はシベリアに出兵したが、他国が撤兵しても、日本は大軍を4年間撤兵せず、国際的に非難されるようになる。

戦勝国である日本は、国際連盟に常任理事国として加盟したが、アメリカは中立、ソ連も外されている。軍部は海外事情にたけた人はいず、グローバルな動きを読むこともなく、国民のほとんどは天皇を中心として、国体の伝統的共同体論や、反西洋的なアジア主義に傾倒し、大新聞社もそのプロパガンダを煽っていた。

昭和恐慌が発生した昭和6年（1931）、満州事変（日本は戦争としなかった）を起こし、翌年に満州国を建国した。これで諸外国を敵にまわし、国際連盟を脱退した。昭和11年（1936）に軍事政権の成立を目指した二・二六事件が起きた。昭和天皇の鎮圧命令は、少しは軍の専横を遅らせたにすぎなかった。

私のような知識のなかった者でも、戦記と歴史を学べば、いかに過ちを犯したか理解できるが、当時では私もプロパガンダの強国への道に乗せられていただろう。

当時の歴史書を四冊読んだが、多数派の強い流れを止められなかったのは、時代の流れは勢いを持つと止まらないからだと知った。

アメリカは既にグアム・フィリピンを植民地にして、石油資源を日本に渡さないように計略していたように思われる。日本が何故満州をどうしても手に入れたかったのか分からない。

当時は共産主義の脅威もなかったし、満州には穀物が収穫できる条件が少なかったにもかかわらず、五族協和などといい、日本の地方から二男・三男の家族や朝鮮族を多く送り出した。

米国の開戦当時のＧＤＰは日本の12倍で、そこと戦うことは無謀と軍内部にも知っている人がいた。

日本は政策決定では寄り合い所帯といわれた。首相は国務大臣の筆頭にすぎず、天皇と統帥部《とうすい》は直結していた。それまでも国策には反対を避けるため、難しい言葉を使い玉虫色の文章を記した。しかしアメリカ開戦は、外交交渉が成立しなければ開戦と決定されたが、勝ち目はないことは分かりきっており、御前会議では総責任者はいなかった。

永野修身《おさみ》軍司令部総長は天皇に説明したが、天皇は「捨てばちの戦」と批判した。なんと情けない開戦に振り回されたのだろう。勝ったとしても３２０万人の犠牲者を出す戦争だった。

石橋湛山《いしばしたんざん》は「日本が中国や朝鮮の権益を放棄すれば、植民地を手放さないアメリカやイギリスが、決まりの悪い思いをするだろう」と善導していたが、軍は聞く耳を持たなかった。開戦に多くの人が振り回され、ミッドウェー海戦で敗戦が予想されたが、ドイツが有利に戦っていたので、休戦は考えなかった。

それならば昭和20年5月ドイツが無条件降伏した時に日本も従えば、沖縄・広島・長崎の多くの死はなかったであろう。

8月14日にポツダム宣言を受諾したが、その時総責任者はいなく、天皇が終戦宣言をした。私は世界で6000万人の戦死者があったことを思えば、やはり記録を読むだけに止《とど》めたくなった。

しかし人の生死については科学では理解できない。魂の存在を確信するに到った、不思議な体験を後ほど記したい。

墓の歴史と葬式

有史以前の墓葬

ネアンデルタールから始まり、古墳時代の一般葬については既に述べた。歴史を辿ってみて感じたことだが、仏教が伝来してから死者への追慕の念や、敬愛の念が芽生えたのでは必ずしもないことは理解していただけただろう。古代の遺跡には、宗教心の残像があると思う。仏教以前の姿をそこから読み取るのが、我々宗教人の仕事ではないかと思い、それを始めるのが私の使命だと感じて記している。

人類はおそらく数万年前から死者への慰霊の心を持っていたことが想像できる。特に縄文時代の土壙墓では、集落の中心地のストーンサークルの周辺に、あるいは住居を囲むように配置されている場合が多い。それは日常生活の中で死者を意識せざるを得ないからだろう。アイヌの長老の話のように、再び此の世に再生を願ったからかもしれないが、詳しくは分からない。

山田康弘氏の『縄文人の死生観』の中でまだ腐敗しきらない状態で埋葬された例もあるから、一時的に埋葬されても再び掘り返して、複葬・合葬されたと推考している。遺体は穢れと感じていないことが分かる。

複葬や合葬はｍｔＤＮＡでは血縁関係、および夫婦関係である場合に行われた。それにより再び共に他界して生活するか、此の世に戻って生活するか、いずれかを願っていたことが想起できる。縄文人家族の温和な思いを知ることになる。

渡辺誠氏からいただいた論文には、縄文貝塚に洗骨した人骨が丁寧に積み重ねてある図があって、おそらくは埋葬した人は被埋葬者が死後に食料に困らないように、貝や魚や動物の骨と共に他界へ送ろうとして発想したと考える。同じく女性の膣の中へ埋甕から子どもの魂が昇っていく絵は、再び母親の胎内から生まれますようにと祈りを込めて画かれたのだと想起する。

最も驚いたのは、安田喜憲氏からいただいた著書には、縄文早期の蝦夷地では、亡くなった子どもの足裏型を粘土で作り、住居の柱に掛けていたと書かれていたことであった。まるで現代における亡くなった子どもの遺影を仏壇に祀る行為と同じだが、異なるのは四六時中、その足型を見ていることにある。その時代の母親は見えない神や子どもに、何を思い何を願い何を感じていたのであろうか。その思いを同居する夫や子どもと共有して暮らしていたのであろう事実がある。

物質文明は近年には急速に発展したが、精神文明は一万年前とは前進したとはいえないことと少なくとも理解していただけただろう。

土偶の破砕についてはものごとが成就したら盃《さかずき》を破砕するという行事に、変遷しながら近年まで続いてきたと推考する。我々が何気なしに行ってきた伝統行事には、長い年代をかけて姿を変えつつ連綿と続いてきたのである。

縄文期には死者と生者が常に同居していた世界があったし、自然の中に住んでいる神々を敬い、あるいは恐れながら暮らしていたのだろう。

弥生時代は大陸から渡った稲作・漁撈文明が急速に広がった時代であった。弥生時代に長期に続いた集落は吉野ヶ里に見ることができる。稲作は定住が原則だから、集落も発展し大きくなっていく。墓地は大概環濠集落内に土壙・甕棺《かめかん》、後には石棺も現れたが、死者を集落から遠いところに埋葬することはなかったように思われる。ただし身分の上下ができて、地域の首長は方墳あるいは四隅突出型古墳に埋葬された。

縄文時代から、本人が日常身に着けていた勾玉の首飾りや腕輪は、副葬品として添えられているので、死後も同じ生活を望んでいただろう。

鏡は貴重品で姿を映す霊力があると信じられ、首長等の墳墓には納められるようになる。葬儀は分からないが、神が関わる儀式には巫女が介在したように思われる。特筆すべきは妻が亡くなれば実家で埋葬されることであり、死者が出ると一定期喪《も》に服す習慣があったようである。

古墳時代には大型古墳や円墳が全国に広がり、前述の如く、大王・豪族・地方首長・郷主の墳墓が存在する。子孫を護るため地上に留まるか、舟に乗って天国へ旅立つか、海の彼方へ行く、または地下根の国へ行く、杜《もり》にすむ。このように地域により信仰が異なっていたと思える。

勾玉については古墳時代に関する箇所に記したが、縄文時代に首飾りとして動物の牙から、やがて石のヒスイを使用し、緑色を好み勾玉へと移行していく。

お守り・胎児・稔りの願いと多くの説があるが、緑の色が多くてみどり児《ご》で、胎児の姿に移行と私は考える。あらゆる生命の誕生を祈ってきたのであろう。

古墳時代より大多数の庶民の墓地は稀にしか見つからない。古墳時代から集落に近い麓の山を端山《はやま》或いは神奈備山《かみなびやま》といって、死んだ魂が昇っていく山として、その麓に遺骸を埋めたので、その骨は土に返って残らない。

仏教が浸透した行基の時代も分からないが、道昭の火葬の遺灰は甕に入れられ、周辺は炭で囲まれていた。

聖徳太子の時代から、無念の思いで死んだ魂が悪霊となり地上を迷うとされていた。天平時代には藤原一族が、謀略により大王となるべき長屋王を死なせたこと、その後の藤原四兄弟の疱瘡による死は、日本霊異記等にある疱瘡流行もあり、大仏建立や天平写経の聖武天皇や光明皇后の作善《さぜん》行為に繋がる。歴史は正史だけでなく私史を読んで明らかになることを理解した。その行為は神泉苑が設けられた平安時代まで続く。

縄文・弥生・古墳・飛鳥・奈良・平安まで墓の歴史で見ると、葬送儀礼は行われても、特に庶民の遺体には無関心になっていくのを感じてしまう。

佐藤弘夫氏の『死者のゆくえ』にあるように、藤原氏は氏族の墓地は持っていたが、大事なことはその活動していた地域に埋葬されることであって、その地を訪れることはなかった。

『現代人のための葬式とお墓の日本史』（古川順弘著、新谷尚紀監修 洋泉社2017）によると、やはり庶民は簡易な土葬が主体であったという。野や河原、崖の横穴などに死者を置き、軽く土をかけ、自然に任せる葬法で、死者は腐乱しつつ犬や鳥に食われたり、土の中で腐敗したり、水辺であれば川に流されたりして消失する。西郊の化野・東山の鳥辺野などが葬地で、貴族も利用した。

中尊寺五輪塔

絵巻物『餓鬼草子』に、放置された遺体にも供物があると記載されていることから、簡単な葬送儀礼は行われたと思う。しかしその後に再び訪れることはない。

『続《しょく》日本後紀』によれば、承和9年（843）に朝廷では遺骨を鴨川などで焼却させたが、その数5500余りだったらしい。

あまりに多いので鎌倉時代に、一遍が火葬場を京都に設けたといわれる。

当時代には人間には魂魄《こんぱく》があると考えられ、死後魂は分離し、魄は骨の部分で、単に物体と見なされたと思える。

平安中期・鎌倉時代の葬送

五輪塔は真言密教が源流であるが、石造五輪塔の最古の供養塔と思われるものが、奥州平泉中尊寺釈尊院墓所にある。平安時代の仁安4年（1169）に建立され、おそらく日本最初の墓碑であったろう。同時代には高野山の空海が弘法大師として、生きたまま廟所に姿をとどめているとの信仰が広まり、鎌倉時代の「一遍聖絵《ひじりえ》」では、奥之院参道の両側には納骨と思われる塔婆が無数立てられているのが窺える。

記紀神話では伊弉冉が洞窟の中で死神となったり、出雲の大国主も他界の神で、あの世は近い国と信じられている。端山・神奈備山も人々の住所に近いところだが、高野山は八葉の蓮華の山々に囲まれ、空海が最晩期を過ごした入定の地として広く知られたことから、人々は納骨の霊場として選んだのだろう。

会津高野山八葉寺や東北代表立石寺・西国長谷寺・宝生寺・元興寺などに納骨所が設けられ、焼骨の後一部を納骨する人も存在したことは確かである。

浄土教の西方極楽浄土に往生を願った人もいたが、兜率天《とそつてん》往生は空海も説いたが、密教では兜率天には内院と外院があり、内院は将来仏となるべき菩薩が住んで説法している浄土への道すじであり、外院は欲界の衆生の住むところであっても、成仏行きの舟に乗ることを求めていたと思える。いずれにしても彼岸へ渡る夢幻の他界を求めていたわけだ。

尚、野辺や山・河原で弔いをする僧は「さんまい聖《ひじり》」といって身分は低く、差別されていた。白山の項で述べたように「白山長吏《ちょうり》」集団は葬儀専門職であったが、民俗学書で調べても、いつ頃できたのか詳細は明らかではない。

平安時代には民家で葬式に携わった関係者のかまどは別に用いたようで、殯《もがり》らしきしきたりはあったろうが、鎌倉期には簡素化されている。

中国大陸では、先祖崇拝対象として先祖になる死者の再生を願う伝統が残る。布に包まれ一定期間仮場所に安置されたが、もちろん再生した人はいないし、それが殯となっていた。日本では仏教と共に儒教の影響を受けていたようで、平安以前大王や貴族たちの葬送や殯には長い期間にわたって儀式が行われたのはその名残である。

浄土思想による阿弥陀浄土は、人は差別されることなく、南無阿弥陀仏と唱名すれば、阿弥陀如来に救われ、極楽浄土往生できるとした。だから死者は苦海である濁世から抜け出せば、遺体は脱け殻でしかなく、それが放置される事由にもなったであろう。

庶民は末法の世が当来すると信じ、極楽往生を願ったので、古代のように死者の亡骸《なきがら》に敬意が払われていなかったと思うのは私の錯覚なのだろうか。

しかし高野山は納骨霊場であるし、霊地への納骨風習が各地へ広がっていったことは、後の調査で分かるようになってきた。

民俗学者の柳田国男は魂は祖霊となって山に昇るといい、五来重は魂は遠い国へ旅立っつのではなく、祖霊として見守っているとの庶民信仰を論じている。また、折口信夫は人間の肉体は仮の宿で、魂は不変であると説いている。三氏に共通しているのは、庶民信仰は仏教を中心としながら、古代から伝わった日本古来の魂の行方について連綿と伝わってきた信仰と融合していると論じていることにある。佐藤弘夫氏の『死者のゆくえ』は、遠野物語が始まるのは里道からとする。柳田国男は明治43年（1910）、岩手県遠野地方の山野は、江戸時代とそれほど違わない古里の原風景があるといっている。

遠野物語の中には死の物語が多く、姥捨ての楢山節考のような暗さはないといい、「老人たちが肩を寄せ合って、ささやかな共同生活を営む隠居場のような雰囲気」という。物語では60歳を過ぎた老人が、蓮台野という地に住み、日中は里へ下りて手伝い、夜は再び蓮台野に帰る。そこは最晩期に心の整理をして、安らかな終焉を迎えるための安息地である。側のデンデラ野は村の近くの丘に作られ、村の全てが見渡せる墓地だが、ここで眠りやがて祖霊となり子孫を守護する。

我々僧侶が高邁な教えと信ずる説教は通じない。人々は霊は遠くの浄土へ旅立ち仏となるとは思っていないと感ずる。霊魂はこの地にとどまっているように見える。西方浄土への移行でなく、この地も霊山で時折、村人や子ども孫たちと交流できる。帰ることができる山とすれば、そこには古代文明が色濃く残り、そのＤＮＡを引き継ぐ東北人らしい。この風習は江戸末期まで残っていた特異な例である。

この世の浄土は高野山のような聖山もあるが、平地でも彼岸への通路と信じ、聖地として納骨していたのは信州善光寺であった。ここを訪れればたちどころに極楽往生できるとして多くの参拝者が足を運ぶ。

納骨については比叡山にも広まっていたが、恐山のような地方では如何であったろうか。

地方寺院の発掘調査では、その周辺部に埋納された遺骨が多く発見されている。経塚も発見されるが、納骨と同時に建立された例もあった。

一方葬式法事は経済的に豊かな人々や、僧侶には実施されていたようで、性霊集の空海の故人に送る願文があることで想像できる。

『葬式とお墓の日本史』では、一条天皇の葬儀について記される。

藤原道長が関白であり、実際の政権を支配していたが、一条天皇は寛弘8年（1011）6月13日に病により譲位し、20日に出家3日後に32歳で崩御した。

一条天皇は6月22日に危篤状態に陥ったが、時々念仏を唱え、集まった僧侶も念仏を唱え、加持も行われたという。それは源信が『往生要集』を著し、縁あるものは臨終の枕元で、皆で念仏を唱えて極楽往生を願う例と似ている。

しかし臨終近くなると諸卿らはいったん下殿した。この頃ではその場に居合わせると、触穢《しょくえ》と言って職務に携われなくなるらしい。この時代では死は穢れだと考え、死は伝染すると信じていたらしい。疱瘡が伝染している時代だから無理もない。天皇はいったん蘇生したが、正午に絶命した。

その後、陰陽師が呼ばれ、納棺・葬送の日時が決められたらしい。

同28日には棺が御輿《みこし》に移され、慶円《きょうえん》僧正と印源《いんげん》僧都によって儀式（葬式か）が行なわれ、大文字山の東麓で火葬された。翌日午前6時慶円・院源により骨が白壺に納められ、僧は光明真言を念誦したという。遺骨は京都市左京区鹿ケ谷の円成寺に納められ、8月11日には天皇が生前に使っていた銀の食器で観音像を造り、一条院で四十九日法要が執り行われた。

寛厚9年（1012）5月27日に円教寺で一周忌が行なわれ、寛仁4年（1021）4月16日に円融寺北陵に埋納された。

ここに詳しく記したのは、最も丁寧な埋葬を知ってもらいたかったからである。

それで一般葬はかなり簡素なことが想起できる。

五輪塔と板碑供養塔

五輪塔は覚鑁《かくばん》（興教大師）が五輪九字明秘密釈で詳しく説いている。

五輪は仏そのものの姿で、密教の卒塔婆《そとうば》であって、大日如来が衆生を救済する誓願に基づき、此の世に出現させた救済の象徴であり、図のように姿であらわれる。

下より地水火風空として、上より梵字で表わすと𑖏《キャ》・𑖮《カ》・𑖨《ラ》・𑖪《バ》・𑖀《ア》となり清浄な文字にも意味がある。

建立されたのは平安中期からで、霊験ある仏地として遺骨を埋納したのは、有縁の霊を浄土に引導する意味もあり、寺域では丘の上の見晴らしの良い場所で、多くの火葬骨が発見されていて、真言・天台両宗で建立され、近畿・京都に多い。

宝篋印塔《ほうきょういんとう》は宝筐印陀羅尼に基づいて、元は釈迦の舎利を祀ったのに始まるが、中国伝来の型式で、五輪塔と同じく遺骨を埋納した。

鎌倉や三浦半島・房総半島では、石で囲んだり、窟を掘って五輪塔を建立したが、納骨者不明であることが多い。後々まで参る習慣がなかったのだろう。

板牌は関東・東北に多く、仙台市青葉区東北大学植物園内にある三基の中には、高さ４ｍのものもある。正安４年（１３０２）の碑は不動明王の種子カンマーンが彫られ、

関東板碑元弘三年(1333)埼玉(重文)
石田茂作 日本仏塔より

覚鑁「五輪九字明秘密釈」より書写

その下には多数の人々の極楽往生を願う願文があるので「蒙古の碑」とされたが、元寇《げんこう》の役の戦死者の碑とも思われない。この碑を建立した人たちは極楽浄土へ往生する悲願があって、集団で建てたのであろう。

この時代は死後の世界の他界、すなわち西方阿弥陀浄土・兜率天浄土《とそつてんじょうど》・南方補陀洛浄土であったり、まちまちであろうが現当二世安楽の碑もあり、現世と来世の安穏を願っていた。

しかし天台宗の寺院が多かったことから推量すれば『往生要集』を著した源信の影響が大きかったとせねばならない。

なんと板碑は大小合計関東では四万基、東北では一万基に及ぶという。板碑を建てる行為そのものが、滅罪生善の行為であって先祖供養も含まれていただろう。

しかし気になるのは源平の合戦、元寇の役、南北朝の争いでは『太平記』によれば、北陸では戦死者の霊が留まり続け、暗い夜には物悲しい声が響いていたという。源平合戦については『源平盛衰記』に倶利伽羅や加賀平野での戦いが詳しく記されているが、長門の壇の浦等で敗死した死者が、どのように埋葬されたかは知らされない。元寇の役の死者の追悼供養の様子も分からない。ただし鎌倉円覚寺に敵味方の供養のために板碑が建立された。

平安末期から室町時代まで、また戦国時代の各地では争いが絶えることがなかったが、人の命のはかなさと不条理や、親族の突然の死による悲しみと追慕に明け暮れる人は、此の世の無常観を、現代の我々より身にしみて感じていたであろう。

それを思うとき浄土真宗・日蓮宗・曹洞宗の新宗派が誕生した理由が分かるような気がした。

私はきらびやかな阿弥陀浄土になじめないが、悲壮な最期が予感される人々にとって、全ての命が弥陀によって救済されるとの信仰は、厭離穢土《おんりえど》・欣求浄土《ごんぐじょうど》の思いに繋がる。往生を切望する人が増え、法然・親鸞の浄土真宗に向かう人が増えていった。

一方、日蓮は『立正安国論』を著し、現世を浄土に変革することを求めたが、釈迦が法華経を説いた印度の霊鷲山《りょうじゅせん》にある久遠実成の次元と同じところに求め、釈迦の住むような浄土を求めていた。

修験は吉野山・金峰山・熊野・大峰・英彦・白山などに入峰し、自然に浄土を求めていたように思える。納経したり納骨した経筒が発見されているが、特殊な例と考えてよいだろう。修験は神仏習合の信仰であったし、山伏と呼ばれる当山派は剃髪し、本山派は有髪で全国に檀那を持ち活躍していた。葬送儀礼の説話もあるが省略する。

平安・鎌倉・室町時代多くの宗派が成立したが、現在大宗派となっている宗派だけに絞って調べている。そのなかで注視したいのは曹洞宗である。

多分、一般庶民葬において一定の法則により、僧侶が読経や引導作法をして、剃髪作法をして授者として戒を与えたのは、真言宗や天台宗に習って始めたと思われる。剃髪は平安・鎌倉時代に実施されていたように思う。実際には臨終前に行うべきだが庶民では無理であろう。

豊かな人は剃髪しただろうが、多分臨終の後となる。戒名は何時頃始まったのであろうか。初期は僧名であったろうが、禅宗・曹洞宗が儒教に影響を受け始めたといわれる。

中国儒教では、祭祀具である木主・神主が位牌といわれ「頼修百丈清規」には机の上に位牌を安置するとある。道元禅師か宋に渡った僧が日本に伝えたとされるが、鎌倉の建長寺・円覚寺は中国僧が初代で、その頃伝わったとの説もある。

最古の位牌は奈良・元興寺には室町期の応永2年（1395）に「没故新・禅尼覚霊位」とだけ記してある。室町時代に始まったとされるが、実際には江戸初期に檀家制度が作られ仏壇が普及し位牌が祀られた。

私は台湾の旧家の庭の中央にある先祖祠堂へ参拝したことがあるが、そこで初めて細長い古来の位牌が祀られていたのを見た。

室町時代に曹洞宗で位牌が祀られているが、位牌の最後の文字は、正覚位・妙覚位・尊霊位と書かれた。後に高野山でも位牌供養がなされたようである。墓が寺院境内に存在する例や、僧侶が葬式に介在することも多くなり、普遍化していったと思われるが、火葬も次第に増えていった。

近世と現代の墓葬

墓地については、大多数の庶民については簡単なものであった。石碑を設けるようになったのは近畿地方では中世末であって、多くの地方では近世中頃といわれ、埋葬後に土盛の上に木塔婆か小石を置いたものが多かった。

地域のことを申せば、那谷村は奈良時代は仮名の奈多であった。私は文字のない古墳時代と管玉が出土する宅地の位置は同じだから、墓の歴史を知るのに好都合だからで、那谷村の歴史書を作る際に、私は墓の歴史を調べる担当になり、郷土史の好きな米沢さんと共に周辺を歩き回った。おかげで今に役立っている。

古代の端山はすぐに見つけた。それは麓に氏神社跡の地があったからだ。次に中世・近世の墓地は椎の宮の杜だと分かったのは、伝承があったからだ。近世・現代の墓地は村が見渡せる小山にある。

山の頂上は樹木で被われて、墓は見つからなかったが、頂上に近い場所に古い墓地があるのだろう。江戸末期の墓は中腹部で見付かる。当時の村の住人で檀家であった人も、過去帳や資料により探すが、墓碑名を見ても全戸の墓が存在していないという不思議があった。

墓制のことも調べたらその歴史が分かった。地方では江戸末期でも墓がある人は、全体の3割ぐらいであったという。

時代的に見ると、江戸期には本家の農地の最奥地に墓を作り、例え本家が没落しても、分家がその周辺に埋葬すれば、その土地は誰でも手を付けないから残るとされた。事実米沢さんは小さな五輪塔を山裾《やますそ》の田地で見つけた。私たちはそれを那谷町墓地へ移動し安置した。

明治政府は墓地を許可制とし、共同墓地化を推進したが、大戦後（昭和26年（１９５１））の国の条例で墓地を住宅地に隣接して造成することを禁じたので、郊外か寺の境内墓地内に墓地が造成された。

個々の墓地を建てるには広い土地が必要で、家単位の先祖代々の墓が多くなっていった。それ以前の日露戦争・太平洋戦争の戦没者の慰霊碑も各地（那谷町でも同様）で建てられたが、忠君愛国の戦死者の墓として、竿右の上部がとがっている墓が全国にある。

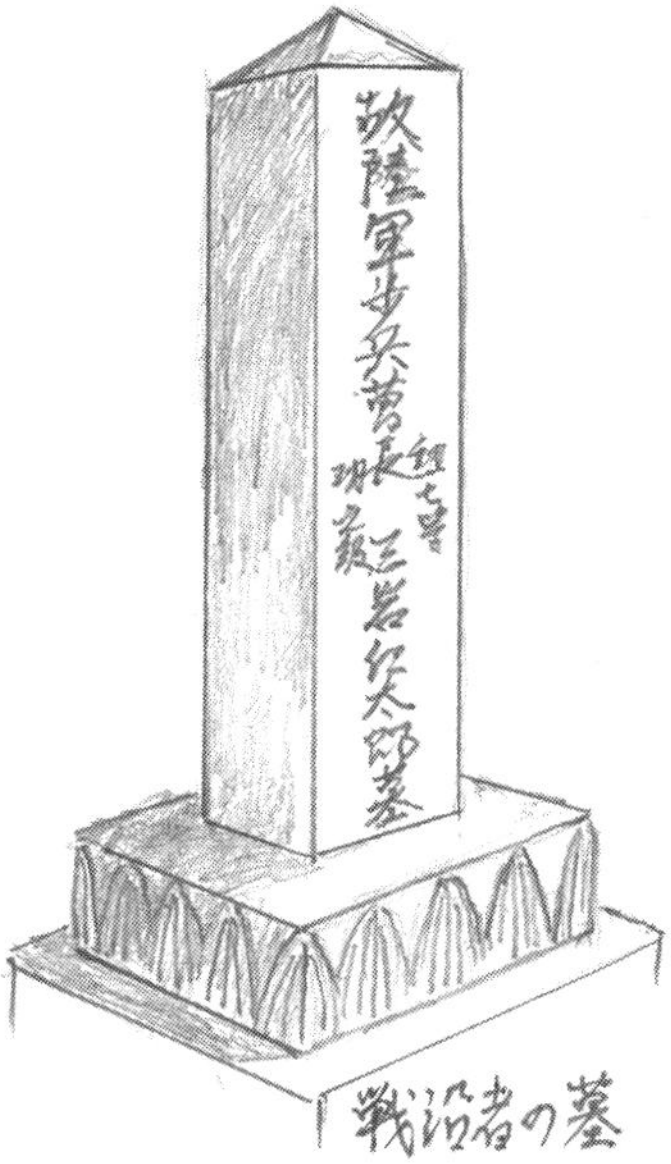

私はシベリア抑留者の墓参りに行った時に、番号だけが記された無数のコンクリート杭を見て、他国で弔われずに草生す屍《かばね》にも、仏の慈悲の平等の導きがあり、葬式されずとも既に救済されていると信じるようになった。

宗派で引導作法伝授を受けた時、引導作法をされない亡者は成仏できないと講師が言われたが、それは間違っていると思う。ただし故人の縁によって、引導作法をして葬儀を行えば、故人は安堵してくれるだろうと信じる。

以前から突然葬儀を見知らぬ人から頼まれることもある。檀家ではないがこの地域で職を見つけ移住したものの檀那寺がないという。私は可能な限り葬式を引き受けたが、その遺族の多くが檀家になったので、檀家数は少しずつ増加した。

私が住職をしたころは、故人の自宅での葬儀が多かったが、やがて町内の会館を利用する葬儀となっていった。一方街中では寺の本堂等を利用したが、檀家数の多い浄土真宗の大寺院では葬式・法事に使用する会館を建て、多人数の人が集まり、本堂前の広場は駐車場へと変化していった。

急激な葬儀の変化は、各地にセレモニーホールが増加したことであった。田舎では町会館は全く使用せず、街では寺院の会館や本堂も全く使用されなくなった。そんな時代の影響を最大に受けたのは檀家が少なく大寺の助法をする寺院であろう。本堂も寺院行事以外は、あまり使用されていない。

小松市本折にある真宗大谷派・本光寺は檀家数でも地域筆頭の寺院で、多田眞師は寺院開放したり、子ども食堂を開設したり、報恩講でも多くの参拝者がある。街の人々の市場の場所として寺院を提供したり、無縁墓地を整備したりしている。また、小松大谷高校の理事長を務め、特進コースを新設し、多くの有能な生徒を育成してきた。

このような革新的取り組みは全国放映され、東日本大震災では駅前で人々に托鉢して、その喜捨を宗派の異なる公益事業清水基金に寄進された。有難く被災地の子どもたちへの援助活動に使用させていただいた。

本光寺は住職や職員の魅力にひかれて、多くの行事参拝者が訪れるが、それでも葬儀においてはセレモニーホールを利用する人が増えていった。本光寺での葬儀は荘厳具が寺より提供され、割安になるにもかかわらずなのだが、セレモニーホールを利用するほうが手間もかからないというのがその理由だろう。

那谷寺経営の老人施設利用の高齢者については、次第に高齢者単独の世帯が増加していくのを感じていた。戦後地方から高収入を求めて都会へ出た人たちが中高年を迎え、子どもが大学入学の頃で、働く人にとって住宅ローンを抱えて、生活はそれほど豊かではない。都会の息子の家への移住を拒否した高齢者は、都会へ出ても知人もいない。孤立するのを嫌って地域に留まり、やがて認知症となって自生園に入園する。

地元の先祖代々の墓地は近隣の人に守ってもらっている。そんな状況に気付き、納骨堂を設けることになった。各家ごとの納骨棚があり、小さな仏壇には先祖代々の位牌も安置した。都会に住む真言宗の家族たちも、墓を作ることなくその納骨棚を求めた。

今、先進国の出生率は減少、2022年では日本は1・3人、スペイン1・2人、中国人1・1人、韓国では0・8人であり、米国・スイス・スウェーデン・デンマークはここにきて高くなってきた。その原因は外国人の流入と、子育て支援と男女平等社会の計画的構築にあった。

日本はかつてバブル経済で、一時は国民の所得が米国を上回ることもあったが、不労所得で外貨が流入したことにあり、欧米との摩擦により、加えて米国のブラックマンデー（1987年）、続いてリーマンショック（2008年）により、日本は多くの資産を失った。1992年頃より失われた30年といわれるのは、実際に30年間では国民の所得は上がるどころか、縮小していたのであった。

しかし宗教界は不思議とそんな時代のデータは不足していて、日本の現状や未来のデータにより判断するより仕方がない。

2020年のデータでは、一般葬48・9%、家族葬40・9%、一日葬5・2%、直葬4・9%であり、これが正しいと思われる。

拙寺でも家族葬は増え、会館や遺族から、家族葬では通夜・葬式を30分でしてほしいといわれることもあるが、私は未熟なのか40分以上必要なので、棺前で自分で用意し勝手に10分前に始める。

自生園の理事長や県の福祉団体の役員をしていた時、利用者や職員家族・福祉関係者が亡くなれば、通夜か葬式に一般席で参列することが多かったが、僧侶のなかには仏前では丁寧な合掌をしても、それ以外では横柄な態度をとる僧侶がいて目立ってしまう。喪主や受付の世話人を一般社会でいうｃｕｓｔｏｍｅｒ＝得意先（福祉では利用者と家族をそのように認識する）と思っていないから、丁寧な挨拶をしないのだろう。

前述の如く、若い世代の人は仏の教えを知らないから、檀那寺を大切と思わない人がいるし、寺院の行事にも参加することは少なくなっている。

寺参りも少なくなっていることはデータが示しているし、将来、葬式では僧侶は誰でもいいからと、セレモニーホールに一任する人も増えるだろう。我々僧侶は若い世代に話しかける機会が必要だが、さてどうすればよいだろうか。

死者の魂は何処に向かうのか

第二次大戦の回想

この著書の執筆中に、福岡南蔵院・林覚乗師から四冊の図書が送られてきた。その書を読めとの事と思い、全て読んだ。

その内の一書、『エゴの力』（石原慎太郎著 幻冬舎2014）の中で「英霊たちの激しくも美しい自我」として、「蛍」と題した朝日新聞元記者の、陸軍特攻隊の基地の知覧《ちらん》の富屋食堂の鳥濱トメさんの話が紹介されていた。少しも内容は変わることはなかった。

しかし石原慎太郎氏が知覧を訪ね、トメさんの話を世間で語ったところ、石原氏はあまりにも有名人だったため「蛍」の話が国内に広まり、多くの人が訪れるようになった。トメさんは以後口を閉ざし、二度と語ることはなかったという。

初めて特攻隊の零戦が米艦への体当たりに成功し、天皇に報告すると天皇は「何もそこまでしなくても……しかしよくやった」といわれたそうで、その言葉の「よくやった」の言葉が独り歩きをし、陸海軍もろとも特攻隊の出撃が常態化した。

私は父から、ガリ版刷りの辞世の歌集を見せられたことがある。特攻隊で出撃した若き隊員たちの、魂から発する父母や家族への思いと、自ずから死を超越しようとする心の静かな叫びが、辞世の歌として綴られていた。読み進めながら一つ一つの歌に私自身の魂が揺さぶられていくのを感じていた。

「蛍」の内容は以下のようである。トメさんは知覧で富屋食堂を営んでいたが、陸軍特攻隊の出撃待ちの隊員の憩いの場にもなっていて、トメさんは隊員たちから「お母さん」と呼ばれて慕われていた。

長野県出身の隊員がトメさんに告げた。「いよいよ明日の昼過ぎ、自分に出動命令があったので出撃します。おそらく夕方の五時ごろ、沖縄の海で死ぬでしょうが、故郷の家の近くの里山を流れる川に、季節になると多く飛び交っていた蛍の一匹になって帰ってきますよ」と軽い口調で語った。

彼は命令通り昼過ぎに知覧の空港を飛び立っていった。その夕方、水仕事のために店の裏庭に出て井戸から水を汲みだしていたトメさんは、藤棚の下を全く季節外れにもかかわらず、大きな蛍が一匹飛び回っているのを見つけた。トメさんが富屋食堂で食事をしていた他の隊員たちに告げると、藤棚の下を飛び回っている蛍に向かって、彼らは直立不動で敬礼したそうで、蛍はゆっくりと彼らの頭上を旋回して対岸へ消えていったそうである。

石原慎太郎氏はこの話を聞いて信じて疑わなかったそうである。私は著書と著者は忘れたが、朝日新聞記者にトメさんが語った話と相違なく、元記者は元特攻隊員にも話を伺っているので真実の話であろう。

私は昭和17年の戦中生まれであり、幼い頃は庫裡の玄関から入る板之間の囲炉裏には、いつも火が燃えていた。そこは檀家たちの社交場となっていた。丁度復員軍人だった世代の集まりで、戦地であった不思議な出来事も話されていたが、側で聞いていた数々の話や隣にいた戦友が頭を打たれ即死する話など幼かったからかなり忘れてしまったが、座って聞いていたのである。

その中で決して忘れることのできない話がある。母は何度も話していた。母の実の弟の戦死の話である。穴田康雄は大学卒業後、軍人として第九師団七連隊に所属する中尉として、金沢に居たが、間もなく硫黄島での戦闘に参戦命令が下った。

その戦いの総指揮官は栗林忠道中将であった。硫黄島は日本にとって最後の防塁といえる。栗林中将といえば、昭和初期若くしてワシントン武官とカナダ武官として赴任、最も戦ってはいけない相手はアメリカであると、軍権力に進言していた国際通の人物だったが、それが沖縄と同様に激戦となった硫黄島の指揮官を命ぜられた。

硫黄島の戦いについては、負けた日本の資料は信頼できない。アメリカ側の資料では生き残った日本人捕虜が1000人もいて、聞き取り調査をしているので信用できる。日本軍の報告では、昭和20年2月19日開戦となっているが、米軍は前年度から間断なく空爆砲撃をしていた。米軍の動きを看視できるスリバチ山と飛行場付近は、日本兵が潜んでいると考えていたから執拗であった。しかし2月16日までの日本兵の死者は73名であった。

この時点では日本軍は、スリバチ山の自然洞窟や人工窟で、垂直に通風穴を空け、洞窟は互いに通じていた。爆撃によって破壊されず、兵力は温存されたままであった。米軍はアッツ島やその他での戦いで、日本軍の戦いを研究して、その対策を講じてきたつもりで、それでも陽動作戦で上陸艦艇を海岸線に近づけた。しかしスリバチ山からの反撃がなく、日本軍はかなり消耗していると判断されたのだろう。

米軍が海岸から上陸するとき、海岸線の防塁から反撃がなければ、米軍はきっと怪しんで、作戦が変更されれば、日本軍が不利になるからと、少しは抵抗する部隊が必要で、海岸で戦う部隊がいると、つまり死を覚悟した兵が海岸近くの塹壕で戦う必要があるとしたのだろう。

その作戦は行われた。多分16日の夜に夜陰にまぎれて、海岸近くの塹壕に布陣した。米軍の上陸艦艇部隊と、夜明けとともに戦闘が始まった。

私の母はいつも夜明けとともに起床し、先ず開山堂の向拝で参拝し一日が始まる。17日もいつものように開山堂へ行くと、弟の康雄の姿が現れた。夜明け6時30分ごろである。軍刀を抜き身でだらりと下げて帽子はなかった。母は康雄、康雄と叫んだが返事なく、開山堂の中へと姿を消した。同時刻、山代温泉の本家に身を寄せていた彼の妻穴田しな子は意識を失って倒れた。

その時刻に康雄叔父が戦死したと思われる。やがて中隊は全滅し塹壕は沈黙した。

同2月19日、米軍は、硫黄島全域を艦船より砲撃、１２０機でナパーム弾の空爆、作戦最大の攻撃により、海岸線には日本兵なく、安心して全上陸部隊に上陸指示する。最初の八個大隊が中間地点に達した時、スリバチ山の多くの穴から一斉砲撃、銃撃が始まり、２日間で米軍は8大隊の内、四分の一が死傷し、阿鼻叫喚だったという。対戦中は上官に敬礼なし、玉砕も禁じられた。栗林中将の最後の言葉は「予が諸君より先に先陣に散ることがあっても、諸君が今日まで奉げた偉功は決して消えるものではない」であった。彼はピストル自殺したが、大戦前に栗林中将のような人が軍部に多ければあの大戦は起こることはなかった。

栗林中将の戦略は日本的でなかった。米軍を地獄にした日本軍の戦いは、アメリカ側からは評価が高かった。一方、総指揮官のミニッツ元帥はノルマンディより米軍の死傷率が高いと米国民に不評であった。

それにしても、スイスの心理学者ユングの言うシンクロニシティ（同時性）が、康雄叔父と親族の間に起こったことに、私は人間の魂が招く現象の不思議を感じている。

さらに後日談がある。それは遺族一行が終戦後硫黄島に慰霊に訪れた際に、洞窟の奥で鉄兜二つかぶせられた中から、康雄の遺書のような紙片が発見されたことである。

米軍はスリバチ山に達した時、洞穴入り口から火炎放射器で、垂直穴から石油を流し火をつける作戦に出た。米軍上陸から36日後には日本軍の文書類には焼けて残っていなかったが、康雄の遺書が火から護られたのは奇跡で、戦後の新聞に掲載された。

「もみじ手の血や通うらん根無し草」は当時三歳の一人息子（私と同年）を思い、妻や親族・知人の名が記してあった。

質実剛健な性格は不思議と一人息子の龍太郎に引き継がれ、事業も順調で、少年の頃から続けられていた剣道に関しては、近年まで県剣道界の指導者であった。今は多くの孫に囲まれて、充実した毎日を過ごしている。

同じく戦時中での話であるが、旧那谷村出身で配電線管理の会社を立ち上げた山口重太郎という人がいた。今は孫が社長をしているが、必ず一年に一度災害防止の祈祷は欠かさない。会社を息子に譲った頃、一人で那谷寺を訪れた。

お参りの後金堂で話し始めた。敗戦色濃くなった頃の話で、後に潜水艦の乗組員であったことを知った。多分軍務に戻るためであろうが、輸送船に乗って、東シナ海に向かって進んでいたところ、船がアメリカ潜水艦の魚雷により沈没した。

沈没していく船の周囲は火の海であったが、幸いに生存した彼は海に飛び込み潜水して泳いだことを覚えているという。気付いたときは僚船の甲板で寝かされていたといった。気を失って顔を上にして浮いていて助けられたと知った。話はこれで終わらない。

彼は不思議な体験をしたのである。最初は真っ暗であったが、美しい光がさしてやがて光に包まれると、目の前にさらさら流れる川があった。対岸は花園であり、そこには懐かしい祖父母の姿があった。近づこうとすると、あんたは帰れと言われ、気付いたときは甲板で寝ている自分だったのである。

「私は死ぐんは恐ろしゅうない。先祖に会えるんやから喜んで死げる」と言った。後日彼の死亡の後に息子にこの話をしたら、聞いてないと言う。多分この時失った同僚のことを思い、心に秘めておきたかったのだろう。

こんな話を記すのは、ここ近年の調査では宗教やあの世を信じないという中年・若年者が増えていることにある。

僧侶であるならば、このような奇蹟の話は次元が低いと思われるのかもしれないが、高邁な法話をするより、はるかに無信仰な人の心が、再び宗教に帰依する方向へ進むのではないだろうか。

自分の所属する宗派の教説を法話を通じて伝えるのも大切だが、現代では普遍的な宗教としても伝えなければ、若者には通じない時代になったと思える。

むしろ僧侶よりも、その周辺の方たちが、はっとすることを述べることがある。安田喜憲氏か東京花園神社片山文彦宮司かどちらが最初に言ったか忘れたが、自然の神々の文明＝Something greatの文明は、あらゆる神々として通じるという。自然宗教での自然の摂理の見えない神々とすれば、＝宇宙神＝と導かれていくと感じている。

私自身は民族の存在を脅かすほどの戦争や迫害の中での、不思議な出来事の話を多く聞いてきたし、それも今記したのは、自らを無宗教者と自称している多くの人たちに向かって伝えなければと思い始めているからだ。

バイオサナトロジー学会会長土屋健三郎氏は、産業医科大学長・慶応大学名誉教授で、多くの教え子がいた。生きることと、死とは何かの講話は医学を越えて宗教哲学であった。

かつて地元教育委員会で、教師対象の講演「生死について」をテーマとした講演を依頼したことがあった。講演を終えた後来寺された。話が自然と先生の過去の話題に移っていった。先生は戦時中は専らインドシナで、軍医をしていたことも知った。

激戦でも多くの命を助けたが、助けられなかった多くの命もあった。感染症・伝染病でも多くの命を失った。苦痛の呻《うめ》きの中で死んだ人のことは忘れることはなく、心の呻《しん》吟《ぎん》として残っていると言われた。

今の宗教は信じられないと言われた。それは死にゆく人に寄り添う、安息になっていないからと言われたことに、私は人の心に寄り添っていなかった自分を恥じた。

先生の最後はがんに侵されての死であった。葬儀に参列すると、宗教学者・僧侶・牧師の席は一般参列者の前に用意されていた。

正面は先生の写真で、周囲は赤いバラで被われていた。式の始めは哀悼の言葉で、次に慶応大学医学部での講義「よりよく生きること」の声が流れ、懐かしく思った。慶応大学学生による四重奏の「バッハのミサ曲」が流れる中、それぞれが白バラの花を捧げた。牧師の佐多さんは「土屋先生らしい」とささやいた。

私たちはこの行為は宗教否定でなく、全宗教と宗派を超える思いや、戦地で看取られることなく死んで朽ちていった多くの人々への深い思いが込められているのを感じていた。

死後の魂のゆくえと不思議

「生と死を考える会」は日野原重明先生によって設立、誰でも入会できた。ターミナルケアの母、エリザベス・キューブラー・ロス女史を読売会館へ招聘し講演する以前に私も入会したが、後に分科会としてバイオサナトロジー学会が発足した。その世話人幹事の一人は卜部文麿氏で、精神科医でクリスチャンであった。

最初から不思議な縁が働いた。エリザベスを招聘する折に何気ない会話から卜部氏との親交が始まった。バイオ（生）サナトス（死）から名付けられた会には、当時ロータリークラブの会員であった山腰・嶋多・丹羽氏にも入会してもらった。皆、地球環境と生死問題を最重要の課題としていた。地球環境問題では国際日本文化センター安田喜憲氏、ロータリークラブのアマゾン森林保護では宮城教育大学伊沢紘生氏、お二方とのご縁は、そんな友人たちの交流の中から自然に生まれ、やがて広がりを見せた。人は何かの奉仕を目指そうとするとき、どこからか不思議な因縁が働くものである。

卜部文麿氏との交流が、後にエリザベス女史と繋がるとは思いもよらなかった。人の生死については私は関心が高かったと思えるが、実際に臨終に立ち会うことの多い自生園では、スピリチュアルな感性を持っている職員もいるし、そんな職員のお蔭で看取りができていた。

死の直前の患者も不思議な霊力を持っていることを教えてくれたのは、寶泉寺《ほうせんじ》の辻雅榮師である。日頃より八千枚護摩供をしたり、熱心に祈る人であるが、信者である魚市場卸売業の主人は、身も心もすっかり辻師に信頼を寄せていた。

その信者は身体障がい者で歩行困難にもかかわらず、寶泉寺を参拝し続けた。しかし咽頭がんが進行し末期となり吐血していた。辻師は本人や家族の納得のうえで、「臨終行儀」と最後の看取りを行った。本人は合掌し大粒の涙をこぼし、真言を唱えていたという。やがて眠り始めたので辻師は自坊へ帰った。翌朝いつもどおり護摩供をして、本堂の扉を開け放ったところ、前日に床に臥せていたはずのその人の姿があった。間もなく電話があり「お父さん、息引き取りました」との訃報を受けた。最後は「父さん、墓は寶泉寺でいいの」との娘さんの言葉に、本人は大きくうなずき、笑みを浮かべていたそうである。

このことは、科学や唯識仏教の概念の阿頼耶識では説明できず、時空を超えたシンクロニシティの存在を認めざるを得ない。

この話を聞き、私も不思議なシンクロニシティの経験を思い出した。

拙寺の台所は庫裡に接した土蔵造りで、江戸時代そのままだった。台所は土間で下男部屋と女中部屋があった。そこに石川小太郎という人が、庭掃除や薪割をして暮らしていた。彼が死んだのは私が生まれる3年前の2月2日であった。心臓発作か脳梗塞だったのだろう。前住は縁者に連絡したが、誰も来なかったそうである。やむなく世話人と寺族で葬式を出した。それから那谷寺境内入り口の駐車場の横の、江戸時代より使用人の墓地だったと思われる場所へ埋葬された。私が住職になった後の昭和50年に、駐車場拡張のため、その墓地にある十基を上にある歴代住職墓地横に十基移動した。墓移動と墓地造成は業者に頼んだが、遺骨は役僧の吉本恵澄師と二人で移転した。甕《かめ》に入っていないのはそのところの土を取って再埋葬した。そして翌年の正月、私は夢を見た。石川爺さんが台所の土間をトボトボ歩いている夢であった。そこで過去帳通りの位牌があるかどうか位牌棚を調べたところ、小さな白木の位牌が出てきて、それが該当したので改めて黒漆位牌に過去帳通りの戒名で、位牌を作り一人で供養し位牌は檀の正面に安置したままにした。不思議なことにその二日後、小太郎爺さんの甥が訪ねて来た。三十三回忌になるまで来たことはなかったが、今回初めて供養のために来寺したとのことだった。実際には35回忌であったが、その偶然に驚き改めて喜んで供養をさせていただいた。偶然と記したがこんな不思議が偶然とは思われない。

人の魂は七七日で他界するというが、故人や残されたものにとって、時間など存在しないと知ったのはその時も感じていた。

人の死については、自生園の職員に聞いたことがある。なんで看取りの最後の頃に、臨終に近いからと、その人の家族を呼べるのかと。血圧・脈拍・呼吸は見るが何となく……との返事であった。人は臨終に近くなると、霊性が強くなりそれが伝わるのかもしれない。

霊性というと、四国札所巡礼の人が時として感じるように、時空を超えて奇跡が起こることがある。それを超自然的現象とするが、そうとも言えない。後述するが、何千キロ離れた量子がテレポート（瞬間移動）するのも超自然現象なのだろうか。自然科学で解明できたことは、現象世界のほんの一部でしかない。

エリザベスとホスピスの看取り

「学ぶために地球に送られてきた私たちが、学びのテストに合格した時、卒業が許される。未来の蝶を包んでいるさなぎのように、魂を解き放つ。そうなったら、痛みも、恐れも、心配もなくなり……美しい蝶のように自由に飛翔して、神の家に帰っていく……そこは決してひとりになることはなく、わたしたちは成長を続け、歌い、踊る。愛した人たちのそばにいつもいて、想像を絶するほどの大きな愛に包まれて暮らす。……神の庭園のめぐみをむさぼる人類が庭園を荒らしつくしてきた、兵器、貪欲、唯物論、破戒衝動。それらが命を支配するルールになっている。恐ろしいことに、命の意味について瞑想する人たちによって世代をこえて受けつがれてきたマントラ（真言）は力を失ってしまった。……恐れることなく自己を見つめ自己について知ってほしい……神が人間にあたえた最高の贈り物は自由選択だ。偶然はない。人生でおこる全てのことは肯定的な理由がある。峡谷を暴風からまもるために峡谷を被ってしまえば、自然が刻んだ美を見つめることはできなくなる。」

長い文章を引用したが、エリザベスの『死ぬ瞬間』とは別に書かれた『人生は廻る輪のように』の中から引用した。

僧侶の私から見れば多少異質を感じるが、高野山大学名誉教授高木訷元師の記した「弘法大師のことば」（高野山時報）の「請来目録」十住心に要約される「法界は一味」とは全宗教は表面的には浅深、濃淡の差異があるやに思えても、全て有機的につながり、しかも「一味」同然であるとみなす点である。

「この地球上のあらゆる海は、その位置や形態をそれぞれ違えても同じであるように、あらゆる宗教は一味としてマンダラ世界を形成していると云うのである。つまり平和共存が示唆されているのだ。」という文章に、自己の属する宗派だけに固執すれば、戦争・飢餓・地球環境の悪化等全人類が協働して防ぐ流れが生まれないし、宗教は役立たずになって、広域的な利他行に応えられなくなる。今我々に最も大事な方向を忌憚なく示してくださった高木師に感謝し、八十路にある私は遠慮することなく思いを述べることができた。

先ずエリザベスは、「人御魂はさなぎとなって閉じ込められ、死ぬ瞬間に解放される」と言ったのは、ヒトラーが、ユダヤ人を虐殺したポーランドのマイダネックガス室工場を、死臭が残る終戦直後に訪れたことからである。

ガス室の壁には、爪や石片や血でガス室に記した絵とイニシャルがあったが、建物はまるで蝶の絵だらけで、どの建物も同じだった。

彼女は「なぜ蝶なの」とつぶやいた。そこにいたゴルダという同年代の少女は「あなたもいざとなれば残虐になれるわ」といい「ヒトラーはわたしたち全員のなかにいるの」という言葉はエリザベスの心をゆさぶった。

ゴルダ一家は全裸にされ死出の旅へと続く行列にいて、ガス室の中に押し閉められた。しかし扉の前のゴルダは邪魔で外に突き飛ばされた。その後見落としのおかげで雪に穴を掘って隠れ、奇跡によりその場を離れ、連合軍によって救われたのは不思議なことであった。貨車に山積みにされた赤ん坊の靴を眺め、死臭を嗅ぎながら、悲惨な思いをしながらも憎しみを捨て「たったひとりでもいいから憎しみと復讐に生きている人を愛と慈悲に生きる人に変えることができたら、私も生き残った甲斐があるものよ」の言葉を残して、ロシア兵が到着する前にマイダネックを後にした。蝶の絵やゴルダの言葉により、その直後にエリザベスの医師になり人の命に向き合おうという決意はさらに強くなった。

エリザベスは、此の世では魂は肉体に宿っているが、やがて蝶になって肉体から解放されると学んだのは、ガス室で死亡したユダヤ人の子どもたちから教えられたからである。

辻雅榮師は在家の出身で望んで僧侶になった。縁あって金沢の寶泉寺へ入山した。入山直後、150基の無縁墓を哀れに感じ、一人で解体作業を始めたが、次第に手伝う人も増えていった。新たに雛壇《ひなだん》をこしらえ、焼骨も洗って納めていった。やがて無縁墓もきれいに整え、開眼供養法要を行った。

皆で輪になり供養し、般若心経を唱え続けていたら、目の前が真っ暗になり、あるビジョンが見えたという。それはコンクリートの狭い壁に老若男女が閉じ込められ、大人や子どもが天井や壁に、蝶を画いている姿だったという。

間もなく現実世界に戻ったが、彼と参拝者が見たのは、空を舞う多くの揚羽蝶《あげはちょう》の姿であったという。後日その話を聞いたとき、私は驚いた。彼には詳しい話をするより、『人生は廻る輪のように』（エリザベス・キューブラー・ロス著 角川書店２００３）を読むように伝えた。

むしろ私よりも彼の方が、エリザベスの著を読んで驚いたであろう。彼は時空を超えてマイダネック収容所のガス室の様子を見たのだ。

臨床心理士の西屋道子さんが、「フロイトの夢の無意識が現れたことと異なるし、仏教には阿頼耶識《あらやしき》といって、人の深層心理としての現れることのない意識があります。今回のはそれとも異なる。多分ユングのいう人類共通の無意識として、彼方から伝えられたメッセージなのだろう」と教えてくれた。私たちの思慮分別や言葉を遥かに超えていて、何万人の死者のメッセージが彼方から伝わったとしか思えない。

エリザベスはスイス人だが、ポーランド人や欧州で差別されていたユダヤ系と誤解され、嫌悪されながらも他の医師が嫌がる劣悪な環境の診療所で、死期に近い人に寄り添ってきたが、後に研修もあってチューリッヒに帰り医師を目指す。学びの時にアメリカ人のマニーと結婚、医師資格取得後アメリカへ渡った。

当時のアメリカでは医療は治癒が目的で、延命が最も重要であり、人の死は忌まわしいものであった。だから「私の命はあと何日でしょうか」と患者が尋ねると、医師のほとんどは「何を言ってる」との態度で、患者はいつも孤独だった。話しかけるのは看護師か清掃のおばさんだけという状況であった。

アメリカでの最初の勤務はマンハッタン州立精神病院だったが、まるで刑務所のようであり、院長と対立しながら患者を街や公園に連れ出し、薬物を与えなくても多くの患者が普通の生活に戻るという実績をあげ、後にコロラド州デンバーでは、ひたすらターミナルケア（当時の名称）に専心した。なお、デンバー・ボルダー付近にはネイティブ・アメリカンの遺跡があり、ネイティブの人を見い出すのはたやすい地域だと私は訪れて知っている。

エリザベスはネイティブに会うとなぜか懐かしく感じた。現実には過去に会ったことがないのに、記憶にあったので、自分の前世はネイティブアメリカンだと思い込むほどだった。

私たちも、若い頃「突然この風景に出くわしたが、これはもしかしたら以前に出会ったことがあるのでは?」という経験をしてはいないだろうか。自己の脳内に過去の記憶が蘇るのでなく、先祖からの遺伝子が脳内に働いているのだろうか、全く不思議としか言えない。

エリザベスは常人ではない能力を秘めていたようだ。年齢に関係なく、患者に優しく接すると、それまで寡黙であって感情を閉じ込めていた人が真実の言葉を発するようになった。

エリザベスは寄り添い看取りを次々と成し遂げていった。がんの末期の患者でも、子どもでも死を受容して亡くなっていった。不思議な出会いに感謝し、大きな愛を感じながら世を去っていった。エリザベスの行為は次第に医学界で有名になった。

大学の医学部では、治癒する見込みのない患者にどのように接するべきか、それを精神医学や心理学で学ぼうとする。最初の講義はコロラド大学医学部であったが、講義は二回に分けられた。一回目はエリザベスの実践しているターミナルケアだった。

しかし、それでは死にゆく人の思いは伝わらない。そこで自分が関わる患者に大学での講義への参加をお願いしたのである。患者は喜んで応じてくれた。病院の医師たちは反対したが、結局患者自身の強い願いが通り実行された。

その患者たちが最後にやり残したことは、全ての人に真実と愛を伝えることであった。その後欧米の大学で２００回近く講演・講義を実施するが、その多くに患者たちが参加し、患者の言葉は学生や教授たちの心をゆさぶり、驚き、或いは涙して、教室は静まっていたし、会場からの質問に答える患者の真実の言葉に皆は感動した。

患者は何より会場のみんなが感動しているのを知り、最後の利他行ができたことに満足し、成すべきことを成した果報に感謝し、やがて亡くなった。

その頃にサナトロジー(死生学）は揺籃《ようらん》期にあって、女史はかなりの超人的スケジュールと使命感で、医師としての教師としての人生が一変した。支えてくれたのは最初の助手として採用した病院の黒人の掃除婦だった。彼女は結婚して子どもを授かったが、その子が病気となり医師を探したが、貧乏人故に診療を断られ続け、やっと受け入れてくれた病院の待合室で、子どもは彼女の腕の内で息を引き取った。

病院の掃除婦の仕事はその後に授かった。彼女が病室を出ると、患者が安らいだ表情になるのを、医師や看護婦も認めるようになっていた。患者は気軽に掃除婦に話しかけたが、彼女はいつも優しく接した。彼女が患者の苦悩から解き放つための心魂からの応答ができていたのは、彼女の悲しみを超えた人生にあったからだった。

エリザベスには多くの助力してくれる弟子ができ、多くの死にゆく人を看取った。バイタル・サイン（脈拍・呼吸・体温・血圧などの兆候）も大切だが、死に向かう人たちは、死との闘争や煩悶《はんもん》があり、やがて永い旅立ちの休息のように、平和と穏やかな終末を迎えることを発見し、多くの共通性を見い出した。

○第一段階　否認と隔離

末期の患者はほとんど「違います。そんな病気は真実ではありえない」と否認する。

○第二段階　怒り

健康を維持できないと「何で私だけが、どうしてあの人でないのか」と怒り、内的な方向に向かう人が多い。

○第三段階　取り引き

期間は短いが、神仏に何らかの約束をすれば延命できると考える。

○第四段階　抑うつ

自分のかけがいのないものを失ったという喪失感。決別の覚悟をする準備期間。

○第五段階　受容

嘆きや悲しみを超え、自らの終焉《しゅうえん》を見つめ、うとうととまどろむが絶望感はない。

これは一回で終わることもあれば、何度でも繰り返すこともあり、老人には既に第二段階を超えた人が多い。

エリザベスが学んだことは、死にゆく人と如何に向き合い、要求があれば患者の聞き役に徹するかという寄り添い学であった。

エリザベス・キューブラー・ロスの書いた『死ぬ瞬間』（エリザベス・キューブラー・ロス著 読売新聞新社、完全新訳改訂版1998）は世界のベストセラーになった。（続編もあり）

『かいまみた死後の世界』（レイモンド・ムーディ著 評論社1995）も同じく世界のベストセラーである。エリザベスは臨死体験の実例集『「死ぬ瞬間」と臨死体験』（エリザベス・キューブラー・ロス著 読売新聞社1996）も出版している。

臨死体験

臨死体験とは、死にかかった人が何らかの原因で、再び意識を取り戻し、その間に経験した不思議な体験のことである。

ムーディ氏は医師であり、科学的思考が強く、多くの臨死体験者の実例を挙げ、その共通点を見い出し、それを発表した。

しかしエリザベスはターミナルケアでその不思議を既に発見していた。それまでの医学界との意見対立に余分なエネルギーを浪費したくなかっただけである。知っていても述べることなく、むしろ死にゆく人との対話に起用していた。エリザベスは何百回も死にゆく人の言葉、臨死体験をした人の言葉（子どもから老人まで）を聞いてきた。だからそれを述べたいが、あまりに多く、子どもの体験から大人まで、一人ひとりの全てにわたる詳細を記すのは不向きである。

日本での知の巨人で全ての問題の疑問の解決に一生を投じた人に、立花隆氏がいる。彼は全ての物事を現代の政治や自然科学・哲学で説くことを目的に、多くの著書を出版した。当然臨死体験は重要なテーマとなった。その著書はあくまで第三者としての目で書いていた。

臨死体験については『臨死体験』（立花隆著　文藝春秋２０００）で、上下二巻９０８ページにわたって書かれている。加えてエリザベスの影響を受け、何度も臨死体験をし、ホスピスで奉仕活動をしているバーバラ・ハリスの『バーバラ・ハリスの「臨死体験」』の翻訳も手がけた立花隆氏の文章を取ることにした。

立花氏は『大霊界』の丹波哲郎氏のオカルト的発言を批判し、エリザベスやムーディ氏との対談に多くの時間を要した。１９９1年3月17日に放映された「ＮＨＫスペシャル」は16・４％の視聴率だったが、レイモンド・ムーディは1分30秒・エリザベスの文章は2分35秒で、コネチカット大学ケネス・リング教授の文は全く使われなかった。テレビ放映には不満が残ったが、臨死体験に関する部分を上下から略して記す。

レイモンド・ムーディ医師は臨死体験の主たる構成要素として次の11の要素を数えている。

①体験内容の表現不可能性
②死の宣告を聞く
③心の安らぎと静けさ
④異様な騒音
⑤暗いトンネル
⑥体外離脱
⑦他者との出会い
⑧光との出会い
⑨人生回顧
⑩生と死との境界線との出会い
⑪生還

ケネス・リング心理学教授の説く臨死体験もほぼ同じであった。

しかし、エリザベスやバーバラ・ハリスの聞き取りからすると、ベッドの周辺に医師や看護婦が蘇生させようとしている姿を見るという。医師たちが切開手術をしている詳細を、もう一人の自分が天井近くで見ている。やがて壁をすり抜けることも可能だと知る。何の抵抗もなく屋根まで抜けていく。屋根の端の樋が外れて、そこに鳥が巣を作っている。それを後日確かめると事実であることが分かる。

会いたいと思った人とは、何百㎞離れていても瞬間移動して、そこでの会話や服の文様まで、記憶していたという奇跡を記した報告等も多くあった。

フィンランドのキルデ医学博士は、急性腹膜炎で緊急手術を受けた。

「突然気が付いてみると、私は天井あたりに浮かんでいて、自分が手術を受けているところを見ていました。そして不思議なことに、手術をしている医者の考えが読めたのです。これからメスを取って、切ろうとしているなとわかりました。彼が切ろうとしているところに小さな動脈が隠れているということも私には分かったのです。そこを切っちゃダメ！　そこには動脈があるのよ……彼には私の声は聞こえません……私はトンネルの中に吸い込まれました。その向こうに輝く光があり、そこに私が入っていきました。……」自分の内部から振り向けとの声があって、振り向くと海で何千何万という真珠が敷き詰められていて、彼女は、人間の魂は、日常の波ではなく大きな波に時々出会うことによって、意識レベルが高いところに波によって引き上げられていくのを感じ、遠くにある黒真珠は夫の魂であることに気付く。そして夫とはやがて離婚することまで知ってしまう。しかし彼女はキリスト教という既成宗教から離れた。立花隆のインタビューでは、彼女は「物理的な日常生活を離れたスピリチュアルな体験」「死は存在しない」と言っている。

別の次元へ移行するとか、エネルギー不変の法則（孤立系のエネルギーの総量は変化しない）とか彼女は伝えていた。

バーバラ・ハリスは国際臨死体験協会に入る。夫は富豪で、臨死体験をして人生が劇的に変化し、ターミナルケア看取りの看護婦となった。死にゆく人に寄り添いのミッションに燃えていて、家庭を顧みる余裕などなかった。全くエリザベスと同じで、双方共夫婦愛はあっても離婚しなければならなかった。

バーバラ・ハリスは脊髄障害のため入院し、手術をしたりして何度も臨死体験をする。死んだ祖母に会ったりして、ムーディ博士の臨死体験構成要素と同じだが、少し違うのは多くのシャボン玉の中に自分の過去が入っていて、赤ちゃんの頃から精神不安定な母親に叱られるシーンもあったが、他人の心も客観的に理解できるようになったことであった。

彼女自身はスピリチュアルに傾倒しており、テレパシーが通じると信じていて、エリザベスに会いたいとの思いは、最初エレベーターで実現した不思議もある。

バーバラ・ハリスには立花隆氏が何回も面談し、一冊の著書にまとめているのでここでは記さない。

立花隆氏はNHKでの臨死体験の放送以来、日本人の臨死体験も多く寄せられ、むしろ著書では日本人の例が多いくらい記されているが、宗教学の山折哲雄氏やカール・ベッカー氏、石原裕次郎氏の臨死体験まで、よく聞き出したと思う。

日本では宗教色の違いか、美しい川の向こう側の花園という報告が多いが、宗教の違いによって体験が異なるのは、無意識の内に日本の宗教観が薫習《くんじゅう》されているとし、そのほとんどは脳内の現象か、エンドルフィン・ドーパミンの影響かもしれないというが、それだけで解明できない事例もある。

それはアメリカ・コネチカット州で運送業をしているアラン・サリバンさんの事例である。立花隆氏も取材した。病院に連絡して分かったのは担当医は高田裕司さんという日本人医師だった。サリバンさんは高田医師に臨死体験を語ってなかったので、立花氏には相方から聞いて記した初めての例となる。

立花氏は初めにサリバンさんを取材した。それは次のようであった。サリバンさんは心筋梗塞の手術中に体外離脱した。

「手術台の私の肉体は、私というより本当の私を包んでいたパッケージのようだと思いました。それを見ても何の感情もわきませんでした。……手術台の上の私は見るも無残に切り裂かれていました。……今度は暗い闇の中に入って……誰かいる…………骸骨のような姿をしていて死神です……明るく光り輝く場所に出ました………私は頭と腕が一本あるきりで、残りの自分の肉体が何処にもない……七歳の時に死んだ母に会う……母は全ての知識を教える……三年前に死んだ義兄に会う……光の中で振動……やがて透明になり見えなくなる」

臨死体験の内容は、下記の通りである。気が付くと手術室にいた・五人ぐらいが取り囲む・心臓の前と脚の位置に医師・高田先生は頭の位置・両脇に医師と看護師・(高田医師は冠動脈のバイパス用の血管を脚から利用するためと言う)・私の目が覆われていた(高田・患者の目を万が一誤って傷つけることがないように)・みんなブーツを履いていた(高田・爆発の恐れがある物質が手術室にあったので、衣類に生じた静電気をアースするために履く習慣)・高田先生が時々手を胸の前で組んで・肘を突き出すようにしていた(高田・同僚の医師は、細菌が付かないようにするクセと言う)・高田先生は黒い重そうな眼鏡を付ける(高田・特別の拡大鏡のついた眼鏡)・高田先生の後ろの方に大きな機械（高田・心臓手術に使われる人工心肺装置）・心臓は赤いと思っていたら、紫色で血が全然ない（高田・心臓は人工心肺装置に繋がれていて、心臓は白っぽい紫色）・心臓はガラステーブルに置かれている（高田・否定、しかし後日、胸腔《きょうくう》の内部が血液や粘膜で濡れていたので、光が当たってテカテカ光って見えたのかもしれないと言う）・最後の部分だけ違っている。

サリバンさんは不可知論者で、神様なんてわかるもんかと考えていたが、姿はないがエネルギーそのもの愛にあふれた光、あれこそ神だろうという。

登山家の死からの奇跡の生還や、幼児が臨死体験をして5歳ぐらいになったとき、突然にその記憶を話し出したりすることもあり、多くを記したいがこれまでとする。

立花隆氏は脳内現象として多くのページを使って解説しようと試みる。やはりどこでも矛盾概念になってしまう。

立花隆氏の主張するところをそのまま記してみる。

「人間の存在の中核にあるのは、自己という意識の主体である。それは同時に行動の主体であり、思惟の主体であり、情動の主体である。自己というものはそのようなものの統合体としてある。その自己意識の座が脳のどこにあるのか、意識はどのように作り出されるのか。そういうものはまるでわかっていないのである。

今の脳研究で少しずつわかっているのは、人はどうやって物を見ているのか、どうやって手足を動かすのかといった、情報処理や運動のサブシステムのメカニズムにすぎない。脳には視覚系が集めた情報を受け取る認識主体が集めた情報主体がどこかにあるはずである。手足を動かす前に、手足を動かして何をどうするという意志的決断をくだす、意志の座があるはずである。ところがそういう肝心かなめのところが全然分からないのである。……あまりのわからなさに、ついに最近では、意識などというものは、本質的な実体にあるものではなく、脳のメカニカルな活動に伴って付随的に発生している幻のようなものにすぎないという見解すらでてきている」とあった。

視覚を全く利用することなく、その他の感覚を総合的に駆使していることは、目を被われていて手術を受けている患者の視覚系の情報すら主体となっていない。

宮城県金華山で伊沢紘生氏の指導で日本猿を観察した折、老猿が木に登れず、他の猿が木枝から落とした木の実を食べていた。老猿はやがて群れについていけず取り残され、最後は水を求めて谷川に下りると教えられた。事実谷へ下りてみると猿の骨があった。老猿は死期をどのように感じるのか。

また、愛犬が最後を迎える時、じっと飼主の顔を見るが、やがてその力もなく息絶える。その時安らぎを感ずるのだろうか。脳内現象は分からない。

人間以外の動物にも死期が近づくと予知能力が出てくるように思われる。人には死期での不思議な能力が備わっているようだ。エリザベスの臨死体験シリーズには、しばしば自分の死期を知らせる患者のことが述べられていた。

人が持っている不思議な能力

密教では三力といって、①以我功徳力②如来加持力③及以法界力《ぎゅういほうかいりき》・普供養而住《ふぐようにじゅう》といって、自己の功徳によって得る力・仏からいただく力・永遠なる大きな力が一体となれば加持供養は成就すると説く。しかし仏縁と行者のたゆまぬ努力が必要なことは言うまでもない。その修行によって人に内在している仏性が開発されるという。いわば潜在している能力が超常現象を可能にする訳である。

私はこのことを信じる。ユングの言う普遍的無意識が、古代から人類が持っている共有意識に還元されて、本来仏の持つ宇宙的な意識と繋がり、大きな力を及ぼすのだろう。

しかし普通の状態ではこのような状況にはなりにくい。厳しい修行であったり、世間と遮断し山奥に入って、孤立した修行を続けて、極限状態の中で得る宗教体験をするからこそ可能となる。だから高野山のような自然環境と、宗教情操漂うところは最も適地だった。

ＮＨＫの依頼を受けた立花隆氏は、スタニスラフ・グロフというアメリカの精神医学者とともに、セラピーのワークショップを受け、高野山の宝善院でグロフの指導のもと瞑想した。もちろん立花氏に修行の経験はない。

しかし一定のプログラムの下に瞑想すれば、立体の曼荼羅《まんだら》が現れる。それはチベット密教の影響を受けた、ガネーシャ（象頭の歓喜天）の姿の曼荼羅であった。

前日に高野山霊宝館の「聖天秘密曼荼羅」をよく見ていたが、古い描線が薄れて、目を凝らさなければ細部は分からない。瞑想の中では五体の歓喜天以外の像は出てこなかった。しかし東西南北の門の姿と、それを囲む極彩色の部分が出てきたのは、根本大塔を前日に内拝したせいといい、トランス・パーソナルなものでなくて、純粋にパーソナルな体験がデフォルメされただけと記す。

しかし歓喜天は男女・陰陽の神である。空海が古代中国では全てを陰陽とすると言う通り、全ての成り立ちを陰陽五行であらわすことができる。この宇宙も物質と反物質で表すことができ、宇宙ビッグバンの折、物質の量が多く、反物質は別の世界へ行き、ほんの微量だけしかこの世界に移行しなかったから、我々のこの世界は存在する。大日如来を宇宙世界とすれば、曼荼羅は歓喜天で表す拡大解釈も可能だと思う。立花氏は見えない宇宙本体の姿を見たと解釈できる。

今日、魂の座は側頭葉の脳内にあり、宗教的・哲学的思考の源泉といわれ、死に近づいたときに喜びとなって現れるという。

元高野山大学教授、宮坂宥勝師が記した『空海 死の喜び 死からの逃避が人生を空しくさせる』（宮坂宥勝著 大和出版1995）では、「宇宙とは外の世界、自分を包む世界だけのことでない。自分の内側にも、宇宙はあるのである。だからこそ、密教の三密加持によって自分と宇宙が一体化することができる………胎蔵界は女性原理・金剛界は男性原理を表徴……男女の内面世界の縮図、人間の深層心理と結びついた縮図を曼荼羅図として捉えている」と書かれているが、これは男女の性交に極楽ありという立川流の邪教を是認しているのではない。チベット曼荼羅は大きな陰陽の世界原理をシンボライズしている訳だ。

宮坂師は印度を旅し、インドベナレスの茶毘《だび》の風景を眺めながら、「輪廻の思想を宗教的に確信している」という。宇宙論から言えばこれは間違いとは言えない。

さらにこの著の最後では「混然として多元的な宇宙の根源を抽象すれば、その最高類概念は神、あるいは仏という表現になる。角度を変えてみれば、誕生の喜び」「恋愛の喜び」「死の喜びによって人生に終止符を打つ」とあった。

死が喜びであるかどうかは別として、脳内側頭葉が関係して臨死体験・臨終の死の受容の起こることは事実らしいが、それでは魂の中心となる心は側頭葉のシルヴィルス溝にあるのかというと、現代医学では詳細は分からないのが事実である。

それどころか魂は実体としてどんな作用で、現象として存在するのかは、全く分からないのが現状である。それに最新量子論にあるように、粒子のゆらぎと同じく時間も存在しないし、瞬時に伝わることができるようだ。だいたい不変といわれるエネルギーや重力だって、その実体はつかめない。

三密瑜伽《ゆが》といって仏と行者の、身・口・意が相応して奇跡を成す僧も実在する。生かされて命を生かし、悩める衆生を助けていることを、科学や物理では解明することができない。

池口恵観師は鹿児島最福寺住職であり、高野山清浄心院の住職であるが、百万枚護摩行を続け、多くの人を導き弟子としている。やはり特殊な法力があるのだろう。

熊本県玉名市の蓮華院誕生寺貫主・川原英照師は皇円《こうえん》大菩薩御前で、八千枚護摩行を毎回修し、多くの信者を導き、自ら厳しく利他行を徹する方である。不治の病にかかられ助からないといわれたが、蓮華院誕生寺は皇円大菩薩を本尊としていて、川原師はよりよく生きて衆生のために祈るとして、毎日「南無皇円大菩薩」の真言を二万遍以上唱え続けている。そのおかげで奇跡が起こり快癒して、祈りの質も変わり、祈祷を続けている。おそらく川原師に託された使命で、見えない世界から鼓舞《こぶ》され、命の加護があったと認めざるを得ない。

皇円上人は比叡山の僧であるが、全30巻からなる仏教と文化の歴史書を編纂した。広い学徳により肥後阿闍梨《あじゃり》と尊称され、歴史家から言えば巨人である。古代史は日本書紀・続《しょく》日本紀などでは分からないことが多く、日本史を編纂するうえでの基礎となり、私も文面から多くを引用することができたのは、その『扶桑略記《ふそうりゃくき》』であった。

歴史上から見れば、最澄と並ぶ超人といわなければならない。弘法大師はその魂が昇華して時空を超越した如く、皇円上人も同様としなければならない。

蓮華院誕生寺の国際奉仕は昭和55年の先代の時代から始まり、現在NPO法人れんげ国際ボランティア会として、国内災害ボランティアや、専門的コーディネーターの活動をするだけでなく、国際的にアジア各国でも支援活動を展開している。

子どもたちへの支援活動にと、税理士・清水時雄氏から那谷寺に遺産寄付の申し出があったのは、平成16年（2004）であった。しかし寺院への寄付では贈与税の対象となる。そのことを清水氏は既に理解していた。だからNPO法人になる必要があった。

協力を申し出たのは山腰茂さん・嶋多龍夫さんであった。山腰さんは弁護士で法律の専門家であり、那谷寺寺院規則を社会福祉法人同様の規則に改正し、基金活動ができるようにされた。嶋多さんは、最初に実施されたチベット難民の子ども支援において、印度ダラムサラでの学校助成の交渉の中心となった人で、教育相と英語で交渉し、カラコルム山脈の離れたチョンタラ学校の支援と決定した。

私たちは、川原光佑氏（当時副住職）の引率団体に交じっての参加であったが、不思議とダライ・ラマ法皇が7年に一度行う、千手観世音菩薩潅頂の儀式にも参加でき、ダライ・ラマ法皇と那谷寺千手観音の法縁に感謝した。

その後、小松市教育長矢原珠美子氏との縁から、ラオス山間部で暮らすモン族の教育実施を図書館で単独で行っている安井清子さんの活動の支援を始めた。今までに僻地で学校が存在しなかったシヴィライ村での高等学校開校や、スラム街での子ども教育支援や、日本国内災害地子ども合宿事業まで拡大した。

これらの事業が完成したのは、我々の奉仕活動が正当であり、清水氏の遺志と千手観音の慈悲の誓願、それに加えて賛同してくれた全ての方々の思いが倍加して成就したと思い、報恩感謝している。

エリザベス・キューブラー・ロス博士との出会いも不思議である。平成4年（199

2）に読売会館へ博士が来日して、日野原先生等の対談や、読売会館での講演準備のための仕事をしていた精神科医の卜部文麿氏とは、偶然趣味の陶芸美術の雑談で仲良くなった。石川県山中温泉に何度も行き、拙寺にも来たことがあるという。山腰・嶋多・丹羽さんには東京などで開催したバイオサナトロジー会員の講演会に何回も参加してもらった。同年にはエリザベスは来日し、シンポジューム・講演を読売会館で実施、東京では有名病院やホスピス訪問や指導のスケジュールでいっぱいで、私共と会うとは全く予想していなかった。

実際は彼女は日本の田舎での休暇の期待をしていた。突然連絡が入り拙寺へ来ることにしたと言う。エリザベスをやがて那谷寺で迎えた。長男のケネスも一緒だったし、私と妻は一期一会のつもりで接待した。

私はエリザベスのために9月初秋の頃の3日間のゆったりしたスケジュールを組み行動した。

クリスチャンであるエリザベスは66歳であったが、何千人の死にゆく人々と真心からの出会いに会話を重ねたことによる過労なのか不思議と老けて感じられたが、来日した日と違い、作務服と禅宗の頭陀袋を首にかけていた。

応接室に入るなり床飾りと花を見て、「命を大切にするのは良いことだ」と言った。

私が気付いたのは、茶道の如く二種の花を活け、掛け軸と小さな香炉からの薫りだけ、日本古来の因習だが、二本だけの花は目立ったのだろう。丹羽まり子さんと娘の乃理恵の通訳ですぐに理解した。

人の命だけでなく生きとし生ける、全ての命の声を聞くスピリッツを大切にしたのは、境内やイワヤ本殿を回っていて、「この寺の森は精霊が宿っている」と言われたことでも感じた。

エリザベスの思想を既に学んでいたので、宗教的では寛容であることを知ったし、むしろ神社を案内しようと、白山総本社の白山比咩《ひめ》神社の宮司さんに連絡してあった。参拝すると祭主は宮司さんで神官・雅楽・巫女舞も行われ、祝詞《のりと》・御祓《おはらい》も宮司さん自ら行ってくれた。エリザベスの感想では「白鳥が舞っているようだ」であり驚いた。白鳥の舞は古神道や民俗学の先生でしか知らないことで、「白鳥が舞い降り恵みを与える」その見えない魂が見えたとしか思えない。

白山麓にある江戸時代当時そのままの集落・小原村へも案内した。エリザベスが育ったスイスの村と似ていると喜んでくれた。

後にエリザベス・キューブラー・ロスセンター（バージニア）で行われた、死の受容であるＬＤＴワークショップでは、ＨＩＶ（エイズ）患者を中心に多く集まっていた。

患者へのワークショップの内容翻訳のため、卜部文麿氏と共に丹羽まり子さんと、ノースカロライナ大学院在学中の私の娘が同行することになった。一週間以上のHIV患者との同居に二人は応じた。昼も夜も生活を共にすることは、当時としてはかなりの覚悟が必要である。しかし今はその内容には触れない。

その後エリザベスからの依頼があった。センター内で宿泊する人のために、観音像がほしいとのことであった。癒しの部屋には既にマリア像があるが、観音像を安置したいという。多分観音の慈悲の微笑《びしょう》はマリアと共に患者の苦しみ、悲しみから死を受容するまでの救いになればとの思いであろう。

長男である馨雄は、平成5年（1993）金銅聖観音像を背負って渡米し、ロスアンゼルスから、レンタカーで大陸横断し、バージニアのセンターへ観音像を届けた。馨雄はエリザベスおばちゃんと呼び、本人はそれが気に入り、自宅に泊まっていけとのことで、エリザベス・ケネス・メイドとの四人暮らしが続いた。

仕事はケネスと一緒にする薪割りと、広い農場の羊とアルパカの牧童で、楽しい一か月を過ごした。その後やがてセンターにHIV患者が出入りして、川下にHIV菌が流れる（医学的にあり得ない）として農民の放火によって全焼した。娘はその全米報道を見て、バージニアまで車で走り、現場へ到着したが、エリザベスとケネスの姿は既になく、アリゾナへ出発していた。娘からは焼けた臭いが残る跡に立ち尽くし涙したと連絡があった。

エリザベスは火事により、大切な資料を多く失くしたが、出版社に保存された資料は後に出版され、生涯で合計二十巻に及ぶ。

アリゾナ州での暮しではホスピス指導から離れ、脳梗塞となり2004年8月に他界した。

仰天すべきは、欧米や日本でエリザベスが、ベッドで臥《ふ》している死を前にした自分の姿を放映させていることにあった。不可解なことは私はそのことを知らなかったし、テレビは昼の食事時でなければ見ないにもかかわらず、無意識にスイッチONにした。「BS・ドキュメンタリー・最後のレッスン・キューブラー・ロスかく死せり」が映ったので、私は呆然として映像を見ていた。

エリザベスは死の第四段階の抑うつ状態にあると、私は理解した。しかし何故に自己の死にゆく姿を人々の前に晒《さら》す必要があったのだろうか。素直に「私は早く死にたいだけ」と述べ、最後は「自らも生徒、今、銀河でダンスを踊る」であった。

柳田邦男氏は、エリザベスは人の死とは何か素直にさらけ出そうとしたと語っている。

マザー・テレサの無欲の奉仕はあまりに有名だが、転倒し首の骨を痛めて、心臓病を患って健康を害しての死であった。人は死を選ぶことは出来ない。よく故人は静かに旅立たれましたとの報告をするが、老衰となれば大概そうなる。

今まで生きて感じたことは、我欲がなく利他行を実践するとき至難なことがあっても、耐えて発起すればやがて結実することで、社会福祉法人設立の時も感じたが、この歳になって思うのは、我欲が生じることがあれば、やがてその結果過ちを犯すことになる。これが人としての道だということだった。

人の一生は不思議と悩み苦しみ、あるいは和らぎ喜び坂道を上っていく。その中でうまくいくように神仏に祈る。やがて成就すれば喜び感謝する。失態となれば悲しむ。こんな連続であって、やがて生かされてある一生を顧みる。それが老年であることに気付いた。私もやがてエリザベスのような最後があると覚悟している。

しかしその時は長いようで短い。疾病で短い人生で、それと同じ経験をするなら、時間は自我の認識ではあってなき存在かも知れない。

私たちは脳内で考え行動しているとされているが、脳内に隔離されて意識や精神が存在しているだけでないのは、死の看取り・臨死体験・不思議な能力で述べてきたつもりだ。

霊魂のことを私は最初から魂と記したのは、日本に仏教が伝わって１５００年、しかし日本に宗教や信仰があったと考えられる縄文時代から飛鳥時代まで１５０００年で、何と10倍もの歴史を持っているのが我々だ。

古代ではタマと呼び＝玉＝魂から中国の霊となったと推定される。空海は「性霊集」を記したが、明らかに魂と霊を区別していて、霊は精神や意識を意味していると思う。仏教では位牌には〇〇之霊位とあるが、霊はインド語では死者であり、精気・威光・魂と意味は広いが、経典に利用される文字となり、仏教界には魂の文字が消えて霊の文字となったと思う。私は歴史的に見て、魂の字を使用するのが自然だと思っている。

人の精神と肉体はただ一つとする一元論と、実在を二つに区別する二元論・数的な規定がない多元論があり、古代ギリシャ時代からの論争が現代まで続いている。神仏を信ずる人は仏と一如であると思えば一元論であり、全て身体の中にあり表に心として現れているだけとすれば唯物論となる。しかしデカルトのように心と体は別々に存在すると考える二元論は、実は神の世界を是認し、唯物論者ではないことはあまり知られていない。

一元論にしても二元論にしても、心は見えない存在で科学的に根拠を示せない。しかし科学しか信じない人は一元論を主張する。しかも、それだけに終始しても結論は出ないから、延々と哲学論は続く。近代の脳科学についても仮説ばかりで、納得できる結論はないようである。

科学と同じく宗教も死後の世界をリアルには語られないジレンマがある。不可逆的に死を語れないからで、長々と意見を述べてきたが、私は死の世界から戻って語ることはできない。

だから釈迦か、宗祖空海の言葉の一部を切り取って語るしかない。しかし私自身は死者の魂は肉体を離れ、日数は不明だが風のように高所に止まり、残された人を見守り続けるといっても、リアリティがなさすぎる。それは、ガリレオ・ガリレイが「それでも地球は動く」とした客観的証明が不可能だからだ。

『「霊」をどう説くか 現代仏教の「霊」をめぐる教化法』（津城寛文監修ほか著者8名 四季社2010）を読んでも、やはり感動する文章は見付からなかった。

その中で民俗学者、宮田登氏の「宗教が衰微してくると幽冥界の消息が不明になってしまう。それは幽冥界に対する、あの世と霊魂に対する感覚を失いつつあることを示す。そうすると形骸化した宗教だけが残ってしまう」という言葉は僧侶に手厳しい。

宗教は衆生の幸せにどのように応えるか

現代の宗教の現状について

ドイツ人で量子理論の基礎を築いたハイゼンベルクは「宗教と科学は物事を違った側面から見ている。例えばドイツ物理学者ブランクは、科学は客観的に物質の世界を語る。現実を正確に観測して様々な関係を理解しようとする。他方で宗教は主観的にこの世界を語る。何が正しいか、何をなすべきかを語り、それがなんであるかは語らない。つまり科学は技術の基礎で、宗教は倫理の基礎なのだ……」さらにハイゼンベルクは、「中世から激怒しあった科学と宗教の間の紛争は、誤解に基づいている。宗教の中に存在するイメージやたとえ話を、科学的な表現と間違えた結果である。家族、国、文化など周りの人々に影響される。決断は教育のレベルや環境によって大きく左右される」と語る。

これはベルギーの科学者エルネスト・ソルベイが開催したソルベイ会議で話された内容だ。会議にはアインシュタインをはじめとする物理学者が参加し、旧約聖書の創造主のプログラムを以前よりは少し変えることができたとした。

日本の学校教育では理科や科学の授業があるが、宗教の授業は宗教系の学校にあるにとどまっている。特別な教科として道徳はあるが歴史・社会では仏教も神道も教えない。只、各宗派名や宗祖名のみは知ることができる。

宗教法人法は昭和26年（1951）に成立したが、国及びその機関は、宗教教育その他のいかなる活動もしてはならないとし、憲法第20条の3項で定められた。

憲法第20条3項：「国及びその機関は、宗教教育その他いかなる宗教的活動もしてはならない。」

欧米では宗教を教えないことではない。正しい政教分離を行い、偏向しない教育をしている。

日本の政教分離の教育を受けた人は、都市部では宗教を知らないままに70歳となってしまった。日本人のほとんどは寺に入ると合掌し、神社では柏手を打つが、それは慣習がほとんどだ。合掌礼拝しても現世利益を願い、仏さんと祖父母の霊が我々をお守りくださるようにとの願いが多いようで、家の宗派のことを深く理解するため、宗派の教えを学ぶ仏教書を読む人は少ない。書店では仏教・哲学のコーナーはすっかり縮小してしまった。若者に宗教にどの程度の知識があるか、尋ねてみるとよい。

近年確かに若い女性の参拝者や、本尊の前で合掌し朱印帳に記してもらう人は増えた。大概は社寺参拝の導き書や、イラスト入りの宗教書かご利益一覧や、オカルトアニメに登場する社寺のことは読んだ経験がある程度だろう。

加えて拙寺でも法要の行事も欠かすことなく実施しているが、法要に参拝するのは大概女性が多く、しかも高齢化している。他の寺へ助法に行っても同じ顔で覚えてしまう。

拙寺でもコンサートや有名人の講話や瞑想・アート展・夜の光の祭典・お化け祭り・各種イベントなど行うと、大人・子どもでお堂等が満杯になるほど集まる。しかしそれは信仰を求めてやってきたわけではないし、秋の紅葉季節の休日は、駐車場が溢れて境内も人波ができるが、秋の数日以外は閑散としている。正月は多く参拝する。ありがたいことにコロナ禍前年までは寺院維持ができていた。

前述したように通夜の後の法話は本山教学部も勧めていて、本山布教師である僧侶に、通夜後の短い法話はやめたほうが良いと私が言ったら驚いていたが、私自身は老人施設の理事長と県社会福祉関係役員であったから、僧侶として通夜葬儀を行うより、一般参列者席で座っている方が多かった。たまに法話をする僧がいるが、死より遠い位置にいて、死と宗祖を語るからほとんど得心できないし、私にとっても理解不能な話もある。

ＮＨＫの２０１９年４月号の調査は、国や読売新聞社の調査より最近である。「科学を信じる」と「自然の力を信じる」とを加えれば、「神仏を信じる」に比して、「神仏を信じない」は55・３％にもなる。日本は仏教宗派が多いし、それぞれ教えが異なることを考えれば、短時間で概念的法話をして、ほとんどが納得すると思えないし、かえって不信に思う恐れがある。

信仰を深めてもらうには枕経があるし、初七日や七七日の法事がある。自分の経験や事例を含めて、信念を込めて話すべきだが、傾聴も大事だ。

実際には日本人が本来信仰を持っていないとは思えない。ネットでリサーチしたら２０１６年の調査では、実家の墓参りに行く人は67・４％で、家族と一緒に参るのはその内の85・１％となっていた。墓は父母の実家にあるので一緒に墓参りする習慣だけは多い。ただし日常生活では父母の実家と離れているし、御里の寺との付き合いがほとんどないし、学校で宗教を教えられた経験もないけれど先祖は敬っている。

各宗本山も寺院もそれなりの布教努力はしているが、その声は中年の世代以下には届きにくい。よくその世代は宗教より科学を信じているというが、実際には戦後の教育や、都市部中心の産業を中心とした生活圏に働く世代が移住して、檀家寺や氏神と接する機会を失っていることが理由である。

戦前の国家主義的宗教は弊害といえる部分もある。我欲の制御と利他主義を仏の信仰として、教育に取り入れることは必要だが、ブランク氏の言葉にあるように、科学は技術の基礎であり、宗教は倫理の基礎で、現代科学では原水爆のような地球を壊滅させることが可能となれば、人類や地球環境保全に方向付ける政治と経済を目指し、慈悲と愛とへ導く宗教倫理が基礎とならなければならない。

ウクライナへのロシア侵略戦争は全く宗教観が無視されている。加えてカルト宗教の第二世代への暴挙や、政治への癒着と集金活動が表面化すると、既成宗教にも悪影響を及ぼす。

NHK放送文化研究所が加盟する、国際比較調査グループISSPが2019年に実施した「宗教」に関する調査によると、信仰心の有無では、まあまあを含め、2008年は33%、2018年は27%だった。「神を信じる」は2008年で44・4%、2018年は37・4%であった。「宗教的奇跡を信じる」にいたっては、2008年で17・4%、2018年は14・3%と減少しているのに驚いてしまう。この数値は共産国以外では世界最低である。

只、自然の摂理を神仏のなせるものとすれば、信仰数はもっと増加するだろう。日本人の宗教観は古来より、自然の神仏を崇《あが》めてきたからである。

宗教全体の衰退は現実に起こっているが、これは宗教宗派の責任と思う人もあろうが、そうとも言えない。教育により科学信仰が増え、科学者の中でも宗教否定論者が多い。

ネット上では僧侶や寺院批判が目立つ。葬式布施や戒名料が高すぎる等々だが、寺院維持費はかつては檀家等の寄付金で賄ってきたが、今は募金しても集まらない。ほとんどの収入は葬儀料・法事廻向料で、その収入は基本的に寺院の護持のために必要である。

坊主まる儲けというが、真面目な僧侶ならば宗教法人から給与を支給されていて、国民の義務である税を支払うのは当然で、一般の人々と差異のない家庭を持っているのならば、各種税や年金・保険の義務も果たすべきで、私は住職になった青年時代からそれを実行しているし、ほとんどの僧侶は国民としての義務を果たしていると信じている。僧であれば宗教法人であっても、宗教活動以外の収入があれば課税され、納税は当然のことと思っている。

那谷寺では、直営する社会福祉法人に寄付をしていた。社会福祉法人が高齢者へのサービスの向上を行うには安定した経営が必要だからだ。

幸いにも那谷寺は観光収入があり、お蔭で社会貢献も可能でもあった。個人的にも海外の貧困生活をしている子どもにスポンサーシップとして支援してきた。したがって私たちは富裕家庭にはなれない。

一部の富裕寺院での贅沢生活はあまりにも目立ち、批判の対象となっているが、地方では大部分の寺院の僧侶は、収入が少なく、家族が副業まで持って寺院護持をしている実態を知ってほしい。京都・正覚寺の住職でありジャーナリストの鵜飼秀徳氏は既に全寺院の4割は年収300万以下と調査結果を発表している。

宗教の衰退は日本だけではなく、欧米でも起こっている。例えばギャラップ社のアメリカでの調査によれば、キリスト教を信仰するのは2000年で82%・2019年では67%となってしまった。イタリア以外の欧州よりクリスチャンが多い国でもこの状態であった。

ローマ教皇が、ロシア正教会司教がプーチンを支持すると、ウクライナ・ゼレンスキー大統領の国防の戦いを認める声明を出すのは、カソリックとして異例であった。多分そうしなければ、若者の信仰が薄れていくことを懸念しているのかもしれない。

２０２1年6月、高野山真言宗総本山・金剛峯寺の添田隆昭宗務総長は「核なき世界を実現し生きとし生けるものに平和を」との声明を発し、空海の十住心論「よく衆生のために多くの利事を求め、施作することあれば兵仗を用いず、法をもって浄化して天下安楽なり、外には敵国の畏れなく、内には陰謀の畏れなし」をもって記された。

全く日本国平和憲法そのものだし、国民も侵略戦争を望んでいない。核の恐怖を体験したからこそ、核なき世界を望む国民の願いは大きい。

しかし高野山真言宗だけでは全国に声明は届かない。全日本仏教界や仏教国の全僧侶から団体発信すれば、世界の人々にその願いは届けられるとの思いが私の勝手な考えである。

21世紀は世界平和に向かって進んでいたように思っていたが、私の錯覚であった。

２０１1年の独裁政権下の人口は49％で、民主主義体制で暮らす人は51％だったが、２０２1年では独裁政権下の人口は70％となった。民主主義で核使用は行われることは少ないが、独裁政権下では一人の発令で核使用が可能であり、その危険が20％増えたとせねばならない。

歴史を学んで知ったことだが、平和を求めた為政者は聖徳太子とアショカ王、加えてかつてのチベットやネパール・ブータンいずれも仏教国であった。ほかにも第二次大戦後、インドのマハトマ・ガンジー、南アフリカのネルソン・マンデラ、ウルグアイのアルベルト・ムヒカ等、多くの民衆に民主主義を根付かせた指導者が登場した。

しかし独裁政権に取り囲まれた国、ウクライナ・モンゴル・台湾・韓国・日本・フィリピン・ベトナム等は地政学的に見ると侵略される危険があるそうだ。日本は国を愛するとの国民意識は最も低いので狙われやすいという。平和あっての国民の福利である。

2015年9月、ニューヨークで「国連持続可能な開発に関するサミット」が開催され、2030年までに持続可能な開発目標（SDGs／17の目標と169の具体目標）が決められた。しかし、自国や個人レベルでは残念ながら進展しているとは思えない。人々の欲望制御は難しい。

しかし地球温暖化と生物絶滅や災害と砂漠乾燥地帯増加・食糧不足など次々発生すると、他国侵略どころか自国の防災に勢力を削がれ、CO_2削減や食料生産に追われてくる。従って2030年までに、台湾や尖閣諸島が侵略されなければ、国の安全は保障されるだろう。

しかしCO_2削減や国土防災も大切だが、生活の質を変えること、少欲をもて足るを知る（密教一行の言葉）の実践も大切である。日本では失われた30年といわれるように30年間家計の出費を抑制してきた。

より良く生きることは仏教的活動、少欲知足と智恵の学び、生かされて生きることはSDGsであり、他の生命を大切にするのは慈悲の心でもある。これさえあればGDPを気にすることはない。しかしイノベーションなくしては日本は一周遅れのランナーとなるし、既に教育や先端技術の研究では遅れを取り戻せない。その覚悟があればやがて30年間耐えてきた日本は2040年頃まで耐えることは、苦悩ではなく、日本人は本来足りるを知って生活する素質を持っている。

仏教の復活はそんな時代に始まると思う。周期的に到来する世界不況も、協働すれば乗り切れるだろう。

働く世代も疾病さえなければ、働くのは70歳までとする。那谷寺では80歳近い人が、清掃・庭仕事をパートで勤務し楽しそうである。介護保険の仕組みを変える。多くに改正が必要だが、介護認定の一部AI化、その後サービスを受ける側では自己負担増（所得勘案）、年金の支給もさらに調整。国民年金の最低支給額を上げ、生活保護費支給額により近づける（現状では生活不可能）。育児の無料化。貧富の格差は仕方ないが、現状維持は必要とも思え、競争の敗者への思いやりも必要で医療への保険支給も同様である。税金も将来の孫世代のために現状は仕方がない。

しかしこれは法律改正だけでは実施できない。仏教の抜苦与楽の四無量心（慈悲喜捨）の心がなければ若者の幸せは到来しない。

医療・福祉・子育てへの手厚い保護を優先させなければ、日本は２０４０年少子超高齢化社会を乗り切るのは難しい。

私は僧侶だが、社会福祉法人の経営者でもあり、また県社会福祉協議会関係の役員も務めてきた。介護保険導入後は一般事業者と同じく、経営学は大事であった。自法人の立ち位置と介護サービスの状況を知るには、データと数値で表す財務諸表が大切であった。福祉法人は全て公開が原則であるので、国・県・市の情報から長期での財務状況やサービスのことは独自調査で把握し、自法人の介護サービスの向上に役立っていた。

今は理事長ではなく、寺院住職であるが、生臭坊主であって寺院としての立ち位置が気になっている。

『寺院消滅』（鵜飼秀徳著　日経ＢＰ社２０１５）のデータと少し違った見方も勝手にしている。

私の住む場所の近くにコンビニエンスストアがある。一週間に一度は訪れ１０００円ぐらい消費する。年間に４８０００円となる。他に店舗がなかったから仕方がない。

令和２年（２０２０）のコンビニ数は５５９２４店で、令和２年文化庁文化部宗務課の調査によると仏教系寺院数は、令和２年７６５８７、令和２年の理容室は１１９０００

で、美容室は２５１０００店もある。これは一店当たりの消費単価が高く市場原理が働くためである。

寺院を経済活動で判断するのは報告のあった寺院だけの年収調査が、文化庁「宗教年鑑」令和３年（２０２１）に記載されていたからだ。

平成６年（１９９４）の寺院の年収調査平均は３３５０万円で支出が２５４０万で人件費（僧侶収入）が８２６万だった。この時代では僧侶の収入は多い。しかし寺族の収入は含まれているとは思えない。しかし平成25年（２０１３）になると収入が２１０６万円で、支出が２２４４万円という赤字経営で、僧侶収入が５８８万となった。国内不況になったにもかかわらず高収入である。しかしバブル崩壊による国民所得が減少し、令和２年（２０２０）国民一人当たりの所得は４２６万でバブル期より減少している。この時の僧侶の年収はいくらになるかデータはない。ただし一般サービス業と比較すると、住職や寺族・婦人や役僧を人件費とすれば極端に低すぎ不審である。統計が正しいのかどうか疑問が残る（サービス業40〜60％）。

さて、私は以前から不可思議なことに気付いていた。それは明治以来の日本の人口と寺院数の変化である。日本の人口は次のように推移している。（寺院数は文化庁サイト宗教関係統計に関する資料）

・明治5年（1872）　3480万人
寺院数　90000寺以上から減少、約7万と推定
・明治10年（1877）　3580万人
寺院数　72599
・明治37年（1904）　4613万人
寺院数　72191
・大正7年（1918）　6486万人
寺院数　71698
・昭和14年（1939）　7138万人
寺院数　71284
・昭和42年（1967）　1億人
寺院数　75603
・平成16年（2004）　1億2800万人
寺院数　75051
・令和3年（2021）　1億2550万人
寺院数　76774

・令和23年（2040）　1億1092万人
寺院数15％減　65000と推定

この仏教系寺院総数は明治10年代から、令和3年まであまり変化がない。しかし人口が3・6倍増加している。経済原則での市場原理が働いていない。本来なら檀信徒の数も3倍近く増加し、寺院は3倍以上豊かになり、伽藍や境内整備が進んでいなければならない。事実明治・大正・昭和時代全国で檀信徒の寄付もあり、境内整備が全国で進行していった。多分、全国の寺院で江戸時代以前の本堂はその後改築されているだろう。

廃仏毀釈以前の寺院数は推定だが9万以上あったろうが、整理統合されて明治10年には72599と、現在の寺院数とあまり変わらない。しかし存続できない寺院はその時代に整理されている。その後廃寺となった寺院の檀信徒も寄せて、人口増加で檀家も増えた。

なぜ寺は人口に比して増加しなかったのだろうか。他の業界は人口増に従って市場原理が働いて、各種産業が振興して国を豊かにしたが、寺院は他の産業とは違っていた。それは国民の信仰の力が寺を豊かにしたこともあるが、寺院は先祖供養の場であり、日本は天皇を中心とした帝国主義を目指していたし、その中心は家長を中心とした家が大切であり、血族から村や町、そして国の組織に従順であり都合がよかったからで、先祖供養を要とすれば寺院は存続できた。檀信徒が檀那寺《だんなでら》を変えるのを望むことは少なかった。人口増加し、新寺建立して割り込む隙間がなかったからだ。

明治時代の新興宗教の設立があり、多くの人が入信しても、人口増加で寺院の檀信徒が減少しなかったと推考する。

しかし日本の過疎化は寺院に変化をもたらした。令和3年（2021）では全国1718市町村の内過疎化の進行する市町村は820で、全体の47％となってしまった。

その流れは昭和30年の高度経済成長から始まる。地方に暮らす人々がより高い収入を求めて都市部へ移住し始めた。昭和45年からその流れが顕著となり、国は過疎地域緊急対策措置法により対応しようとしたが、地方の過疎化は止まらなかった。

加えて平成23年（2011）から日本は人口減少社会となり、地方の過疎化は止まらない。私は地方新聞の死亡欄の石川・富山の葬式の形態を見ている。中心市街以外の通夜・葬式終了記事では異様に過疎地が多い。

なぜそうなるかと言えば、前述したが、子どもが成長して大学まで卒業させても、長男・長女は都市部に出ていってしまうことで地方は縮小してしまうからだ。地方公務員も教師も警察官も採用はないし、事業所もなく、農林漁業だけである。田舎では後期高齢者以外に知り合いはいない。従って親が亡くなっても、通夜葬式はせいぜい家族葬となってしまう。当然親の遺骨だから持ち帰り、墓を求めるか納骨堂（公共納骨堂も増えた）に納めるだろう。従ってこれからは墓仕舞いも増えてくる。

地方過疎地の超高齢化は進んでいく。そんな事情で過疎地でも葬式は極端には減らないから、地方寺院も何とか維持できる。

２０４０年度は今から17年後である。この年では少子多死時代と言われる。この時代高齢者の死亡者は１６６万人と最高となり、子どもの出生は60万人と計算されている。（２０２１年死亡者１４４万人・出生81万人）

寺院は先祖供養と葬式業などと揶揄されるが、僧侶が葬式を引き受けなければ、葬式は告別式と変化してしまう。むしろ多死社会では僧侶は忙しいかもしれない。鵜飼氏の言うように多くの寺院が消滅する訳ではない。

鎌倉新書は葬儀サービスとその関連ビジネスの情報誌など出版しているが、ネットでは、確かにコロナ禍で急激に家族葬が増加したが、未来に一日葬や直葬もそれと同様に増加していくとする。しかしそれも、やがて一定を限度として歩留まりするであろう。

信仰心は薄くても、日本人は気配りと世間体を気にするからである。葬式の簡素化は止まらなくとも、僧侶の読経なしに済ますとは思えないからである。

しかし過疎化地域の寺院は2040年頃には3分の1以上の寺院は維持困難となろう。そのような過疎地寺院では、僧侶の年収は300万円がもっとも多くなる。多くの寺院は各宗本山を被包括団体として活動している。高野山真言宗では「方便を究竟《くきょう》とす」とある通り「方便」利他の実践が過疎寺院には必要となるが、如何に実行すればよいのか。

今の社会は競争の原理が優先される。利益を獲得するための競争があり、優位なものが安定的経営を持続できる。しかし平等な条件が与えられている訳でない。それは寺院という簡単に移動できない処に住し、しかも宗教活動の展開に不都合な過疎地にあり、さらに寺院維持のため副業を持とうにも、それも不可能な場所であれば寺院統合するか、廃寺にする以外に方法はない。過疎地寺院住職は無住の寺院を何カ寺も兼務すればよいとの意見もあるが、寺院維持費が増加する。石川県庁の総務課は廃寺を勧誘している。私も賛同して一カ寺を廃寺にしたが、結果的に良かったと考えている。境内地を売却して、尊像を他寺へ移転してようやく完了した。残余金は次の寺院を廃寺にするために寄付する。

無住寺院を放置すれば近所迷惑になるし、後になるほど地価も下がり、取り壊しの経費が増大する。

過疎地の寺院は現在より広域的に檀家を持たなければ存続できないように思える。しかしそれも不可能な場合もある。データを見ると全国の法人所有の土地の17%が宗教法人所有となっている。過疎地の場合、林地と農地・廃寺の土地がある例も多い。例えば農林業の人3名と隣地の寺院と共同で農業法人を設立する方法も可能だ。食料不足時代だからである。

寺院跡地を高齢者施設に貸与することもできる。2040年以降では過疎地では高齢者も減少するので、特別養護老人ホームも必要なくなる。従って小規模多機能施設が必要で、境内地の広さは丁度良い。

国には農林漁業法人投資育成制度があるが、宗派全体で福祉基金又は新基金の設立などをしたり、任意の寄付金もそれに加える。法人設立への助力も利他行になる。

もちろん、過疎地寺院対策の取り組みは20年遅すぎたが、今、全寺院が協力し過疎問題に取り組まなければ、やがて本山に影響を及ぼす可能性だってある。それは地方に篤い信仰を持っている高齢者が集中しているからである。

宗教と科学は対立しない（密教を中心とした論）

産業革命は科学が発展し、資本主義が興り産業発展し現代と繋がっていったものだが、20世紀からの科学は新しい物理現象を発見し、その力は急速に進行した。今後も次々と新しい発見が続くだろう。後述するが科学では宇宙の可視の部分は5％程度であり、その他はダークエネルギーとダークマターである。

キリスト教・イスラム教を批判する訳ではないが、旧約聖書は倫理の元となり、人間が死後に裁かれ、新約聖書ではキリストの説いた愛を護ったものは死後天国へ昇れるし、それに反した人生であったら地獄へ落とされる。人類はやがて終末に審判を受けるといわれるが、西方のキリスト教では中間の煉獄《れんごく》の思想も生まれ、罪をあがなえば天国に昇るとされた。

キリスト教もイスラム教も、世界や人間は創造主である神の働きで造られたとある。科学が発達すると人々の疑問が生まれる。「創造主は一体どなたが造られたのか、創造主の前に創造主がいることになる」という疑問を解決するため、神物語として、キリスト教も科学もこの問題を棚上げにしている。

天国や浄土があるかについては、実在とは何か、無限とは何か、真の世界とは何か、これを深く追求していけば最後に宇宙とは何であるかも宗教思考の対象となる。

　宇宙論も量子論も科学的に結論に達したわけではない。あたかも海岸の砂浜の砂粒を分析しながら進んでいて、これこそ永い時間と厖大《ぼうだい》な客観的実験資料の積み重ねが必要で、まだまだその途上にあるのだろう。

　宗教での死後の世界観も同様で、言語で一部は表現できても、我々の想像をはるかに超えた次元の世界だろう。

　釈尊（釈迦）は死後の世界を無記とし、空海は真帰とし一字に千字を含む真言、曼荼《まんだ》羅《ら》などで表した。言葉で深く語るのは不可能であったからだと思う。他の祖師も語っても比喩《ひゆ》（例え話や類似したこと）で語っている。カルト宗教では天国地獄をよく語るが、まるでバーチャルリアリティだ。

　科学者のアインシュタインやハイゼンベルクは会合で、神や天国の有無について論じているが、最近は神について語る人は少なくなっていて、故意にこの問題を避けているように思える。

　宇宙＝Something great＝大日如来＝神仏とすれば、宇宙とは何かを探求すれば、生物の死生の問題や、それがある空間のことについても、やがて少しずつ解明に近づくと推察する。宇宙の不思議な現象についてさらに知ることができれば、科学と宗教が無関係ではないことに、多くの人々が気付く時代がやがてやって来ると信じている。

私は残念なことに科学に疎い。科学の宇宙論や量子論の本を5冊読んだが、最後は難解な方程式にたどり着いてそれから先には進めない。

『高野山時報』「密教と科学の架け橋　空（宇宙）と海（生命）」（高野山出版社2019）で京都大学名誉教授高岡義寛師の寄稿を読むことにより、ビッグバン後現在も膨張し続けている宇宙には外線があり、その宇宙の外線の外は時間も空間も無くゼロ（真空）の状態であることを知った。宇宙はゼロの状態の中で誕生して終焉を繰り返しているとの宇宙論に感服する。私の直感では宇宙には始まりも終わりもあってはならないと思うからだ。確かに寄稿文にあるように、梵我一如（宇宙も我も一つになった世界）で元々は自然法則と同一でなければ、宇宙の仏も我も存在できないと思っている。

私は真言宗に属しているので、密教を中心とし、他宗の教えに踏み込まない。

法身大日如来の宇宙は始まりもなく終わりも存在しない。常に空《くう》の中に止まらず、有の中でも無の世界でも、時間空間を超えて自然の摂理（キリスト教のprovidence神の摂理）の説法は存在し、我々はそれを受け取ろうとしても、心安らかで謙虚に瞑想しなければ授からない。宗教・宗派を超えるなら、サムシング・グレートと言っても良いと思う。

アインシュタインの一般相対性理論に基づき、修道士のジョルジュ・ルメートルによりやがて宇宙は膨張し続けなければならないとして、１９３０年、超高度で超密度の一点から１３８億年前に爆発によって誕生したことが解り、ビッグバンと名付けられた。宇宙の一部は出口のない穴に沈んでいき、時間は惑星に近づくほどゆっくり流れ、果てのない空間は海の波のように揺れていると説くようになった。だがマクロの一部しか分からない。

一方ミクロの世界は見えないが、原子は原子核とその周りを回る電子から成り、原子核はプラスの電荷を持つ陽子と中性子で構成され、陽子はクオークで成り立ち、これ以上分解できない。加えてクオーク・反クオーク・グルーオンという最小単位の素粒子の複合体であるが、素粒子が組み合わされて全てが実在している。

ミクロの世界でも真空は空っぽの状態ではなく、強い相互作用によりクオーク・反クオーク・グルーオンが素にある状態であった。

素粒子の振る舞いは量子力学によって記述され、生物や宇宙のような自然現象もその対象となりえる。電磁場の量子は光子であるのと同じく、それぞれの場に相当する量子だと考えられていて、絶えず動いている。そして動きは波動となり、粒子ともなり存在は持続的ではなく、波動が相互作用から別の相互作用へと瞬時に跳んでいて、現れたり

ホーキング=ハートルの無境界仮説

図1　実時間宇宙　　　　図2　無境界仮説の考え方

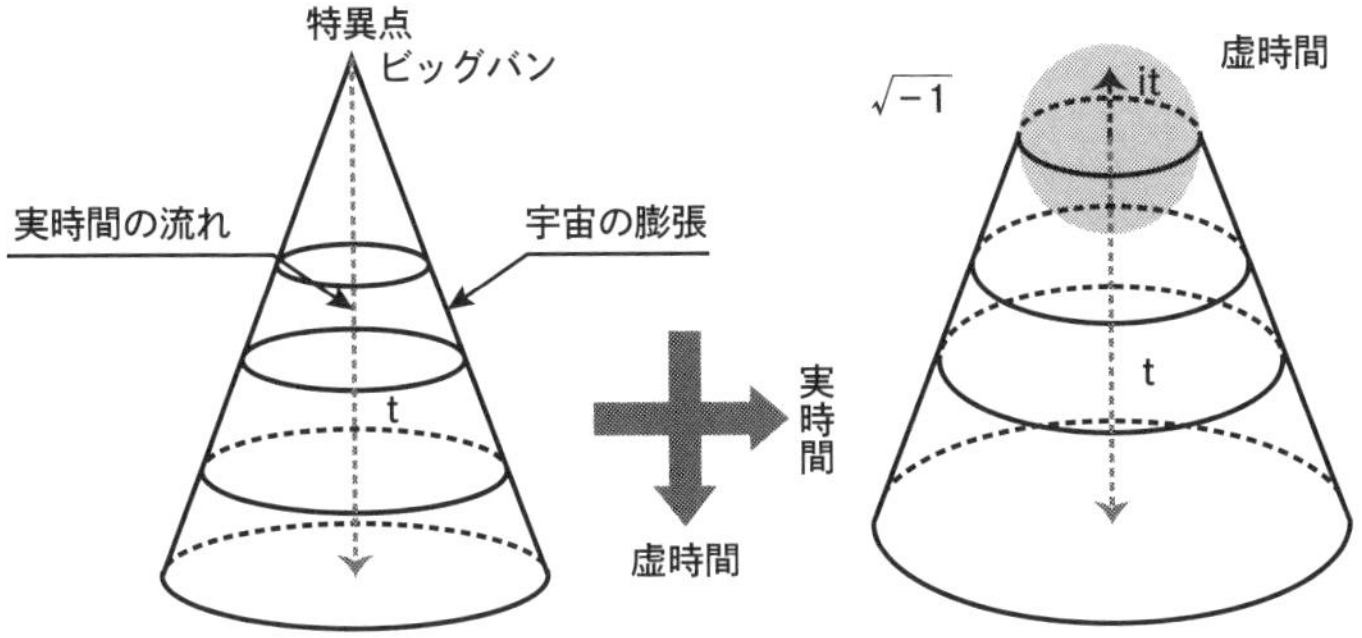

消えたりしている。

世界を構成する基である粒子が次々と生じたり消えるように見えるが、エントロピーが働き、短くはかなく変化して生かされる。空間を観察すると素粒子が波のように揺れている。宇宙空間も全く何もない訳ではなく波のように揺れている。

『すごい物理学入門』(カルロ・ロヴェッリ著河出書房新社2020)は一般社会でよく読まれている著だが、高岡義寛師のように宇宙の外線を設定すれば全く同じであった。

スティーブン・ホーキングの「最後の論文」が書かれた頃に学者間で予言された多元的宇宙論(マルチバース)では全く異なった法則であって、我々の物理法則はただの偶然の産物であるとした。しかしホーキングはそれが不満であったし、宇宙は統一された一つの法則によって成り立った有限のものと示し、ローマ法皇を安心させ、全く無神論者ではないことを『科学者はなぜ神を信じるのか』（三田一郎著 講談社2018）の最後のページで述べている。ホーキングの別論文「永久インフレーションからの最後の離脱」では宇宙の始まりについてもフォーカスしていた。時間方向を2乗するとマイナスになる。虚数にすれば、マイナス×マイナスで空間方向と同じ符号になる。

この図では「宇宙のはじまり」はなくなり神が不用となる。そこには創造主の作業はなくなるから、神を否定したという。しかしサムシンググレートは宇宙を創造した訳でなく、存在し続けているのだから否定などできない。

三田氏はこうも記す。「そもそも科学理論とは、観測を記述するためにつくられた理論にすぎず、われわれの精神の中にしか存在しない。だから、実際に流れているのは実時間かと尋ねるのは無意味だ」と。

『密教のわかる本』（金岡秀友著 廣済堂出版1983）では「現代における宇宙論は科学的な客観的実在としての学的領域を担当している。しかし本来、宇宙論は観である以上観る者をしての人間を除いては成立しない。そこで観者を主とし、人間に視点を据え、現象世界と人間のかかわりの中で宇宙をとらえると、それは宗教的世界となる」とする。

アインシュタイン・ハイゼンベルクなどの物理学者が出席したソルベイ会議と同じ見解であった。

密教での生命観と死生観を空海は秘蔵宝鑰《ひぞうほうやく》には「生れ生れ生れて生の始めに暗く、死に死に死に死んで死の終わりに冥《くら》し」と衆生の死への無知をいわれるが、過去・現在・未来と繋がる仏の命を説いている。私が信奉する密教（真言天台宗）は宇宙的だ。

全ての命は六大の生命であり、地・水・火・風・空・識となっていて、それが古代宇宙の生命の認識であり現代の科学分析とは関係しない。観者としての人間の観点である。さらにそれを拡大し、マクロな永遠の宇宙観へと広げていく。全くの凡人である私には、宇宙の果てがあるのだろうかは単純な疑問である。果てがあるのならその先は何か、そんなことを考えていると、今生かされている自己は実在しているのか、今生かされている自己は三次元と時間であるが、現実の存在なのか不明解である。空海は六大と曼荼羅と大日如来を中心とした世界が宇宙であるとした。それだけでなく、自己の内在的精神と肉体にも曼荼羅の教えをあらわしている。

私はその教えを信奉して、お蔭さまで大日如来（サムシンググレート）に報恩感謝しながら、実在しているとして、生かされて余生を現実に過ごさせていただいている。

宗教の教えは六大と曼荼羅に集大成され、広く展開していく。唐より請来した金剛界曼荼羅と胎蔵界曼荼羅を中心に据え、密教を教示している。再度曼荼羅を解説しよう。『密教・コスモスとマンダラ』（松長有慶著 ＮＨＫ出版１９８５）では「曼荼羅は美醜などといった人間の感性に訴える単なる絵画ではない。色とか形といった具体的なもので人々に語りかけてくる。宇宙の凝縮したシンボルで、（例えば尊像）そのものも真理の象徴的な表現ということができる。文字とか言葉だけが思想を表現する手段ではない。曼荼羅の絵そのものが思想である。曼荼羅は言葉にならない言葉、現象の奥に潜んで姿を見せない声なき声の積極的な表現形式ということができる。曼荼羅に画かれた仏・菩薩の色・形・位置・持仏などが尽く暗号を発して、それぞれの象徴的な意味を我々に絶えず語りかけてきている。

曼荼羅には近代科学文明の淘汰・排除・疎外といった否定の原理は見当たらない。その背後には現象界に存在する一切の存在の中に無限の価値を認め、夫々の持つ特性を、そのまま真理の部分的な表現と見る。密教独自の肯定の思想が秘められている。自己が他と対立し、排除しあう関係でなく、現実に存在する人間はもちろんのこと、鳥や獣、魚や虫けら、一木一草にいたるまでが同体であり、俗なるままに聖であることを、曼荼羅は宇宙の凝縮図として示そうとしているのである」と書かれている。

さすが松長有慶師である。言語によってこれほど説明できるとは驚きである。曼荼羅の四隅をつまんで、中をふくらませれば球になるから東西南北はなく、宇宙的になると説いた人がいたが、球体では大日如来は底に貼りつき、諸尊は壁に貼りつく。そもそも金岡秀友師の言葉のように、科学の視点と異にするのである。これを現代の３D画像であらわそうとしても、とても不可能なことが解る。

『曼荼羅の思想』（頼富本宏《よりとみもとひろ》著、鶴見和子著 藤原書店２００５）によると、南方熊楠は

胎蔵界曼荼羅

金剛界曼荼羅

マンダラ思想に傾倒し核心に迫ろうと努力したが、直線と曲線で熊楠が描かれた曼荼羅には、尊像は描かれず、ユングの曼荼羅と同じく宇宙論か心理学的マンダラになってしまっていた。

胎蔵界曼荼羅は大日如来を中心として、周辺を仏・菩薩・明王・神々が取り囲んでいる。宇宙の構造を表すのでなく、人から見た観点で図像によって、その意味を示していて、大日如来を中心とした神仏の姿で大系的に表現している。

胎蔵とは母親の胎内から生れるように、慈悲の姿で神々の性質を多くの像として表現されていて、敢えていうなら、母の慈愛のように女性的な原理を表し、宇宙世界に混沌として広がり、一方、我々の身体の内にも広がっているから、全てに存在しているのである。

金剛界曼荼羅は、九つの枠《わく》で区切られていて、中央の大日如来が中心で枠《わく》内が三十七尊で構成され、完全で硬《かた》く壊れない悟りの知慧を表し男性原理で表す。

金・胎両部曼荼羅は、インド・中国でも、陰陽両極で示されている。全ての世界や死生も陰陽で本来同じとして、言語ではなく絵画像としてシンボリックに表わされたと思う。

人はどこへ向かおうとしているのか

般若心経は仏教の経典の中で最も人気がある経典であり、わずか262文字で構成され覚えやすいが、内容は哲学的で空観を中心とし、仏の完成された智慧の教えでは普通の解釈は通用しない。

色即是空はよく使われる言葉だが、この四文字ですら我々の固定観念は全く通用しない。

摩訶般若波羅蜜多心経《まかはんにゃはらみったしんぎょう》

観自在菩薩《かんじざいぼさつ》、深般若波羅蜜多《じんはんにゃはらみった》を行《ぎょう》ずる時《とき》、五蘊《ごうん》は皆空《みなくう》なりと照見《しょうけん》し、一切《いっさい》の苦厄《くやく》を度《ど》したもう。舎利子《しゃりし》よ、色《しき》は空《くう》に異《こと》ならず、空《くう》は色《しき》に異《こと》ならず、色《しき》は即《すなわ》ち是《こ》れ空《くう》なり。空《くう》は即《すなわ》ち是《これ》れ色《しき》なり。受《じゅ》・想《そう》・行《ぎょう》・識《しき》も、亦復是《またまたかく》の如《ごと》し。舎利子《しゃりし》よ。是《こ》の諸法《しょほう》は空相《くうそう》にして生《しょう》ぜず滅《めっ》せず、垢《あか》つかず浄《きよ》からず、増《ま》さず減《へ》らず。

是《こ》の故《ゆえ》に空中《くうちゅう》には、色《しき》も無《な》く、受《じゅ》・想《そう》・行《ぎょう》・識《しき》も無《な》く、眼《げん》・耳《に》・鼻《び》・舌《ぜっ》・身《しん》・意《い》も無《な》く、色《しき》・聲《しょう》・香《こう》・味《み》・触《そく》・法《ほう》も無《な》く、眼界《げんかい》も無《な》く、乃至意識界《ないしいしきかい》も無《な》く、無明《むみょう》もなく、亦《また》無明《むみょう》の盡《つく》ることも無《な》く、乃至老死《ないしろうし》も無《な》く、亦老死《またろうし》の盡《つく》ることも無《な》く。苦《く》・集《しゅう》・滅《めっ》・道《どう》も無《な》く、智《ち》も無《な》く、亦得《またとく》も無《な》し、得《う》る所無《ところな》きを以《もっ》ての故《ゆえ》に、菩提薩埵《ぼだいさった》、般若波羅蜜多《はんにゃはらみった》に依《よ》るが故《ゆえ》に、心《こころ》に罣礙無《けいげな》し。罣礙無《けいげな》きが故《ゆえ》に、恐怖有《くふあ》ること無《な》し。一切《いっさい》の顛倒夢想《てんどうむそう》を遠離《おんり》して、涅槃《ねはん》を究竟《くぎょう》す。

三世《さんぜ》の諸佛《しょぶつ》、般若波羅蜜多《はんにゃはらみった》に依《よ》るが故《ゆえ》に、阿耨多羅三藐三菩提《あのくたらさんみゃくさんぼだい》を得《え》たもう。故《ゆえ》に知《し》る、般若波羅蜜多《はんにゃはらみった》は、是《こ》れ大神呪《だいじんしゅ》なり。是《こ》れ大明呪《だいみょうしゅ》なり。是《こ》れ無上呪《むじょうしゅ》なり。是《こ》れ無等等《むとうどう》呪《しゅ》なり。能《よ》く一切《いっさい》の苦《く》を除《のぞ》きて、眞實《しんじつ》にして虚《こ》ならず。故《ゆえ》に般若波羅蜜多《はんにゃはらみった》の呪《しゅ》を説《と》く。

即《すなわ》ち呪《しゅ》を説《と》いて曰《いわ》く、

羯諦羯諦《ぎゃていぎゃてい》　波羅羯諦《はらぎゃてい》　波羅僧羯諦《はらそうぎゃてい》　菩提薩婆訶《ぼうじそわか》

般若心経《はんにゃしんぎょう》

釈迦の教えには、人生は苦でその原因は煩悩であり、それを滅すれば覚ることができる四諦《したい》説や、正しい見解・正しい考え・正しい言葉・正しい行い・正しい生活・正しい努力・正念・正しい定によって苦から解脱できるとした教えがある。加えて、無明・行・識・名色・六処・触・受・愛・取・有・生・老死を味わう人の一生を説いているが、それら全て固定的・実体的な、自性すらも一切の有の執着を否定しているので、観自在菩薩の説いた究極の智慧とし、大乗仏教の根幹としている。

般若菩薩は舎利子（釈迦の十大弟子で智慧第一と称される）に、五蘊皆空《ごうんかいくう》から始まり、物質や有形の色も、それを受ける受（眼・耳・鼻・舌・身・意）・想・行・識は悉く空（固定的実体的自性などない）から一切皆空へと展開していく経を説いた。

ところが空海の般若心経秘鍵《ひけん》となると、否定の後に光り輝く万物肯定へと導かれる。般若心経秘鍵《ひけん》は「無明もなく、老死もなく、苦集滅道や十二因縁まで否定している心経が、金科玉条のように固定的な考えに陥ること」を戒《いまし》めていると推考する。「かたよらない」「こだわらない」「とらわれない」心で経を読めば、般若心経は全現象の否定から、現実に生かされていることへの是認であり、真実の姿を明らかにすることにより、かたよることやこだわることなく、老死にとらわれることがなくなるのである。

だから思想的には全否定でなく、肯定的に読み替えていて、初期大乗仏教のそれぞれの教えを示しながら、「無常ではなく常」「苦ではなく楽」「無我ではなく大我」と大転換することを説いたと空海は言う。

人の認識行為は常に変化し、全ての行為は独立して存在しないと知れば、とらわれの心から解放され、永遠の理法にやがて気づくのであった。

さらに心経の最後のところで、正覚の知慧を得るにはせめて呪《しゅ》を唱うるべしという。

その呪は、一字に千字を含んだ真言として、肝心と考えられている。「羯諦《ぎゃてい》 羯諦《ぎゃてい》 波羅羯諦《はらぎゃてい》 波羅僧羯諦《はらそうぎゃてい》 菩提薩婆訶《ぼうじそわか》」、梵語のままで訳せば「行き着いたものよ・行き着いたものよ・彼岸に到達せるものよ・彼岸にまさに到達せるものよ・悟れるものに幸あれかし」となると思うが、やはり古代の日本からの言霊《ことだま》の幸《さきわ》ふ国であって、言葉に霊力があるとされてきた。

南無阿弥陀仏を唱えて阿弥陀経を同時に連想したり、南無妙法蓮華経を唱えて法華経を同時に連想する人が少ないのと同様、無心の境地で唱えることにこそ功徳ありと信じている。

老人介護施設自生園の看護室に、松長有慶管長さまの般若心経「羯諦《ぎゃてい》・羯諦《ぎゃてい》」の染筆を掲げたのは、死に臨む老人が家族や知人、職員たちに別れを告げて、いずれ一歩一歩と光を求めて、やがて彼岸に向かって進んでいくように祈りを込めて掲げたつもりで、きっとその意味を知って死を受け入れてもらえるとの願いからである。

空海の般若心経秘鍵は少し解しただけではあるが、一方では現在の宇宙論や量子力学の世界では実時間はその場によって変化しているとの説があり、我々の存在も曖昧となるから、科学世界と整合性を持てるとして、空も固定的ではないのだろうが、我々は現実に生かさせてもらっているから従えばよい。

一方では心経は密教的でもあるし、大神咒であり大明咒であり「阿耨多羅三藐三菩提《あのくたらさんみゃくさんぼだい》」無常正等正覚といって、この上もない正しい完全なさとりの道へ導く呪であるとしているが、凡夫である我々には、本来持っている覚者の智慧は煩悩に隠されて見えてこない。せめて大神咒であり大明咒である「ギャテイ・ギャテイ・ハラギャテイ・ハラソウギャティ・ボウジソワカ」と般若心経の呪を枕経で唱えて祈る。

自生園で看取りをする老人の7割以上は浄土真宗の信者である。阿弥陀仏により既に極楽往生が約束されているとしても、阿弥陀浄土でやがて正覚することを願って唱えている。

松長有慶師が『空海』（岩波新書）を著されたのは93歳になられてからであって、その志気に畏敬を感ずる。ありがたいことに密教学があまりふれない死生観についても記されている。

空海性霊集よりの噠嚫《たっしん》文より意義を明かし、

「生死の苦より逃れ、業報を脱するには善知識、すなわち優れた指導者の導きと、仏の大悲力により仏果に登る。つまり成仏する必要があることが告げられている。平安初期には、逝去・示寂を意味する言葉に帰真があると報告されている」として出典は中国の古典に帰真の言葉があり、意味は真に帰る、真宅に帰るの意味という。空海は自己が本来的に有する真実に気付くとの意味で帰真の語を用いた。

しかし一般衆生では、自己の利益と他人の利益を積み重ね、その結果仏の完全な知恵を身につけることができた。その知恵が菩提といわれ、過去世・現世で受けた諸々の御恩に報いることも大事とされた。さらにあらゆる生きものは皆私たちの父母であり、魚獣鳥これらの生命あるものは全て、地水火風空の五大と一心、つまり識大よりなる点において、共に仏となるから、等しく成仏させることによって、日常の安泰を保障するという。

ここで少しサンスクリット語の文字である梵字について記しておく。

𑖀《ア》・阿・aは梵・日・英では最初の字である。大日経疏《だいにちきょうしょ》は中国一行《いちぎょう》の訳であり、𑖀は衆字の中で最初の文字で母の字である。𑖀字本不生といって、人間も𑖀字から生まれて、元いた𑖀字の古里へまた立ち帰ることが人間の一生であるという。生まれたり滅したりしているが、この世は生きとし生けるものが存続する限り存在する。死とは元々いたところへ帰ることとの意味も含んでいるとしたい。私自身は空海の十住心論にあるように導かれ、自他力で少しずつ階段を上って行くのだろう。

物と心は仏の言葉と行動にほかならないとして、宇宙に張りめぐらされた綱のように結ばれる。一即多・多即一で無限にかかわりあう世界で、宇宙の真理世界が「法身大日如来」世界であるだろう。

人の死については性霊集の庶民の死者の空海の願文や達嚫文には、七七日に全て成仏するとも、年忌までに成仏するとも記されていない。人は死後に時間は存在しないと感じている。三十三回忌でも同じである。いずれの時期に旅立てば良いと思える。私は戦死者の霊を弔ってそのように思うようになっていた。

バイオサナトロジー会での養老孟司氏の講義では脳死の問題を語っていたが、ローマ末期に「ブルータスお前もか」との殺されたカエサルの言葉は、2000年経った今でも、粒子として変質して空気中に漂っているといわれた。死は毎日の睡眠と同じで恐怖ではないとする。私は見えない心は粒子かどうか分からない。

ただし、霊魂は仏性を伴う心と同じか分からないが、いずれにしても個性のある我でもある。しかしやがて仏性を開眼し得脱して、安らかな菩提への旅へと向かい、いずれ成仏して正覚に到ればそのまま、宇宙神大日如来に融けていっても良いと信じている。

庶民では此の世での正覚は、無理と断念している人が多い。だからこそ僧侶は葬儀を行うのであり、檀信徒の葬儀には引導作法をして、諷誦文を読むのは亡き人への得脱を願ってのことでもある。亡き人への成仏を願うとともに、遺族への死を受容するための儀式だからこそ存在しなければならない。

科学的に言えば、我々は3次元プラス時間の世界であるが、実際は9次元か11次元だそうである。従って、我々は宇宙の一部しか知らないことになる。その世界を知ることができないなら、死生はサムシンググレートの中の現象と思っていいのではないだろうか。

死生観から見た浄土とは

死生観はたった一つの狭き門でない

墓を通して古代からの最大多数の死生観と葬儀祭祀を述べてきたが、ここへきて気掛かりなことが残る。それを多少無視してきたが、死生観は太古から、一つだけでなく多様なこともあり記すべきとした。

例えば縄文時代に火葬された遺骨もあったが、何故火葬なのか誰にも分からない。縄文時代晩期の集落は、血族的関係の集落から、社会的関係を維持する中集落に移行する地域もあり、土壙墓群が住居から少し離れている場合もある。これは二つの死生観があるからで、ひとつは血族間の輪廻転生から集落内外の何らかの繋がりのある母胎からの再生を信じていて、集団の信頼関係が成立していたのであろう。

もう一方では近畿地方以南では、手足を伸ばした伸展葬も存在している。それは大陸中国の信仰の先祖供養の影響を受けたのかどうか、私には分からない。古墳時代の死生観は実に多様で、それぞれ記したつもりである。

庶民の死と墓地であるが、沖縄には昔ウタキという巨木が植えてあった杜《もり》が祖霊の鎮まる場所があった。樹の生命が先祖であるとすると、木そのものが祖霊ということもできる。

飛鳥時代に詠まれた火葬の煙が初瀬《はつせ》山にたなびく霞となった歌や、「玉梓《あづさ》の妹《いも》は玉かもあしひきの　清き山辺に撒けば散りぬる」の奈良時代の万葉集の古歌では、遺骨は山に撒いたことが解る。

奈良春日山ドライブウェイは若草山と春日山の頂上を通るが、地元の人はあまり近づかない。道路から少し降りたところに洞窟があって、石像が並んでいるが時代を経て摩耗激しく、何様を祀っているのか判断は難しい。今にして思えば、広大な森の一本一本の樹が人々の先祖として信じられていたのかもしれない。

阿弥陀信仰の興る以前から、都では既に生者と死者の境界線があり、遺体は亡骸《なきがら》であるから、再びそこを訪れて祭祀をした記録もないし、次第にどこに亡骸があるかは忘れられる存在であった。

しかし世が荒《すさ》みゆくと草原や河原などに放置された遺体もあったのは、確かでもあった。あの世の地獄ではなく、この世にも地獄が存在したのではあった。

善因善果・悪因悪果の世界観は、人々を恐怖に陥《おとしい》れた。都の人は干魚も食すが、漁撈は殺生に通じ地獄行きとなるのは不条理でもあった。罪業によって地下の地獄（ナラカ）に落ち極苦の世界に生ずるとする世界観は、既にインドで成立し、八大地獄をさらに分類し日本に伝えられた。しかしそれは釈迦の説にはない。だいたい地下の彼方にあるとすれば、地獄の中心は鉄の固まりかマグマとなってしまう。

平安時代中期に源信が『往生要集』を著し、八大地獄を執拗にこれでもか、これでもかと説明しているが、読めば八大地獄はどれも同じで、最悪の表現であり現実性がない。

一方、極楽は弥陀三部経の比喩の部分のみをとって述べている。極楽浄土（スカーバテイ）はゾロアスター教・エデンの東・インド神話から後に仏教に導入されたもので、西方十万億土の彼方にあるというが、地球以外に東西南北はない。元々インドでは遠い距離や、永い時間の概念なく途方もない表現をする。

しかし『往生要集』が完成した永観二年（984）は極端な地獄・極楽の対比の結果、浄土教を信ずる庶民が多くなったのは事実である。源信の臨終の行儀は、確かに当時の人々の臨終の看取りということができるが、阿弥陀念仏や光明真言も有効で、密教を信ずる庶民でも人を選ばず安心《あんじん》させたので、庶民の信仰の拠り所となったのは事実とせねばならないし、「厭離穢土《おんりえど》・欣求浄土《ごんぐじょうど》」として極楽往生を求める人も増加していった。

高野山においても近年まで町衆の間で、近所で危篤状態の人がいると、その家に集まって般若心経や光明真言を臨終まで唱えるという。臨終行儀を実践していたと伝えられていて、さすが高野は宗教の町である。

人は亡くなれば遺体が亡骸《なきがら》であるので、平安中期以降は、遺体に特別の配慮はなされず、草原や川原に放置された。仏教が普遍化したにもかかわらず、縄文・弥生時代から見ればあまりに遺体への尊厳と思いやりがない。

日本人は第二次世界大戦の戦死者の遺骨収集に熱心であるとの説だが、それは明治以降各家の墓ができた結果であり、東北の遠野物語に登場するデンデラノにも墓はなく、魂は地上にとどまっていると思っていた。そこは現代まで丘の上の草地にすぎない。供養塔は関東・東北で盛んに建てられるが、ほとんど遺骨は埋納されてない。納骨の聖地は存在したが、庶民の墓は江戸末期からで、先祖代々の墓は明治以降であった。

今世紀に入って科学の進展により地獄極楽の教えは急速に薄らいでいった。世界では二度の大戦や共産革命で何億の人々が殺されたり、飢餓で死亡した。大戦や革命を経験した人は高齢になり亡くなっていく。生き地獄を体験し、辛うじて助かった人は再び死して地獄に落ちるなんて、よもや信じまい。往生要集にある八大地獄などはあったとしても超狭き門で、仮に望んでも東京大学に入るより難しい。現実世界では今も戦争や災害で多くの命が失われているが、その人も地獄があるのだろうか。

一方、この世は平和でありさえすれば、多くの極楽を造りだしてきた。穢土であるこの世からの救世主という極楽であったが、先進国の豊かな人たちは、極楽より豊かな生活を楽しんだ。一方では貧困・病気・暴力・差別・飢餓・勉学の機会を失う等の世界の多くの人々は、決して幸せとは思えない。そんな人にこそ天国・浄土への成仏と往生はなければならない。それらの人々への幸せな他界、毎日の平和と安泰の所へウマレキヨマルのは広き門で、入学試験なくみんな合格なのである。

ただし、三毒（貪《とん》・瞋《じん》・痴《ち》）と金まみれの人は、そんな世界に往生しても、すぐに楽しく暮らせそうにない。魂の浄化の必要があるだろう。都合の悪いことに、あの世では競争の原理は働いてくれないであろう。

千の風になってという歌の詞は実際はイギリスの青年が、アイルランドへの出兵の際に、死を予感したのだろうか母親宛におくった詩がもとになっている。「私の墓の前に立って泣かないで、私はそこにいない、私はそこに眠っていない、私は吹き流れる千の風だ……」という詩には、死後も母親への愛は続いていて、ずっと見守るからという感情が込められている。キリスト教圏にありながら、母親が息子の死を受容するまで地上に留まるとの思いが伝わって来る。

去るものも残るものも、互いにもうこれでお別れしたいとする期間が必要であり、仏教の中有（生と死の中間）は七七日とは限らず、それぞれ納得するまで千の風になっていてもよいと思っている。

私は真言宗の密教僧だから兜率天浄土への他界へ昇ることを望んでいるが、やがて人間世界も滅び地球も滅ぶことは確実である。だから真言宗では大日如来を中心とするが、私たちの想像をはるかに超えたサムシンググレートの中に、いずれ我が魂は呑み込まれていくのが自然だと思っている。

日本に仏教が伝来してから十三宗以上に分派して、他界浄土は多様となってしまっている。

阿弥陀極楽浄土もあれば、大日・兜率天他界・釈尊の浄土・汎神論的浄土・先祖が神々と共にある浄土・補陀洛観音浄土と多様になってしまっているが、それぞれ真の浄土といわれ、全否定することはできない。

しかしそのことが庶民の信仰と浄土観を曖昧にして、無神論者を増加させていると思う。

その後の魂が、高い次元の世界に行くとすれば、宗派の違いも気にならない。よく言われる言葉だが、山に登る道は多くある。それぞれ道を選ぶのだが、楽しみながら苦労しながら頂きを目指す。頂きでは広い世界を展望できる。植物も動物も共に過ごす広大な世界であると信ずる。

本山発行の大師入定と最後まで生きることへの思い

現代人は宗教を必要としているか、死んだらどうなると思っているか、宗教観を持っているのか知りたい。そこで『当代著名人が初めてあかす私の死生観と宗教観』（月刊住職編集部編　興山社）を読んだ。柳田邦男をはじめとする各界の著名人25人が、今こそお寺に言いたいことを語っており、『月刊住職』に毎号連載されていたものの単行本化である。

幸いにも無宗教を名乗る方はいなかった。目に留まった言葉は、ドリアン助川氏の著書『あん』の主人公でハンセン病を患い、療養所の中でほぼ一生を費やした女性の言葉である。彼女が若者に宛てた最後の手紙「私たちはこの世を見るために、聞くために生れてきた。世界はそれを望んできた」の言葉に恩讐《おんしゅう》を越え思慮を感じている。

しかしそれ以上に、柳田邦男氏が紹介したわずか5歳の子どもの俳句「朝焼やもっとあしたはできるようにするから」の句に思いが集中した。

柳田氏は詠み手のいたたまれない悲しみの感情の渦の中に自分も巻き込まれていく、と語る。東京で両親から長期にわたって受けた虐待によって意識を失い死亡した少女がノートに懸命に綴っていた文章という。

「もうパパとママにいわれなくても、しっかりと、じぶんから　きょうよりかもっともっと　あしたはできるようにするから　もうおねがい　ゆるして　ゆるして　ゆるしてくださいおねがいしますほんとうにもうおなじことはしません　ゆるして」

母親が横にいて書くことを指導していたのだろうという。結愛ちゃんの追い詰められた恐怖、いのちがけの懇願と親の残虐さが伝わってくるという。

5歳といえばアメリカにいる娘と夫の仕事の関係で、今、6歳の孫をしばらく預かっている。半分英語でカタコトの日本語で何とか理解してもらおうと努力している姿は、何となくいじらしい。それに比して結愛ちゃんの境遇は痛々しく、たまらなく涙してしまった。結愛ちゃんは一体何のために此の世に生を受けたのか。

それでなくても子どもの死は深く悲しい。暗闇の底に沈むように感じる。エリザベスと死が近い子どもたちの話である。「エリザベスおばちゃん、私もうすぐエンゼルちゃんが迎えに来るの」と言う子どももいたが、エリザベスは常に蝶の幼虫のヌイグルミを持参していた。ファスナーで開き反対側にすると美しい蝶になった。

死を覚悟した子どもに「○○ちゃん、あなたは蝶になって自由に好きなところへ行けるわ」とエリザベスは言った。私は蝶にならなくても小さな子どもには楽しい来世があるように心から願っている。現実にはウクライナ戦やガザ地区で多くの子どもの命が失われた。

人々には思いもよらない不条理の死も存在する。その悲しみの場に立ち合うのが僧侶の役割だ。

鴻上尚史《こうかみしょうじ》氏は言う、「人々は自意識は発達し、民衆レベルで、死とは何か？　生きるとは何か・仏教の考える人生の意味とは何か？」ということを知りたいと思いますと。

加えてキリスト教の葬式で、牧師さんが聖書の一節を読めば、死を受け入れようとした言葉の意味が分かったという。仏教に期待していながら、意味不明のお経を聞いて数十分を座るのは苦痛で、死に関する言葉を聞けると期待しているといわれる。

葬式次第の改革は必要と私も思っている。葬儀を解りやすくするため、先徳が諷誦文《ふうじゅもん》について多く示してくれていてありがたい。それを参照しながら、個々に分りやすくする僧侶自身の努力も必要である。次第本では今何をしようとしているのか、勝手に一筆を加えている。

実践引導作法のさらなる「意訳」の必要は時代が求めているとしなければならない。僧侶のための葬式ではなく、送る人と送られる人の葬式であることは、一般席で参列した葬式で私にも感じられたことである。

鵜飼秀徳氏は「寺院消滅」で、今後25年の内に全国寺院の4割が消滅といっているが、私が前述の数字で示したのは、多死時代のピークをむかえる2040年までである。その後も寺院消滅は続くであろう。寺院や僧侶は此の世において、如何に生きるか、人の心にどう寄り添うかは大事だが、ほとんどの寺院は死と関わる。つまり葬式や廻向に追われ続ける。多死化で仏教の教えを伝えることより、実体は先祖供養に追われている。

兼務寺院を加えれば将来、鵜飼氏のいうように4割も寺院が消滅するとは思えないが、寺院の未来の衰退を予測した住職の長男に、信仰を守り一生独身で寺院に住む決意がなければ、仕方なく別の職業を選択し寺を離れていくこととなり、その結果無住寺院が増えるだろう。2040年以降では、科学の発達・産業構造の大変化・人口減少社会となり、多くの職業が消滅する。寺院だけに限ったことではない。近年では本山より、大師入定の真髄や、死生観・最後まで生きるための著書が出版され、全国宗派寺院に配布されている。時代の要請に応えるためだろう。平成22年（2010）高野山大学々長添田隆昭師は、弘法大師入定信仰について、また臨死体験・脳内現象・シンクロニシティ・交霊や正夢・古代信仰について多くを示された。

ほとんどの宗教学者は取り上げず、師は批判にさらされるかも知れないとされた。こんな不思議現象は現代でも起こっている。唯物的思考で死後の世界はないとする人が増えつつある現代に、忌憚《きたん》なく述べられたのは勇断であった。

それがあるからこそ小心者の私が、高齢になって思うがままに記することができた。今世紀における仏教に必要なことは死生観であって高野山真言宗では『わたしの死・あなたの死』『苦悩からの解放』の両著書が青海社より発行された。

柳田邦男氏・高松哲雄師と高野山大学添田隆昭師に感謝したい。18名の21世紀医療フォーラムの講演録は、私にとっていのちと死をふり返りながら学ぶことになった。全ての講師の先生にそれぞれ教えられることになったが、全てを書き尽くせない。聖路加国際病院細谷亮太氏は、亡くなった子どものことを思うと長生きしていることに「うしろめたさ」を感じると言われる。小児の死に寄り添い自分が生きていることの「うしろめたさ」だろう。

私は若い頃、自動車事故にあった。その頃はシートベルトは義務付けられてない。趣味の犬の訓練の全国大会に出場した帰り道であったが、外れそうになっているシートベルトのボルトを固定して、助手席に座り着装した。何となく不安を感じたからであった。シートベルトを着装したので安心して眠った。

その一時間後、リンゴを満載した大型トラックが正面に衝突した。私たちのワゴン車は屋根がめくりあがり、フロントガラスがなくなっていた。

三人乗車で、二人は重傷であった。後続車の人と協力し二人を道路に寝かし救急車と警察を手配した。三匹の犬が後方に乗っていたが、犬舎は隅々を毛布を巻いて保護してあったので無事であった。連絡した迎えの車輌が到着するまで待ち、私も入院したが軽傷であった。何故みんなにシートベルト着装を勧めなかったのか「うしろめたさ」を感じていた。後ほど警察官が訪ねてきてシートベルトがなければ、トラックのボディに頭をぶつけ死亡していたかもしれないといった。

後に社会福祉法人を設立し、盲老人ホームが誕生したとき、この事業は私がしたのではなく、生かされてやるべき使命があったのかもしれないと思い続けた。

盲老人ホームでも高齢者は亡くなっていくし、後の特別養護老人ホームでも同じであった。

ありがたいことに社会福祉法人では副住職が経営にあたり、かつて生え抜きのリーダー今井要さんがいた。今後は新しいリーダーも誕生するだろう。那谷寺は北川毅さんがアシストしてくれる。加えて住職代理として法務をこなせる僧侶が加わった。宗教法人としての使命を全うすること、社会福祉法人として地域に貢献すること、公益事業として貧困地域への教育の継続、これらの活動を存続し、人口減少社会に対応するため、これより未来は常にグローバルな視野を持ち、方便（利他）を究竟《くぎょう》とする心を持った人を結集しなければならない。那谷寺は個人商店の時代をもう過ぎてしまった。社会から必要とされる寺院として改革は必要だ。これが新住職馨雄の願いである。

それが御本尊の千手観音様の、自他偏頗《へんぱ》のない慈悲の誓願のお導きと知り、感謝している。

介護主体法人の赤字割合は2021年度では40・1％であることが明らかとなった。自生園は現在何とか健全経営を続けているが、国の施策を私は全く信頼してなく、失策が見えてくる。自生園がさらに向上できるよう願っている。

人の生と死については常に心の隅にあり、早くから職員は看取りの実習をしていた。

しかし高齢者の終末期において、送られる高齢者や家族と同室し、傾聴したり会話したり、世話をするのは職員であり、私は最後の枕経を唱えるとき同室するだけで「臨床宗教家」となれなかった。

今までの何百人の死を見てきた。グリーフケアではないがご家族と会話することで、私は無意識に情感だけは育てられたと感じている。よく道を歩いているときや街で、入所者の家族に「有難うございました」と声をかけられることがある。しかしお世話をしているのは私でなく職員ですという「うしろめたさ」は拭うことはできない。

山折哲雄氏は、人生80年時代「生老病死はゆっくりやってくる。ゆっくり見つめる以外に仕方がない……幅のある、膨らみのある生と死の問題を考えていかねばならない」とする。確かに自生園の高齢者を見ていて、私も高齢者であり、一人称としての自分が少しずつ膨らんでいくのを感じている。死生観も少しずつ膨らんでいく。

死後については、私は可能ならば此の世をしばらく見ていたいと思う。そしてウ・マ・レ・キ・ヨ・マ・リ自我が消えていきやがて兜率天から宇宙尊（サムシンググレート）へ吸収されてもよいと思っている。

未来の世代に期待する

仏教での縁起の法則だけは絶対である。

「これあることによって彼れあり・彼れあることによってこれあり・これ滅することにより彼れ滅す・彼れ滅することによりこれ滅す」。自然の法則はそれにより成り立つ。

グリーンランドの温度は2022年では、通年より6度も高くなった日が3日間あった。過去12000年間で最も高く、氷が4倍の速度で溶けているという。

2040年頃には地球温暖化の影響により、多くの動植物の生命が失われるだろう。第一人称の命より第三人称の人類の生命さえ脅かされる。

しかし、ここへきて不思議な現象を見付けた。多くのエネルギーを消費している人類の数は80億を突破したが、世界の平均的出生率は2前後となっている。近未来最大の人口をかかえるインドでも、高齢者が増加しているだけで、出生率は2・05である。先進地域は1・56、発展途上国平均では2・90で、やがて将来人類の人口は今世紀終わりに減少することが分かった。未来には地球環境は改善されていくだろう。やがて世界人口も安定すると思う。

生物の体内には、外界が絶えず変化しても、体内の状態を一定に維持する能力と生体恒常性を保つ修復性があり、ホメオスタシスという。地球環境にもホメオスタシスが働いているとすれば、神仏の加護と考えてもよいのではないか。

ただし、今後働く世代は全世界で高齢者を支えるのに苦労するだろう。戦争なんかしている暇などない。それに我々は折角築いた文化遺産を壊すことなく、少欲知足で次世代に受け継いでいかなければならない。

世界は変化していく、宗教もグローバル化の波を受けるのは避けられないであろう。Ｚ世代（ゼネレーションＺ）は世界共通語であり、１９９０年の中盤～２０１２年生まれで、デジタルＳＮＳネイティブといわれる。オープンコミュニケーション・ワークライフバランスとやたらカタカナが並ぶのはＺ世代である。

教育水準高く、他人の意見をよく聞く、自立心は強いが物の所有に固執しない。人の上下関係を嫌う。

世界の人口の25％となり、２０４０年には40歳代が中心となり世界を牽引していく。それより上の世代は従っていくより仕方がない。ＡＩの進化は人々の生活も進化させ、日常の行動にも影響を与えるが、倫理を優先させるとは限らない。神仏にとって代わるとはとても思えない。

将来、産業構造の変化により、労働市場も変化して国境を越えて人々の動きが活発となり、より安定した生活を求めて外国へ移住する若者も増えていくだろう。日本だけが国境を閉ざすのは不可能に近い。

そして日本に移住する人々は時代が変化しようと、生まれ育った国の宗教を簡単に捨てる訳ではない。日常生活のうえで、宗教的な思考や慣習により、そこに人々の差異が生ずる。その差異を寛容の心で接することができるかどうか、相手の異質の部分を許せるかどうかにある。

日本人は不思議の多神教の国であり、他宗についても寛容であり、悪く言えば宗教に無関心の人も多い。だから外国人と接するとき、その人のアイデンティティにまで踏み込んで非難する人は少ないようで、欧米のように回教徒と対立も起こさないし、キリスト教徒にも排他的に接することは少ない。だから日本は住みやすいという。

ただし、島国であったが故に外国人と接する機会は少なかった。しかし、将来、来日して働く人は確実に増えていくし、日本人も外国で働く人は増えていくだろう。

Z世代と外国人とのネットワークの構築は、知的教育の進展と共通語としての英語の教育により、国内に押し止めることも無理になるだろう。

そんな世代が外国人と交友し、経済活動も国境を越えるとすると、最も大切なことは信頼されるに足りる倫理観を持っているかどうかになる。

日本人は無宗教ですと平気で言うが、それに対して外国人は、その人の内面を推し量り、神仏を信じないのなら唯物主義者と勘違いもされ、何を根拠にしてその人を信頼するべきなのか分からなくなる。

宗教的倫理がその人の意識の中心にあり、「常に神仏が見てござる」と思っていれば、見えないところで不正を働くこともありえず、信用できると判断できるから、交友も深まっていく。

先祖を大切にする気持ちは東洋人の特質でもある。お蔭さまで生かさせていただいていますという感謝の心は、仏教宗派を越えて、今日も皆の心に浸透しているのは、前述の調査で明らかである。

加えて、宗派を越えて受け入れられている意識があり、釈迦以来、今日まで人々の意識の中に仏教が存在する。無意識であっても日本人の心中に内在している。それは「四無量心」の仏教の言葉であるが、自他の怨親なく平等であることを望む心である。

生きとし生けるものに楽を与え、苦を除かせようとする四つの心配りをすることにあり。ブリタニカ国際大百科事典にもある通り、仏教圏以外にも深く浸透していて、知的レベルの高い人なら世界で通用する倫理でもあった。

① あらゆる人に深い友愛の心を限りなく配る＝慈無量心

②あらゆる人と苦しみを共にしようとする心を起こす＝悲無量心
③あらゆる人の喜びを自らも喜ぶ心を限りなく起こす＝喜無量心
④いずれにも片寄ることのない平静な心を限りなく起こすこと＝捨無量心

こんな心性を常に持つことは私自身も困難と感じているが、皆、心の片隅に持っている。その心を人と接するとき失わないようにとするのが、人生の教えの第一だと感じ、Z世代の人たちはコミュニケーションの場で意識してこそ、多くの人々と交わっても信頼できる人として受け入れられてもらえるだろう。

教育水準が高くなり、加えて国際的に活躍の場が広がっていく世代は、自然とそのような宗教的倫理を持っていくと信じている。

民主主義の領域が狭まっている今日、私たちはコロナ禍と各国の対立の中にいる。スウェーデンの医師ハンス・ロスリング他が著者の世界的ベストセラー『ファクトフルネス　10の思い込みを乗り越え、データを基に世界を正しく見る習慣』（日経ＢＰ２０１９）では、世界は悪くなっていると思っている人が多いが、極度の貧困層の割合はここ20年で半減しているし、アフリカ諸国では医療も行き届き、乳幼児の生存率も高く、低所得国でも60％以上の女子が教育を受け、教育水準は向上しつつある。

それは私たちもラオスで教育支援をして、充分理解しているつもりであり、世界人口の91%がグローバル市場の中で生活し、一日1ドルで極貧生活をしている人は10億に減少したのは事実であった。例えばラオス極貧地域の少年も、中古のスマホを手にしているのを知っている。

これはアフリカにおいても同様である。コロナ禍と国際紛争で、極貧地域への援助は停滞しているが、やがて解消に向かうだろう。

アフリカ諸国でもパソコン片手に、世界とビジネスをしている女性も多く、やがて世界は変化していくが、それを受け入れ、自然環境を大切にしながら社会の文化や経済・政治にもその時代に相応して行くようZ世代も変化していく。その基本となる意識は世界の人々に慈愛の心が普遍化しなければ、人類差別も沈静化しないし、ＡＩの発達や遺伝子工学の発達や、人類の知的設計の機能は、とんでもない方向に人々が暴走を始めるのに対し、制御する倫理は生まれない。

未来を生きるホモサピエンスが暴走しないようにするのが仏教の四無量心である。若者の意識の中にこの仏教倫理がなければ世界とコミュニケーションし、人々との繋がりのなかで人生を豊かにしつつも、相互に進展する日本にはならないだろう。

これまでの根深い人種差別では、１８７０年に、アフリカのヌビア人やイヌイットが野生動物園に展示されていたことが挙げられる。アメリカの弁護士・生物学者であったマディソン・グラントは1916年に『偉大な人種の消滅』を著し、ダーウィンの進化論を拡大解釈し、ヨーロッパ人が人種として優れているのは、人類の自然選択であったとした。ドイツのヒトラーもこの本を愛読し、やがてユダヤ人の大量虐殺に繋がっていく。

歴史上で無宗教では何が起こるか分からない。カタストロフィがないとも言えない。地球環境悪化や人口爆発の世界では、時計が逆回りして世界人口が減少に向かうと、憎悪が憎悪を生む社会は改善されるかもしれない。これは、前述の如く神仏の加護かも知れない。

『サピエンス全史下巻』(ユヴァル・ノア・ハラリ著 河出書房新社2017)の最後のページにあるように、自分の欲望を操作できる日が近いとなれば「私たちは何になりたいのか」でなく「私たちは何を望みたいのか」となるとしている。2040年の社会で仏教界の僧侶たちが、そこで活躍して善導できなければ、寺院衰退が鵜飼氏の『寺院消滅』の如くなってしまうと思う。

今の混沌の社会のなかで、次の世代に希望を託さなければならない。Z世代には宗教倫理を基礎として、より相応しい社会を築くことに貢献してくれると信じている。

その世代は宗教を大切にして、「ウマレキヨマル」新しい世界を創造し、もっと生きやすい社会を求め、生きている手応えを感じてくれることを祈念している。

まことの神仏は我々の想像をはるかに超えた存在で、地球もやがて太陽に呑み込まれる。それより以前に全ての生命は消え去ってしまう。釈尊の諸行無常・諸法無我の法則は絶対でもある。

従って永遠の浄土などありえないし、ただ存在し続けるのは宇宙の真理である。大日如来・阿弥陀如来との尊称は現実ではSomething great＝全ての神仏を含む宇宙的存在として、宇宙の大自然現象の法とすれば、かなりの宗教否定論者も是認してくれるかもしれない。実際Z世代はそのことを是認してくれるだろう。僧侶や仏教学者はかなり自分の宗派の教説にこだわって、他宗を絶対に認めない人が多い。破邪顕正《はじゃけんしょう》などといい、誤った見解を打ち破り、正しく導くというが、自分の教説もどこかで過誤を語ってないか常に自省することも必要と思う。

かつて、キリスト教とイスラム教との争いや殺戮《さつりく》の歴史の時代があったが、イエメンの内戦とパレスチナ地域を除いては相互の距離を保っている。仏教は南伝上座仏教の分派は少ないが、大乗仏教は経典成立後多くの分派を繰り返し、日本仏教は少なくとも13の宗派に分かれ、それぞれ教祖をたて絶対視しているので、多くの人々はそれが原因で混乱している。

だから共通する教えと自らの宗派の教えを融合して布教しなければ、かえって昏迷し不審を招く時代がきた。宗派間の教義のあまりの違いを知り、どの宗派の教説を信じていいか迷う人もいるだろう。

科学と宗教は別とはいうが、既に科学では100年前から宇宙の時間と空間は均一でなく、常に動いていて永遠は存在しないことは証明されている。従って均一で永遠の人間だけの浄土など存在しない。地球もやがて生物の存在しない星となり諸行無常である。

それでも一定の期間には魂が存在することは、本著に、私自身体験したことに絡めて記してきた。魂は生きていれば脳内の識の中に内在しているのだろうが、死せば風となって漂い、人の傍にいたり、仏壇の中にいたり、墓地に移動したり、肉体や我執を離れてかなり自由な存在だと思う。やがて魂は神仏に近づき、悟りを得れば、宇宙的存在として、自我もすっかり消え、果てしない世界に融けて同化していくと思う。

それを信じなければ墓参りも、寺参りも仏壇も必要なく、葬式も全く必要としない。今存在していることを先祖に感謝する必要もない。私は頼まれもしないのに勝手に生まれたのだから親にも感謝する必要もない。

チャットGPT（対話型AI人工知能）に頼り、自分の都合の良い情報だけを引き出して、それに基づき行動すればよい。人工知能に頼れば哲学する脳も退化するが、大学の博士論文も人工知能で提出すればよい。

実際は人と人との交りにと、意識とそのひらめきによって、新しい発見があり、人類は進歩したので、AIだけに頼るのは不安だ。『科学と宗教の未来』（茂木健一郎・長沼毅著 第三文明社2023）によれば、「これまでは科学が宗教にとって代る虚構を作ってきたんだけど、これからは科学と宗教が手を携えて、よりましな虚構（証明できないこと）を作ってほしい」と言う。

現状では地球環境保全のため、その実践方策は科学が分担し、倫理の実行では、宗教と科学が手を結ばなければ、改善不可能である。

SDGsは2015年に策定された「持続可能な開発のための2030アジェンダ」で、17のゴール目標があり、唯一守られそうにないのが、13番目「気候変動に具体的対策を」だ。

日本国内でも100年間で、東京の気温が3℃上昇、世界でも多雨地帯と乾燥地帯と極端に分かれる。

地球北半球や北極圏・スペイン・トルコ・キプロス・ハワイの山火事・別のカナダの山火事では既に、韓国の国土面積を上回って焼失していて、2021年では2007年の調査より、山火事で2倍のCO_2を排出し、2023年は過去最大のCO_2排出となるだろう。

近年の研究によれば、海がCO_2を吸収するのが限界に近づき、海は酸性化していて、改善の手段が必要だが、陸の樹木のCO_2吸収率は、それ以前の計算より2倍以上のCO_2吸収率があるそうだ。

従って、世界中で植林を実施するのが有効で、世界の人々の助力が必要だ。日本の神仏古来の信仰「自然神こそ唯一で、人間の身も自然であり仏である。草木国土悉皆《しっかい》成仏」の教えの普遍化が必要である。『日本の宗教』(田中英道著 青鵬社2023)を読んで感じたことである。

本年、国連で発表された「気候の時限爆弾の時計が刻々と進んでいる」ということは事実で、比叡山でも8月3日、世界各宗教の代表者が集まり、気候変動への祈りが開かれ、ようやく宗教者の利他行の実践が始まったが、遅すぎである。あらゆる生命を護る活動は最も重要であり第一とする。私たちの寺院・社会福祉法人等で実施されてきた自然環境保護は、正当であった。

スウェーデンのグレタ・トゥーンベリさんはZ世代の代表であり、彼女の気候変動問題の言動をヒステリックと捉《とら》える人が多いが、彼女こそ次世代の代表と思えばよい。

南極の氷の溶けるスピードは過去5年で3倍・グリーンランドの氷床は1990年より2019年では6倍の速さで溶ける・北極海の氷は2030年夏には全て無くなる・地球の気温は12万年ぶりの高温。

これは皆さんのスマホを開けば分ることで、その結果何が起るか見てほしい。

2025年までにCO_2排出を減少に転じさせるには、①化石燃料を終りにする②大気中のCO_2の除去技術の活用③低エネルギーな生活へ④資金の賢い活用⑤富裕層の大量消費のセーブが必要だ。現在これを解決しようと努力しているだろうか。

少欲知足・スモールイズビューティフルは仏教思想の根幹で、第一人称の私・第二人称のあなた・第三人称の全ての生命へ。今は、第三人称の全ての幸せを求める時代で、全宗教のミッションではなかろうか。

車で道路を走っていると、私は恐ろしくなることがある。自分は金属の機械に乗り、道路はアスファルト、電柱はコンクリート、歩道ブロックがあり、プラスチックの看板・新建材で建てられた箱のような建物が並び、無機質で生命感が感じられない。60年前の風景とすっかり変わってしまった。

宇宙には少なくとも2兆個の銀河が存在するから、かなりの知的生命体が存在するのだろうが、そんな星でも人間のように地上を無機物で被って、自然の摂理を変化させているのだろうか。人類は自然環境の中で生かされながら、自然の破壊者となっているから、人口減少社会が人類そのものを救うのは確実である。

Ｚ世代は宗教に関心がないというが、各宗教間の相違に不審な点が存在することも見抜いていて、このままでは宗教倫理世界まで崩れることを恐れている。中年から上の世代の物欲中心の歴史には懐疑的であり、物の所有に固執せず、シェアしながらウェルビーイング（心身の健康と幸福）を求めていき、不況になって縮小社会で楽しく生きていける能力を持っているのは、本来の古代日本のＤＮＡを持っているからと信じる。私はＺ世代による新しい社会が創造されると思っている。

【編集後記】

原稿を書き終えて校正し、発刊するまでの期間に、次々と新しい研究発表があり訂正しなければなりません。最近ゲノム解析が大学等で多数あり、日本人は何処から来たかが、かなり明らかになりました。それを私なりに統合して追記しました。

縄文人は何処から来たかは不明のままであるが、ヤンガードリアス氷期にブリアート系が移住したことは確かである。アイヌ人にはインド・ロマ人の血統も含まれるが、縄文人の母系ミトコンドリアDNAでは本州10％以上・アイヌは40％内外・沖縄30％内外しか伝わっていない。

不思議なことに本州人は父系遺伝子Y染色体DIBは34・7％、O47Zは22％という固有の遺伝子を持ち、他国には見られない。例えば中国は春秋時代以前、多くの人種がいたが、現在漢人が多数を占めている。大陸では常に戦いがあり、戦いに敗れた人種は殺戮されたか、移動しながら混血していったので、そのような人が日本に逃れてきたことは確かである。おそらく縄文晩期から平安時代にかけて、多くの人が日本へ渡っただろう。しかし現在よく似た遺伝子を持った人は、チベット・東アジア・南アジアの少数民族しか存在しない。

縄文時代中期では人口26万人ほどいたとされるが、縄文晩期では気候変動で8万人にまで激減した。しかし稲作が広がると人口が増加していく。弥生期では西日本では顕著に増加する。大陸から移動した人たちと縄文人は争うことなく、むしろ縄文人は移住した人と交流し、長い年月をかけて混血していったことは、研究所や記紀神話から読み取れる。

【参考文献】※本書に登場順

『日本人は何処から来たか　血液遺伝子から解く』（松本秀雄著　ＮＨＫブックス１９９２）
『１３７億年の物語　宇宙が始まってから今日までの全歴史』（クリストファー・ロイド著　文藝春秋２０１２）
『シャーマニズム』上巻（ミルチア・エリアーデ著　ちくま学芸文庫２００４）
『日本の神々』（谷川健一著　岩波新書１９９９）
『縄文人の祈りと願い』（瀬口眞司、永野仁、岡田憲一、狭川真一著　ナカニシヤ出版２０１３）
『縄文人の死生観』（山田康弘著　角川ソフィア文庫）
『稲作漁撈文明　長江文明から弥生文化へ』（安田喜憲著　雄山閣２００９）
『長江文明と日本』（樺山紘一著　ベネッセコーポレーション　１９８７）
『邪馬台国の全解決』（孫栄健著　言視舎２０１８）
『「古事記」と「日本書紀」の謎』（直木孝次郎ほか著　学生社１９９２）
『人は「死後の世界」をどう考えてきたか』（中村圭志著　角川書店２０１８）
『山岳信仰と日本人』（安田喜憲編著　ＮＴＴ出版２００６）
『弥生の人々』（池田幸雄著　講談社エディトリアル２０２０）
『文明の多系史観　世界史再解釈の試み』（村上泰亮著　中公叢書１９９８）

『出雲と大和　古代国家の原像をたずねて』（村井康彦著　岩波書店２０１３）
『新修　日本の神話を考える』（上田正昭著　小学館２００３）
『古墳とその時代』（白石太一郎著　山川出版社２００１）
『「黄泉の国」の考古学』（辰巳和弘著　講談社１９９６）
『死者のゆくえ』（佐藤弘夫著　岩田書院２００８）
『鎮守の森は泣いている』（山折哲雄著　ＰＨＰ研究所２００１）
『東洋学術研究１０９号』（24巻2号／東洋哲学研究所１９８５）
『天皇の日本史』（井沢元彦著　角川書店２０１８）
『日本仏教と庶民信仰』（五来重著　大法輪閣２０１４）
『海を渡った白山信仰』（前田速夫著　現代書館２０１３）
『宮田登　日本を語る　ユートピアとウマレキヨマリ』（宮田登著　吉川弘文館２００６）
『山の宗教　修験道案内』（五来重著　角川ソフィア文庫２００８）
『白のフォークロア』（宮田登著　平凡社１９９４）
『白の民俗学へ　白山信仰の謎を追って』（前田速夫著　河出書房新社２００６）
『空海』（松長有慶著　岩波新書２０２２）
『性霊集講義』（坂田光全著　高野山出版社１９４２）
『日本の仏教十三宗ここが違う』（塩入法道師、大法輪閣編集部　大法輪閣１９９８）

『死んだらどうなるの?』(岡崎秀麿、冨島信海著 浄土真宗本願寺派総合研究所2021)
『親鸞が導く歎異抄』(釈徹宗監修 リベラル社2022)
『真言密教の基本』(三井英光著 法蔵館2019)
『円空仏』(長谷川公茂著 保育社1982)
『歓喜する円空』(梅原猛著 新潮社2009)
『良寛 旅と人生』(松本市壽著 角川学芸出版2009)
『現代人のための葬式とお墓の日本史』(古川順弘著、新谷尚紀監修 洋泉社2017)
『エゴの力』(石原慎太郎著 幻冬舎2014)
『人生は廻る輪のように』(エリザベス・キューブラー・ロス著 角川書店2003)
『臨死体験 上・下』(立花隆著 文藝春秋2000)
『空海 死の喜び 死からの逃避が人生を空しくさせる』(宮坂宥勝著 大和出版1995)
『「霊」をどう説くか 現代仏教の「霊」をめぐる教化法』(津城寛文監修ほか著者8名 四季社2010)
『寺院消滅』(鵜飼秀徳著 日経BP社2015)
『高野山時報』「密教と科学の架け橋 空(宇宙)と海(生命)」(高野山出版社2019)
『すごい物理学入門』(カルロ・ロヴェッリ著 河出文庫2020)
『科学者はなぜ神を信じるのか』(三田一郎著 講談社2018)

『密教のわかる本』（金岡秀友著 廣済堂出版１９８３）
『密教・コスモスとマンダラ』（松長有慶著 ＮＨＫ出版１９８５）
『曼荼羅の思想』（頼富本宏著、鶴見和子著 藤原書店２００５）
『空海 般若心経の秘密を読み解く』（松長有慶著 春秋社２０１３）
『密教とは何か 宇宙と人間』（松長有慶著 人文書院１９８４）
『当代著名人が初めてあかす私の死生観と宗教観』（月刊住職編集部編 興山社２０２２）
『ファクトフルネス 10の思い込みを乗り越え、データを基に世界を正しく見る習慣』（ハンス・ロスリング著 日経ＢＰ２０１９）
『サピエンス全史上下巻』（ユヴァル・ノア・ハラリ著 河出書房新社２０１６）
『白山へのあこがれ』（木崎馨山著 北国出版社１９９１）
『那谷寺の歴史と白山・泰澄』（木崎馨山、室山孝著 ２０１７）
『科学と宗教の未来』（茂木健一郎、長沼毅著 第三文明社２０２３）

【著者紹介】

木崎 馨山 （きざき　けいせん）

昭和17年（1942）　3月31日生れ
昭和39年（1964）　高野山大学仏教学科卒業
昭和40年（1965）　高野山専修学院終了
昭和55年（1980）　社会福祉法人設立・翌年盲老人ホーム自生園開設
昭和57年（1982）　高野山真言宗青年教師功労賞受賞
昭和60年（1985）　特別養護老人ホーム開設、その後デイサービスセンター開設
平成7年（1995）から平成13年（2001）まで小松市社会福祉協議会会長
平成13年（2001）から平成21年春まで、石川県社会福祉施設経営者協議会会長
　　　　　　　　　この間、全国社会福祉施設経営者協議会協議員
平成3年（1991）　「白山へのあこがれ」北國新聞社出版局発行
平成14年（2002）　社会福祉功労により小松市文化賞受賞
平成14年（2002）から平成17年（2005）まで石川県行政改革委員
平成23年（2011）　社会功労により密教教化賞受賞
平成26年（2014）　社会福祉功労により旭日双光章叙勲
平成29年（2017）　4月18日より那谷寺開創1300年祭執行
　　　　　　　　　「那谷寺の歴史と白山・泰澄」北國新聞社発行
令和3年（2021）　社会福祉法人自生園理事長退任
令和5年（2023）　那谷寺代表役員住職退任、現在名誉住職

ヒトは何処《どこ》からきて何処《どこ》へ行《い》くのか
死生観《しせいかん》の歴史《れきし》から学《まな》ぶ

2024年3月22日　第1刷発行

著　者　　木崎馨山
発行人　　久保田貴幸

発行元　　株式会社 幻冬舎メディアコンサルティング
〒151-0051　東京都渋谷区千駄ヶ谷4-9-7
電話　03-5411-6440（編集）

発売元　　株式会社 幻冬舎
〒151-0051　東京都渋谷区千駄ヶ谷4-9-7
電話　03-5411-6222（営業）

印刷・製本　中央精版印刷株式会社
装　丁　　野口萌

検印廃止
©KEISEN KIZAKI, GENTOSHA MEDIA CONSULTING 2024
Printed in Japan
ISBN 978-4-344-94665-1 C0015
幻冬舎メディアコンサルティングＨＰ
https://www.gentosha-mc.com/

※落丁本、乱丁本は購入書店を明記のうえ、小社宛にお送りください。
送料小社負担にてお取替えいたします。
※本書の一部あるいは全部を、著作者の承諾を得ずに無断で複写・複製することは禁じられています。
定価はカバーに表示してあります。